KB104181

내 안의 나를 깨우는
장자

외편
外篇

일상과 이상을 이어주는 책 ——————

일상이상

내 안의 나를 깨우는
장자 | 외편 外篇 |

© 2017, 최상용

초판 1쇄 펴낸날 · 2017년 2월 2일
초판 2쇄 펴낸날 · 2017년 6월 16일
펴낸이 · 이효순 | 펴낸곳 · 일상과 이상 | 출판등록 · 제300-2009-112호
편집인 · 김종필
주소 · 경기도 고양시 일산서구 일현로 140 112-301
전화 · 070-7787-7931 | 팩스 · 031-911-7931
이메일 · fkafka98@gmail.com
ISBN 978-89-98453-37-4 (04150)

옛글의
향기 2

내 안의 나를 깨우는 장자

莊子

장자 지음 ― 최상용 옮김

기발한 상상력으로 자아를 일깨우다

외편
外篇

일상이상

장자의 사상적 발전을 알 수 있는 외편(外篇)

『장자』외편은 「변무(駢拇)」, 「마제(馬蹄)」, 「거협(胠篋)」, 「재유(在宥)」, 「천지(天地)」, 「천도(天道)」, 「천운(天運)」, 「각의(刻意)」, 「선성(繕性)」, 「추수(秋水)」, 「지락(至樂)」, 「달생(達生)」, 「산목(山木)」, 「전자방(田子方)」, 「지북유(知北遊)」 등 총 15편으로 이루어졌습니다. 각 편의 내용을 함축하여 편명을 만든 내편과는 달리 각 편의 첫머리 글자를 취해 편명으로 삼고 있습니다. 일반적으로 대부분의 학자들은 외편이 장자의 제자들이나 후학들에 의해 이루어진 것으로 보고 있습니다. 그렇다고 장자의 사상에서 크게 벗어나진 않습니다. 그래서인지 외편의 여러 편들이 여러 문학작품에 인용되는가 하면 사자성어 형태로 예나 지금이나 세상 사람들에게 많은 교훈을 주고 있습니다.

제8편 「변무」에서는 인간의 인위적인 행위는 무위자연에 위배되며, 특히 유가에서 내세우는 인의(仁義)는 인간본성을 해치는 것으로 보고 있습니다. 그래서 말합니다. "자기의 본성을 인의(仁義)에 종속시키는 자는 비록 증삼이나 사추와 같이 인의에 통달한다 하더

라도 그것은 내가 말하는 훌륭한 선(善)은 아닙니다"라고 말이죠.

　제9편 「마제」에서는 말 조련사 백락과 도공 그리고 목수를 등장시키며 모든 사물의 자연적인 본성을 억압하지 말 것을 강조합니다. 특히 "세상 사람들은 대를 이어가며 '백락은 말을 잘 다루고, 도공이나 목수는 흙이나 나무를 잘 다룬다'고 칭찬들을 하고 있으니, 이 또한 천하를 다스리는 자의 허물"이라고 말합니다.

　제10편 「거협」에서는 도덕이나 지식이 인간의 본성을 해칠 뿐만 아니라 위정자를 위한 도구로 쓰이고 있음을 지적합니다. 즉 "세속에서 흔히 말하는 지극한 지식인치고 큰 도둑을 위해 재물을 쌓아두지 않는 자가 있습니까? 이른바 성인치고 큰 도둑을 지키려는 수문장 역할을 하지 않은 사람이 있었습니까?"라고 반문합니다.

　제11편 「재유」에서는 정치를 한답시고 백성들을 간섭하지 말고 사람들의 마음을 억압하지 말 것을 강조하고 있습니다. 특히 "사람 마음이 고요할 때는 깊은 연못과 같고, 움직였다 하면 하늘까지 치솟아 버리지. 억세고 교만해서 붙잡아둘 수 없는 것이 오직 사람 마음이라네!"라며 사람 마음마저도 무위자연 할 수 있게 놔두라고 합니다.

　제12편 「천지」에서는 대체적으로 무위의 정치사상을 그려내고 있습니다. 즉 대자연의 흐름처럼 세상을 다스리는 군주 역시 무위자연해야 한다고 강조합니다. 특히 "위대한 성인이 천하를 다스릴 땐 백성들의 마음을 자유롭게 풀어주어 그들 스스로가 교화를 이루고 풍속을 바꾸게 하고, 백성들의 사악한 마음을 없애고 도를 체득하려는 의지"를 북돋아야 한다고도 말합니다.

제13편 「천도」에서는 대자연의 운행규칙을 따르는 무위(無爲)와 인간의 삶을 유위(有爲)로 규정하며, "천지는 옛날부터 위대한 것이며, 황제와 요 임금이나 순 임금도 다 같이 훌륭하다고 하였습니다. 그러므로 천하 세상을 다스렸던 왕들은 어찌했겠습니까? 그저 천지자연의 도를 따를 뿐이었습니다"라고 말하고 있습니다.

제14편 「천운」에서는 대자연의 변함없는 운행규칙을 강조하고 있습니다. 마찬가지로 "인간의 본성은 바뀔 수가 없고, 천명도 변할 수가 없습니다. 시간은 멈출 수가 없고, 도의 작용이란 막을 수가 없습니다. 진실로 이러한 도를 체득할 수 있다면 스스로 하지 못할 게 없고, 도를 잃어버리면 스스로 할 수 있는 게 아무것도 없게 되오"라고 말합니다.

제15편 「각의」에서는 저마다 타고난 자기의 심신을 잘 다스려야 한다는 양생을 강조하고 있습니다. 특히 도인술(導引術)의 기본인 "숨을 깊게 들이쉬고 내쉬는 것, 탁한 기운을 토해내고 신선한 기운을 들이쉬는 것, 곰이 척추를 세우고 새가 날개를 활짝 펼치는 것과 같은 도인법은 장수하려는 것"이라고 언급하기도 합니다.

제16편 「선성」에서는 태어날 때부터 지니고 있는 본성을 회복할 것을 강조하고 있습니다. 특히 "옛날 사람들은 혼돈 속에 있으면서도 온 세상 사람들과 함께 담담하니, 고요함을 체득하고 있었습니다. 이러한 시대에는 음양이 조화되어 고요하였고, 귀신들도 요란을 떨지 않았습니다. 그리고 사시사철은 절도에 맞았다"고 언급하기도 합니다.

17편 「추수」에서는 우화의 형태를 빌려 여러 이야기를 일곱 개 장에서 다루고 있습니다. 학자나 문인들에게 자주 인용되는 구절도 많아 명편으로 꼽히기도 합니다. 특히 "발이 하나밖에 없는 '기'라는 짐승은 발이 많은 '노래기'를 부러워하고, 노래기는 발이 없이도 움직이는 '뱀'을 부러워하고, 뱀은 모습이 없이도 움직이는 '바람'을 부러워하고, 바람은 움직이지도 않고 어디든 갈 수 있는 '눈'을 부러워하고, 눈은 바라봄도 없이 무엇이든 상상하고 어디든 갈 수 있는 '마음'을 부러워했다"는 내용 등이 그렇습니다.

제18편 「지락」에서는 진정한 삶의 지극한 즐거움이 무엇인지에 대해 말하고 있습니다. 이렇게 말입니다. "인위적으로 하는 일이 없는 무위(無爲)야말로 참된 즐거움이라 여기고 있지만, 세속 사람들은 그것을 큰 고통으로 생각하는 것 같습니다. 그러므로 '지극한 즐거움은 세속의 즐거움을 초월하는 데 있고, 지극한 명예는 세속의 명예를 초월하는 데 있다'"고 말합니다.

제19편 「달생」에서는 편명의 '참된 삶에 통달하는 길'은 곧 양생에 있음을 강조하고 있습니다. 내편 「양생주」를 다른 관점에서 설명하고 있는데, 문장 역시 뛰어납니다. 예를 들면 "세속의 일들을 내버려두면 얽매임이 없어지고, 얽매임이 없어지면 마음이 바르고 기운이 화평해집니다. 마음이 바르고 기운이 화평해지면 대자연과 함께 변화하면서 삶이 날로 새로워질 겁니다"라고 말합니다.

제20편 「산목」에서는 내편에서 강조한 바 있는 '쓸모없음의 쓰임'이나 '양생', '인간의 처세'와 같은 내용을 펼치고 있습니다. 즉 "이 나무는 재목감이 못됨으로써 타고난 수명을 누릴 수 있구나!" 혹은 "자기의 마음을 텅 비우고서 세상에 노닌다면 그 누가 그에

게 해를 끼칠 수 있겠습니까?" 또는 "군자의 사귐은 담담함으로써 더욱 친밀해지고, 소인의 사귐은 달콤함으로써 쉽게 끊어집니다" 와 같은 내용입니다.

제21편 「전자방」에서는 도가에서 추구한 이상적인 인간인 지인(至人)과 진인(眞人)에 대해 말하고 있습니다. 즉 "지극한 아름다움을 체득하여 지극한 즐거움에 노니는 이를 일러 지극한 사람인 지인(至人)이라 합니다"라거나 "옛날의 진인(眞人)은 어떤 지식인도 설득할 수 없었고, 어떤 미인도 그를 홀리지 못했다"는 내용 등이 그렇습니다.

제22편 「지북유」에서는 대자연의 무위적인 도에 대한 설명이 중심을 이루는데, 예를 들면 이런 겁니다. "도란 들을 수가 없는 것이니 들었다면 그건 도가 아니라네. 도는 볼 수 없는 것인데 보았다면 그건 도가 아니지. 도는 말로 표현할 수 없는 것이니 표현했다면 그건 도가 아니라네"라는 식입니다.

2017년 1월

휴심재(休心齋)에서 최상용(崔相鎔)

엄지발가락과 둘째발가락이 붙어버린 사람

변무

駢　　　　　拇

"그러니 길어도 남는다고 여기지 않으며 짧아도 모자란다고 생각하지도 않습니다.
이 때문에 물오리의 다리가 짧다고 길게 이어주면 고통스러워하고, 학의 다리가 길
다고 짧게 잘라버리면 서글퍼 합니다. 그러므로 본래부터 긴 것을 짧게 잘라서는 안
되고, 본래부터 짧은 것을 길게 이어주어서도 아니 됩니다. 태어난 그대로 두면 어
떠한 걱정거리도 없습니다. 생각해 보면 인의란 사람의 참된 모습은 아닙니다. 그러
니 저 인의를 갖춘 사람들은 얼마나 걱정거리가 많겠습니까!"

대체 무엇이 삶의 쓸모없는 군더더기인가

제8편 변무(騈拇) 1-1

엄지발가락과 둘째발가락이 붙어버려 네 발가락이 된 변무(騈拇)와 여섯 손가락인 육손이는 태어날 때부터 그런 것이지만 일반적인 사람에 비해선 군더더기입니다. 살에 혹이 붙고 사마귀가 매달린 것은 몸에 생긴 것이지만 일반적인 외모에 비해 군더더기죠. 갖은 수로 인의(仁義)를 조장하여 베푸는 자는 그것을 인체의 오장(五臟)에 비교하여 배열하는데, 이는 도덕 본연의 모습은 아닙니다. 이 때문에 발에 생긴 네 발가락은 쓸모없는 군살이 붙은 것이요, 손에 생긴 육손이는 쓸모없는 손가락 하나가 덧붙은 겁니다. 마찬가지로 갖은 수를 써서 오장에 군더더기를 붙이는 것은 인의 따위의 행위에 치우쳐 갖은 수를 써서라도 눈과 귀의 쓰임을 남용하게 됩니다.

駢拇枝指, 出乎性哉, 而侈於德. 附贅縣疣出乎形哉, 而侈於性. 多方乎仁義而用之者, 列於五藏哉, 而非道德之正也. 是故駢於足者, 連無用之肉也. 枝於手者, 樹無用之指也. 駢枝於五藏之情者, 淫僻於仁義之行, 而多方於聰明之用也.

이 때문에 지나치게 눈이 밝은 사람은 오색으로 마음을 어지럽히고 화려한 무늬에 넋을 잃게 됩니다. 그러니 청황색으로 화려하게 수놓은 보불(黼黻)의 눈부신 화려함이 좋지만은 않겠죠? 바로 황제 때의 이주(離朱)가 그런 사람입니다. 지나치게 귀가 밝은 사람은 오성으로 인해 마음을 어지럽히고 육률에 넋이 빠지게 됩니다. 그러니 쇠나 돌, 줄, 대나무로 만든 악기와 황종·대려 같은 선율이 좋지만은 않지요? 진나라 때의 악사 사광(師曠)이 그런 사람입니다. 지나치게 인의를 앞세우는 사람은 인간의 덕을 헤치고 본성을 막아 자신의 명성만을 얻으려 합니다. 그러니 세상 사람들에게 피리 불고 장구 치게 하여 사람이 따르지도 못할 법을 받들게 하니 좋지만은 않겠죠? 공자의 제자인 증삼(曾參)과 위나라 영공의 가신인 사추(史鰌)가 바로 그런 사람입니다. 지나치게 변론에 뛰어난 사람은 기왓장을 쌓아 올리고 줄에 매듭을 짓듯 아름다운 말만을 찾아 마음을 견백(堅白)이니 동이(同異)니 하는 궤변 속을 노닐게 하며, 일시적인 명예를 위해 쓸모없는 말만을 늘어놓다가 지쳐버리니 좋지 않겠죠? 양주(楊朱)와 묵적(墨翟)이 바로 이런 사람이죠. 그러므로 이러한 모든 일은 쓸데없이 덧붙이고 곁가지를 치는 짓일 뿐, 결코 천하의 지극히 바른 길은 아니라는 겁니다.

是故駢於明者, 亂五色, 淫文章, 青黃黼黻之煌煌非乎? 而離朱是已! 多於聰者, 亂五聲, 淫六律, 金石絲竹黃鐘大呂之聲非乎? 而師曠是已! 枝於仁者, 擢德塞性以收名聲, 使天下簧鼓以奉不及之法非乎? 而曾史是已! 駢於辯者, 纍瓦結繩竄句, 遊心於堅白同異之間, 而敝跬譽無用之言非乎? 而楊墨是已! 故此皆多駢旁枝之道, 非天下之至正也.

학의 다리가 길다고 짧게 잘라버리면 서글퍼 합니다

제8편 변무(駢拇) 1-2

지극히 바른 길을 가는 사람은 태어날 때의 자연스러운 본성을 잃지 않습니다. 그래서 발가락이 붙어 네 발가락이어도 변무(駢拇)라 여기지 않으며, 손가락이 하나 더 있어도 육손이라 생각하지도 않습니다. 그러니 길어도 남는다고 여기지 않으며 짧아도 모자란다고 생각하지도 않습니다. 이 때문에 물오리의 다리가 짧다고 길게 이어주면 고통스러워하고, 학의 다리가 길다고 짧게 잘라버리면 서글퍼 합니다. 그러므로 본래부터 긴 것을 짧게 잘라서는 안 되고, 본래부터 짧은 것을 길게 이어주어서도 아니 됩니다. 태어난 그대로 두면 어떠한 걱정거리도 없습니다. 생각해 보면 인의란 사람의 참된 모습은 아닙니다. 그러니 저 인의를 갖춘 사람들은 얼마나 걱정거리가 많겠습니까!

彼至正者, 不失其性命之情. 故合者不爲駢, 而枝者不爲跂. 長者不爲有餘, 短者不爲不足. 是故鳧脛雖短, 續之則憂. 鶴脛雖長, 斷之則悲. 故性長非所斷, 性短非所續, 無所去憂也. 意仁義其非人情乎! 彼仁人何其多憂也!

또한 엄지발가락과 둘째발가락이 붙은 것을 갈라놓으면 아파서 울 것이요, 손에 덧붙은 여섯 번째 손가락을 물어 뜯어내면 아파서 소리치고 울 겁니다. 이 두 가지의 경우 어떤 것은 그 수가 남고 어떤 것은 그 수가 모자라지만 걱정거리이긴 마찬가지입니다. 오늘날 세상에서 어질다고 하는 사람들은 흐릿한 눈길로 세상의 환난을 걱정하지만, 어질지 못한 사람들이 태어날 때의 자연스러운 본성을 결단내면서까지 부귀를 탐하는 것과 다를 바 없습니다. 그러므로 생각해 보면 인의라는 것은 사람의 참 모습이 아니라는 겁니다. 하(夏) · 은(殷) · 주(周) 삼대 이래로 이 인의(仁義) 때문에 얼마나 세상이 시끄러웠습니까?

且夫駢於拇者, 決之則泣, 枝於手者, 齕之則啼. 二者或有餘於數, 或不足於數, 其於憂一也. 今世之仁人, 蒿目而憂世之患. 不仁之人, 決性命之情而饕貴富. 故意仁義其非人情乎! 自三代以下者, 天下何其囂囂也?

천하 세상의 만물에는 늘 그러한 본성이 있습니다
제8편 변무(駢拇) 2-1

나무를 굽히는 갈고리, 직선을 긋는 먹줄, 원을 그리는 그림쇠, 직각을 그려내는 곱자 따위로 사물을 바르게 한다는 것은 각 사물의 본성을 해치는 짓입니다. 노끈으로 묶거나 아교풀이나 옻칠 따위로 붙여서 단단하게 고정시키는 것은 그 사물의 덕성을 침해하는 일입니다.

마찬가지로 예악(禮樂)에 따라 몸을 굽히거나 꺾는 것, 인의(仁義)로 다른 사람의 비위를 맞춰 세상 사람의 마음을 위로하는 것은 사람들의 늘 그러한 본성을 잃게 하는 겁니다. 천하 세상의 만물에는 늘 그러한 본성이 있습니다.

且夫待鉤繩規矩而正者, 是削其性者也. 待繩約膠漆而固者, 是侵其德者也. 屈折禮樂, 呴俞仁義, 以慰天下之心者, 此失其常然也. 天下有常然.

늘 그러한 본성이라는 것은 굽어도 갈고리에 의한 것이 아니며, 곧아도 먹줄에 의한 것이 아니고, 둥글어도 그림쇠에 의한 것이 아니며, 네모나도 곱자에 의한 것이 아니랍니다. 달라붙은 것도 아교풀이나 옻칠에 의한 것이 아니며, 한 다발로 묶여도 노끈이나 밧줄에 의한 것이 아닙니다.

常然者, 曲者不以鉤, 直者不以繩, 圓者不以規, 方者不以矩, 附離不以膠漆, 約束不以繩索.

그러므로 천하의 모든 것이 저절로 생겨나지만 어떻게 생겨나는지 그 이유를 모르고, 마찬가지로 천하의 모든 것이 각자의 덕성을 얻지만 어떻게 얻는지를 모릅니다. 그것은 예나 지금이나 변함이 없어서 인위적으로 훼손시킬 수도 없습니다.

그러니 어찌 인의(仁義)를 가지고 아교풀이나 옻칠, 노끈이나 밧줄처럼 사람을 묶어 도덕의 사이에서 노닐게 할 수 있겠습니까? 그것은 세상 사람을 미혹시킬 뿐입니다.

故天下誘然皆生, 而不知其所以生. 同焉皆得, 而不知其所以得. 故古今不二, 不可虧也. 則仁義又奚連連如膠漆纆索, 而游乎道德之間爲哉? 使天下惑也!

예악(禮樂)이니 인의(仁義)니 하는 것이 세상을 미혹합니다
제8편 변무(駢拇) 2-2

작은 미혹은 삶의 방향을 바꿀 뿐이지만, 큰 미혹은 인간의 본성을 바꿔버립니다. 어떻게 그러한 줄을 알았겠습니까? 우씨(虞氏: 순 임금)가 인의(仁義)를 앞세워 천하 세상을 어지럽힌 뒤로부터 세상 사람들은 그 인의 때문에 이리저리 휘둘리지 않을 수 없었습니다. 이것이야말로 인의로써 사람들의 본성을 바꿔버린 것 아니겠습니까?

夫小惑易方, 大惑易性. 何以知其然邪? 自虞氏招仁義以撓天下也, 天下莫不奔命於仁義. 是非以仁義易其性與?

그럼 어디 한 번 말해 볼까요! 하(夏) · 은(殷) · 주(周) 삼대 이래로 세상 사람들은 바깥 사물 때문에 자기의 본성을 바꾸지 않는 이가 없었습니다. 소인들은 자기 목숨을 걸고 이익만을 추구했고, 선비들은 자기 목숨을 걸고 명예를 바랐으며, 대부들은 목숨을 걸고 가문을 지켰고, 성인들은 목숨을 걸고 천하를 위했습니다. 이 여러 계층의 사람들은 하는 일이 다르고 신분의 명칭도 달랐지만, 각자의 본성을 해치고 자기 일을 위해 목숨을 걸었다는 점에서는 매한

가지입니다.

故嘗試論之. 自三代以下者, 天下莫不以物易其性矣! 小人則以身殉利. 士則以身殉名. 大夫則以身殉家. 聖人則以身殉天下. 故此數子者, 事業 不同, 名聲異號, 其於傷性以身爲殉, 一也.

장(臧)과 곡(穀)이라는 하인과 하녀가 양을 치다가 둘 다 자기의 양을 잃어버렸습니다. 곡이 장에게 무엇을 하다가 잃어버렸냐고 물었더니, 죽간을 끼고 책을 읽다가 잃어버렸다고 합니다. 이번에 는 장이 곡에게 묻자, 주사위놀이를 하다가 잃어버렸다고 알려줍 니다. 이 둘은 각자 한 일은 달랐지만 양을 잃어버렸다는 점에서는 같습니다.

臧與穀, 二人相與牧羊而俱亡其羊. 問臧奚事, 則挾策讀書. 問穀奚事, 則 博塞以游. 二人者, 事業不同, 其於亡羊均也.

은나라의 충신 백이(伯夷)는 명예를 위해 수양산 아래서 굶어 죽 었고, 큰 도둑인 도척(盜跖)은 자신의 잇속을 챙기다 동릉산 위에서 죽었습니다. 이 두 사람이 죽은 이유는 다르지만 목숨을 버리고 자 신의 본성을 해쳤다는 점에서는 같습니다. 그런데 어찌하여 백이 는 옳고, 도척은 그르다고 한답니까?

伯夷死名於首陽之下, 盜跖死利於東陵之上. 二人者, 所死不同, 其於殘 生傷性均也. 奚必伯夷之是, 而盜跖之非乎?

세상 사람 모두가 무언가를 위해 목숨 걸고 있습니다. 그런데 어떤 사람이 인의를 위해 목숨을 걸면 세상에서는 군자라 하고, 재물을 위해 목숨을 걸면 세상에서는 소인배라고 합니다. 그 둘 다 목숨을 건 것은 같은데, 어떤 이는 군자라 하고 어떤 이는 소인배라고 합니다. 목숨을 걸고 자기의 본성을 해친 점에서는 도척 역시 백이와 다를 바 없습니다. 그런데 어찌하여 군자니 소인이니 하는 차별을 두어야 하겠습니까!

天下盡殉也. 彼其所殉仁義也, 則俗謂之君子. 其所殉貨財也, 則俗謂之小人. 其殉一也, 則有君子焉, 有小人焉. 若其殘生損性, 則盜跖亦伯夷已, 又惡取君子小人於其間哉!

도척과 백이와 같이 본성을 잃었다는 점에서는 마찬가지
제8편 변무(騈拇) 2-3

자기의 본성을 인의(仁義)에 종속시키는 자는 비록 증삼이나 사추와 같이 인의에 통달한다 하더라도 그것은 내가 말하는 훌륭한 선(善)은 아닙니다. 자기의 본성을 다섯 가지 맛에 종속시키는 자는 비록 유아(兪兒)와 같이 맛에 통달한다 하더라도 그것은 내가 말하는 선은 아니랍니다. 자기의 본성을 다섯 가지 소리(五聲)에 종속시키는 자는 비록 사광(師曠)과 같이 소리에 통달한다 하더라도 그것은 내가 말하는 귀 밝음(聰)은 아닙니다. 자기의 본성을 다섯 가지 색깔(五色)에 종속시키는 자는 비록 이주(離朱)와 같이 색에 통달한다 하더라도 그것은 내가 말하는 눈 밝음(明)은 아니랍니다.

且夫屬其性乎仁義者, 雖通如曾史. 非吾所謂臧也. 屬其性於五味, 雖通如俞兒, 非吾所謂臧也. 屬其性乎五聲, 雖通如師曠, 非吾所謂聰也. 屬其性乎五色, 雖通如離朱, 非吾所謂明也.

내가 말하는 훌륭한 선(善)이란 인위적인 인의가 아니라 자기 본성의 덕을 자연스레 따르도록 맡기는 겁니다. 내가 말하는 선이란 세상에서 흔히 말하는 인의가 아니라 자기가 타고난 본래 그대로의 모습에 맡기는 겁니다. 내가 말하는 귀 밝음이란 다른 사람이 만들어낸 소리를 듣는 게 아니라 자기 내면의 소리에 귀 기울이는 겁니다. 내가 말하는 눈 밝음이란 다른 사람이 만들어낸 색깔을 보는 게 아니라 자기 내면을 관조하는 겁니다.

吾所謂臧, 非仁義之謂也, 臧於其德而已矣. 吾所謂臧者, 非所謂仁義之謂也, 任其性命之情而已矣. 吾所謂聰者, 非謂其聞彼也, 自聞而已矣. 吾所謂明者, 非謂其見彼也, 自見而已矣.

자기 내면을 관조하지 않고 다른 사람이 만들어낸 색깔만을 보고, 자기 스스로 체득하지 못하고 남이 이뤄낸 것만을 얻는 자는 남이 이루어낸 것만을 얻을 뿐 자기 스스로 체득할 수 없습니다. 남의 즐거움을 위해 즐거워할 뿐 자신들의 즐거움을 위해서는 즐기지도 못한 자들입니다. 도대체 남의 즐거움을 위해 즐거워할 뿐 자신들의 즐거움을 위해서는 즐기지도 못한다면, 도척과 백이와 같이 본성을 잃었다는 점에서는 마찬가지랍니다.

夫不自見而見彼, 不自得而得彼者, 是得人之得而不自得其得者也, 適人之適而不自適其適者也. 夫適人之適而不自適其適, 雖盜跖與伯夷, 是同爲淫僻也.

나는 참된 도덕에 이르지 못했음을 부끄럽게 생각합니다. 그래서 위로는 감히 인의(仁義)를 행하려 하지 않고, 아래로는 본성을 잃지 않으려 합니다.

余愧乎道德, 是以上不敢爲仁義之操, 而下不敢爲淫僻之行也.

한자어원풀이

鶴長鳧短(학장부단) 이란 '학의 다리는 길고 오리 다리는 짧다'는 뜻으로, "물오리의 다리가 짧다고 길게 이어주면 고통스러워하고, 학의 다리가 길다고 짧게 잘라버리면 서글퍼 합니다. 그러므로 본래부터 긴 것을 짧게 잘라서는 안 되고, 본래부터 짧은 것을 길게 이어주어서도 아니 됩니다. 태어난 그대로 두면 어떠한 걱정거리도 없습니다. 생각해 보면 인의(仁義)란 사람의 참된 모습은 아닙니다. 그러니 저 인의를 갖춘 사람들은 얼마나 걱정거리가 많겠습니까!"라는 구절에서 유래했습니다.

학 鶴(학) 은 새 높이 날 확(雈, 고상할 각)과 새 조(鳥)로 구성되어 있습니다. 雈(확)은 하늘을 상징하는 덮을 멱(冖)과 새 추(隹)로 구성되었는데, 隹(추)에 대해 허신은 『說文』에서 "隹는 꽁지가 짧은 새들을 아우른 명칭이며, 상형글자이다"라고 하였습니다. 꼬리가 긴 새는 鳥(조)라 하며 비교적 짧은 꽁지를 가진 참새나 도요새 등을 지칭하는 글자를 나타낼 때는 隹(추)에 다른 부수를 더해 참새 雀(작)이나 도요새 雂(금)처럼 활용되고 있습니다. 그래서 雈(확)은 새(隹)가 하늘(冖)을 뚫듯이 '높이 낢'을 뜻할 뿐만 아니라 하늘을 뚫을 만큼 높이 나니 '고상하다'는 뜻도 지니게 되었습니다.

또한 허신은 鳥(조)에 대해서 "鳥는 꼬리가 긴 새를 아울러 부르는 명칭이며, 상형글자이다"라고 하였습니다. 고문에 그려진 것은 새의 발이 匕(비)처럼 생겼기 때문에 匕(비)로 구성되었습니다. 현재의 자형 중간부위를 말하며 하부 네 개의 점은 꼬리를 그려내고 있습니다. 따라서 鶴(학)의 전체적인 의미는 하늘 높이 나는(雀) 새(鳥)를 나타내 '학'이나 '두루미'를 뜻하게 되었습니다.

길 長(장) 은 긴 머리카락을 늘어뜨린 노인을 본뜬 상형글자입니다. 長(장)에 대해 허신은 『說文』에서 "長은 오래되고 멀다는 뜻이다. 兀(올)과 匕(화)로 구성되었다. 亾(망)은 소리요소이다. 兀(올)은 높고 멀다는 뜻이다. 오래되면 변화한다"고 하였습니다. 그러나 갑골문의 자형을 살펴보면 사람의 긴 머리와 발을 그린 것으로, 특히 사람의 신체 중 가장 긴 것이 머리카락이므로 '길다'는 뜻으로 쓰였을 뿐만 아니라 어린아이보다는 노인의 머리카락이 보다 길기 때문에 '어른'을 뜻하기도 하였습니다. 즉 자형의 상부는 풀어헤친 머리카락을 본뜬 모양이며, 하부는 발의 모양을 나타낸 것입니다. 보통 남자들은 정수리나 머리 뒷부분에 상투를 틀어 올렸는데, 머리숱이 드문 노인들은 그냥 산발한 채 지내는 경우가 많았습니다. 따라서 長(장)은 긴 머리카락을 늘어뜨린 노인을 상형한 것으로 본뜻은 '산발한 노인'이었다가 '어른', '우두머리', '길다'의 의미를 지니게 되었으며, '늘이다'는 뜻이 확장된 겁니다.

오리 鳧(부) 는 앞서 살핀 새 조(鳥)와 안석 궤(几)로 이루어졌는데, 여기서 几(궤)는 비교적 짧은 날개를 지닌 새가 폴짝 날아오르는 모양을 그려낸 것으로 볼 수 있습니다. 이에 따라 鳧(부)는 비교적 짧은 날개깃으로 뛰어오르듯(几) 날아가는 새(鳥)라는 데서 '오리'를 뜻하게 되었습니다.

짧을 短(단) 은 화살 시(矢)와 제기그릇 두(豆)로 구성되어 있습니다. 矢(시)에 대해 허신은 『說文』에서 "矢는 활을 통해 격발하는 화살을 말한다. 入(입)으로 구성되었고, 화살촉과 활 시위대 그리고 깃털로 만들어진 전체 모양을 본떴다. 옛날에 이모(夷牟)라는 사람이 처음 화살을 만들었다"고 하였습니다. 그러나 갑골문을 보면 들 입(入) 자와는 관련이 없으며 화살 전체의 모양을 본뜬 상형글자임이 분명합니다. 矢(시)가 다른 부수에 더해지면 화살이라는 본뜻을 유지하는가 하면 짧을 短(단)의 용례에서처럼 그 규모가 짧거나 왜소한 뜻을 지니면서 장단의 기준이 되기도 합니다.

豆(두)는 뚜껑(-)을 덮어 따뜻한 국물을 담을 수 있는 발(丄)이 달린 비교적 작은 그릇(口)을 본뜬 것으로 일반적으로 제기(祭器)를 의미합니다. '콩 두'라는 의미는 콩이나 팥을 뜻하는 '좀콩 荅(답)'과 발음이 비슷한 데서 가차하여 쓴 것이며, 보다 그 뜻을 명확히 하기 위해 식물을 뜻하는 풀 초(艸)를 더해 '콩 荳(두)'를 별도로 제작하였습니다. 따라서 短(단)의 전체적인 의미를 살펴보면, 옛날에는 길이를 재는 수단으로 가장 보편적으로 쉽게 볼 수 있는 화살(矢)과 누구나 집에 소장하고 있는 제기그릇(豆)을 기준으로 삼아 이들보다 짧은 것을 '짧다'고 한 데서 그 의미를 뜻하게 되었다고 봅니다.

말발굽에서 얻는 교훈

馬　　　　　　蹄

"말은 육지에서 생활하면서 풀을 뜯고 물을 마시며, 기쁘면 서로 목을 맞붙인 채 비벼대고, 성이 나면 서로 등을 돌린 채 발길질을 해댑니다. 말의 지능이란 이 정도일 뿐입니다. 그러나 그러한 말에게 수레의 가로장과 멍에를 씌우고 이마에 달 모양의 장식을 붙이게 되자, 비로소 말은 또 다른 지능을 얻게 됩니다. 즉 달아날 틈을 엿보기도 하고 멍에를 부수고 수레의 포장을 치받으며 재갈을 망가뜨리고 고삐를 물어뜯기도 합니다. 말의 단순했던 지능이 도둑 수준에까지 이른 것은 최초의 말 조련사 백락의 죄입니다."

모든 것을 자연에 맡긴 채 인위를 가하지 말라
제9편 마제(馬蹄) 1-1

말은 발굽이 있어 차가운 서리나 눈을 밟을 수 있고, 털이 있어 바람이나 추위를 막을 수 있습니다. 풀을 뜯고 물을 마시며 땅위에서 맘껏 뛰어놉니다. 이것이 말의 참된 본성입니다. 비록 높은 건물과 화려한 침실이 있다 해도 말에게는 아무 쓸모가 없습니다. 그런데 백락(伯樂)이 나타나 "내가 좋은 말로 만들겠다"며 말의 털을 지지고 깎고 말굽을 깎아내고 인두로 지져대며, 또 굴레에 매어 여러 마리를 연결하거나 구유와 마판에 매어 놓으니 죽는 말이 열에 두세 마리나 되었습니다. 또한 훈련을 시킨다며 굶기고 목마르게 한 채 달리고 또 달리게 하는가 하면 여러 가지로 다독이며 길을 들입니다. 그리고 앞쪽에선 재갈과 머리장식이 성가시고 뒤쪽에선 채찍의 위협이 따르니 말의 반수 이상이 죽어나갑니다.

馬, 蹄可以踐霜雪, 毛可以御風寒. 齕草飮水, 翹足而陸, 此馬之眞性也.

雖有義臺路寢 無所用之. 及至伯樂, 曰:「我善治馬.」燒之, 剔之, 刻之,

雒之. 連之以羈縶, 編之以皁棧, 馬之死者十二三矣. 飢之渴之, 馳之驟

之, 整之齊之, 前有橛飾之患, 而後有鞭筴之威, 而馬之死者已過半矣.

　도공은 "나는 진흙을 잘 다루는데, 둥근 그릇을 만들면 그림쇠에 꼭 들어맞고, 네모진 그릇을 만들면 곱자에 딱 들어맞는다"고 합니다. 또 목수는 "나는 나무를 잘 다루는데, 굽은 것을 만들면 갈고리에 딱 들어맞고, 곧은 것을 만들면 먹줄에 꼭 맞는다"고 합니다. 그러나 흙이나 나무의 본성이 어찌 그따위 그림쇠나 곱자, 먹줄에 들어맞기를 바라겠습니까! 그런데도 세상 사람들은 대를 이어가며 "백락은 말을 잘 다루고, 도공이나 목수는 흙이나 나무를 잘 다룬다"고 칭찬들을 하고 있으니, 이 또한 천하를 다스리는 자의 허물입니다.

陶者曰:「我善治埴. 圓者中規, 方者中矩.」匠人曰:「我善治木. 曲者中

鉤, 直者應繩.」夫埴木之性, 豈欲中規矩鉤繩哉! 然且世世稱之曰:「伯樂

善治馬, 而陶匠善治埴木.」此亦治天下者之過也.

통나무를 깎아서 그릇을 만든 것은 목수의 죄
제9편 마제(馬蹄) 1-2

　내 생각건대, 천하를 잘 다스리는 사람은 그러한 짓을 하지 않습니다. 저 백성들에게는 참된 본성이 있습니다. 베를 짜서 옷을 해 입고 논밭을 갈아 밥을 해 먹으니, 이를 누구나 다 갖춘 본능이라고 합니다. 각기 홀로 노닐면서 무리를 짓지 않는데, 이를 아무 구속이 없는 자유로움(天放)이라고 합니다. 그러므로 지극한 덕으로 이루어진 세상에서는 백성들의 행동은 만족스러운 모습이었고, 그 눈길은 밝고 순수했습니다. 그때에는 산에 아직 길이 없었고 늪지에는 배나 다리도 없었습니다. 만물이 무리지어 생겨나 서로 이웃하며 살았습니다. 새와 짐승도 무리를 이루고 초목도 잘 자랐습니다. 그래서 새나 짐승도 사람을 경계하지 않아 줄에 매어 함께 노닐 수 있었고, 새나 까치둥지에도 기어 올라가 들여다볼 수 있었습니다.

吾意善治天下者不然. 彼民有常性, 織而衣, 耕而食, 是謂同德. 一而不黨, 命曰天放. 故至德之世, 其行塡塡, 其視顚顚. 當是時也, 山無蹊隧, 澤無舟梁. 萬物群生, 連屬其鄕, 禽獸成群, 草木遂長. 是故禽獸可系羈而遊, 鳥鵲之巢可攀援而窺.

지극한 덕으로 이루어진 세상에서는 사람들이 새나 짐승과 함께 살았고, 만물이 한 가족처럼 더불어 살았습니다. 그러니 어찌 군자니 소인이니 하는 구별이 있었겠습니까! 모두 함께 어떠한 지식도 필요가 없었으니 그 덕성도 떠나지 않았습니다. 모두 함께 어떠한 욕심도 부리지 않았으니 그저 소박했다고 할 수 있었습니다. 모두가 소박했으니 백성들의 본성도 유지될 수 있었습니다. 그러다가 성인이 등장하여 애를 써서 인(仁)을 행하고 허겁지겁 의(義)를 행하니 온 세상이 비로소 의혹을 품게 되었습니다. 또한 제멋대로 음악(樂)을 연주하고 번잡스럽게 예의(禮)를 정하니 온 세상이 비로소 분별이 있게 되었습니다.

夫至德之世, 同與禽獸居, 族與萬物並. 惡乎知君子小人哉! 同乎無知, 其德不離. 同乎無欲, 是謂素樸. 素樸而民性得矣. 及至聖人, 蹩躠爲仁, 踶跂爲義, 而天下始疑矣. 澶漫爲樂, 摘僻爲禮, 而天下始分矣.

그러므로 자연 그대로의 통나무를 깎지 않고서야 어느 누가 제사에 쓰는 술잔을 만들 수 있겠습니까! 백옥을 훼손시키지 않고서야 어느 누가 규와 장이라는 구슬을 만들 수 있겠습니까! 이처럼 도덕을 피폐하게 만들지 않고서야 어떻게 인의(仁義)를 취하겠습니까! 자연 그대로의 본성을 떠나지 않고서야 어떻게 예악(禮樂)을 쓰겠습니까! 또한 오색을 어지럽히지 않고서야 어느 누가 아름다운 무늬를 만들 수 있겠습니까! 오성이 어지러워지지 않고서야 어느 누가 육률(六律)에 맞출 수 있겠습니까! 통나무를 깎아서 그릇을 만든 것은 목수의 죄이지만, 참된 도덕을 훼손시켜가면서까지 인의(仁義)를 만든 것은 성인의 잘못입니다.

故純樸不殘, 孰爲犧尊! 白玉不毁, 孰爲珪璋! 道德不廢, 安取仁義! 性情不離, 安用禮樂! 五色不亂, 孰爲文采! 五聲不亂, 孰應六律! 夫殘樸以爲器, 工匠之罪也. 毁道德以爲仁義, 聖人之過也.

예악(禮樂)이니 인의(仁義)니 하는 것이 세상을 미혹합니다

제9편 마제(馬蹄) 2-1

말은 육지에서 생활하면서 풀을 뜯고 물을 마시며, 기쁘면 서로 목을 맞붙인 채 비벼대고, 성이 나면 서로 등을 돌린 채 발길질을 해댑니다. 말의 지능이란 이 정도일 뿐입니다. 그러나 그러한 말에게 수레의 가로장과 멍에를 씌우고 이마에 달 모양의 장식을 붙이게 되자, 비로소 말은 또 다른 지능을 얻게 됩니다. 즉 달아날 틈을 엿보기도 하고 멍에를 부수고 수레의 포장을 치받으며 재갈을 망가뜨리고 고삐를 물어뜯기도 합니다. 말의 단순했던 지능이 도둑 수준에까지 이른 것은 최초의 말 조련사 백락의 죄입니다.

夫馬, 陸居則食草飲水, 喜則交頸相靡, 怒則分背相踶. 馬知已此矣! 夫加之以衡扼, 齊之以月題, 而馬知介倪, 闉扼, 鷙曼, 詭銜, 竊轡. 故馬之知而態至盜者, 伯樂之罪也.

태고의 제왕 혁서씨(赫胥氏) 때에는 백성들이 집 안에 있어도 할 일을 몰랐고, 밖으로 나가서는 갈 곳을 몰랐습니다. 그저 입 안 가득 밥을 먹으며 즐거워했고 배를 두드리며 놀 뿐이었습니다. 백성들이 할 수 있는 일이란 이 정도뿐이었습니다. 그러다가 성인이 등장하자 예악(禮樂)에 따라 몸을 굽히고 꺾게 하여 세상 사람들의 겉모양을 바로 잡으려 했고, 인의(仁義)를 내걸어 세상 사람들의 마음을 안심시키려 했습니다. 그러자 백성들은 곧 애를 써서라도 지식 쌓기를 좋아하기 시작하였고 앞 다투어 이익을 좇게 되었는데, 더 이상 멈추게 할 수가 없었습니다. 이 또한 성인의 잘못입니다.

夫赫胥氏之時, 民居不知所爲, 行不知所之, 含哺而熙, 鼓腹而遊. 民能以此矣! 及至聖人, 屈折禮樂以匡天下之形, 縣跂仁義以慰天下之心, 而民乃始踶跂好知, 爭歸於利, 不可止也. 此亦聖人之過也.

한자어원풀이

伯樂治馬(백락치마) 란 "말 조련사 백락이 말을 길들인다"는 뜻으로, "백락이 나타나 '내가 좋은 말로 만들겠다'며 말의 털을 지지고 깎고 말굽을 깎아내고 인두로 지져대며, 또 굴레에 매어 여러 마리를 연결하거나 구유와 마판에 매어 놓으니 죽는 말이 열에 두세 마리나 되었습니다. 또한 훈련을 시킨다며 굶기고 목마르게 한 채 달리고 또 달리게 하는가 하면 여러 가지로 다독이며 길을 들입니다"라는 내용에서 유래했습니다.

맏 伯(백, 패) 은 사람 인(亻)과 흰 백(白)으로 이루어졌습니다. 亻(인)은 서 있는 사람을 옆에서 본 모양을 본뜬 人(인)의 변형자이며, 다른 부수의 좌변에 주로 놓입니다.

　白(백)은 '엄지손가락'의 흰 부위를 본떴다는 설과 '사람의 머리'를 상형하였다는 설이 있는데, 갑골문에서는 白(백)과 百(백)이 혼용되다가 금문(金文)에 이르러 百(백)이 숫자 100을 뜻하는 것으로 정착되어 희다는 뜻을 가진 白(백)과 구분하기 시작하였습니다. '희다'는 뜻으로 주로 쓰이기는 하지만 사람의 머리를 상형하였다는 설이 있어서인지 '아뢰다'는 뜻도 있습니다. 이에 따라 伯(백)의 의미는 형제를 대표하여 윗사람에게 아뢰는(白) 사람(亻)이란 데서

'맏아들'뿐만 아니라 '우두머리(패)'라는 뜻을 지니게 되었습니다.

즐길 樂(락, 풍류 악, 좋아할 요) 은 상형글자로 현악기와 타악기를 그려내고 있습니다. 즉 줄이나 실을 의미하는 두 개의 작을 요(幺)는 거문고와 해금, 가야금과 같은 현악기를, 가운데 흰 백(白)은 북과 같은 타악기를 본뜬 것입니다. 따라서 전체적인 의미는 나무(木)를 받침으로 한 현악기(幺)와 타악기(白)를 연주하며 '즐거워'하는 모습이 담겨 있습니다. 그래서 '풍류'를 뜻하기도 하고 '좋아한다'는 의미로도 쓰였습니다.

다스릴 治(치) 는 물을 뜻하는 물 수(氵)와 나 이(台, 별 태)로 구성되어 있습니다. 台(이)는 사사로울 사(厶)와 입 구(口)로 구성되었는데, 그 의미를 입가(口)에 주름(厶)지으며 빙긋이 웃는다 하여 '기뻐하다' 혹은 웃는 주체인 '나' 자신을 뜻한다고 봅니다.

　그러나 인문학적인 의미를 더해서 보자면, 台(이)는 '목숨'을 뜻한다고 보아야 해석이 용이합니다. 즉 목구멍을 뜻하는 '목'은 입(口)이요, 숨구멍을 뜻하는 '숨'은 코(厶)를 말한다고 볼 수 있습니다. 스스로 자(自)가 본디 코를 의미하였듯 厶(사) 역시 코를 뜻하면서 입을 상형한 口(구)와 더불어 우리 생명을 유지하는 목숨(목: 口, 숨: 厶)을 의미하고 있습니다. 따라서 우리가 살아가는 데 가장 중요한 '호흡'과 '섭생'을 의미하면서 복지(福祉)를 나타냅니다. 달리 말해 생명력을 유지하는 코(厶)와 입(口)이 윤택(氵)해야 몸이 잘 다스려진다는 데서 '다스리다', '관리하다'는 뜻을 지니게 되었다고 볼 수도 있습니다.

말 馬(마)는 말의 특징인 갈기와 몸통 그리고 꼬리를 본떠 만든 상형글자입니다. 馬(마)에 대해 『說文』에서는 "馬는 성내다, 용맹하다는 뜻이다. 말의 머리와 갈기털 그리고 꼬리와 네 다리의 모양을 본떴다"라고 하였습니다. 갑골문의 자형은 보다 사실적으로 그려져 있습니다.

남의 보물 상자를 열고 도둑질함

거협

胠　　　　　　　　　　　篋

도척(盜跖)의 부하가 두목인 도척에게 물었습니다. "도둑질에도 도가 있습니까?" 그러자 도척이 대답합니다. "어느 곳인들 도 없는 곳이 있겠느냐? 방 안에 어떤 물건이 감추어져 있는지 잘 알아맞히면 성인(聖)의 경지이고, 가장 앞장서서 침입하는 것이 용기(勇)이며, 훔쳐 나올 때 가장 뒤에 서는 게 의리(義)이고, 도둑질이 성공할지 못할지를 아는 게 지식(知)이며, 훔친 것을 고르게 나누는 게 어짊(仁)이란. 이 다섯 가지 덕목을 갖추지 않고서 큰 도둑이 된 자는 이 세상에 아직까진 없었단다."

예나 지금이나 우리 사회의 큰 도둑은 누구일까요

제10편 거협(胠篋) 1-1

　장차 상자를 열고 포대자루를 뒤지고 궤짝을 들추는 도둑을 막으려면 반드시 새끼줄이나 노끈으로 꽁꽁 묶고 빗장이나 자물쇠로 단단히 잠가야 합니다. 이것이 세속에서 흔히 말하는 지식이라는 겁니다. 그러나 큰 도둑이 들면 궤짝은 등에 지고 상자는 손에 들며, 포대주머니는 걸쳐 메고 도망치면서도 오직 새끼줄과 노끈, 빗장이나 자물쇠가 단단치 않을까 걱정합니다. 그렇다면 앞에서 말한 지식이라는 게 곧 큰 도둑을 위해 재물을 쌓아둔 것 아니겠습니까?

將爲胠篋探囊發匱之盜而爲守備, 則必攝緘縢, 固扃鐍, 此世俗之所謂知也. 然而巨盜至, 則負匱揭篋擔囊而趨, 唯恐緘縢扃鐍之不固也. 然則鄉之所謂知者, 不乃爲大盜積者也?

그럼 어디 한 번 얘기해 봅시다. 세속에서 흔히 말하는 지식이라
는 게 큰 도둑을 위해 재물을 쌓아둔 게 아니라고 할 수 있겠습니
까? 그러니 이른바 성인이라는 사람들도 큰 도둑을 지키려는 수문
장 역할을 하지 않은 사람이 있었습니까?

故嘗試論之. 世俗之所謂知者, 有不爲大盜積者乎? 所謂聖者, 有不爲大
盜守者乎?

어찌 그런 줄 알았겠습니까? 옛날 제나라에서는 이웃 고을을 서
로 바라볼 수 있고, 닭이나 개 울음소리도 서로 들을 수 있었습니
다. 그물을 쳐서 물고기를 잡고, 쟁기나 괭이로 일군 땅이 사방 2
천여 리나 되었습니다. 나라 안을 통괄하여 종묘와 사직을 세우
고, 읍(邑: 12옥)·옥(屋: 300무)·주(州: 125여)·여(閭: 25가구)·향(鄕: 5주)·
곡(曲: 부락) 같은 크고 작은 다양한 행정구역을 다스림에 있어 성인
의 법을 본받지 않음이 있었겠습니까? 그러나 제나라의 대부였던
전성자(田成子)가 하루아침에 제나라 군주인 간공(簡公)을 살해하고
그 나라를 훔쳤습니다. 훔친 나라가 어찌 제나라뿐이었겠습니까?
아울러 제나라 성인과 지식인이 제정한 법까지도 훔쳤습니다. 이
때문에 전성자는 도적이라는 이름을 얻게 되었지만, 그 몸만은 요
임금과 순 임금처럼 편안히 살았습니다. 작은 나라는 감히 그를 비
난하지 못했고, 큰 나라도 감히 그를 죽이지 못해 12대에 이르도록
제나라를 차지했습니다. 이는 곧 제나라는 물론 성인과 지식인들

이 제정한 법까지도 훔쳐서 도적의 몸을 지켜낸 것 아니겠습니까?

何以知其然邪? 昔者齊國鄰邑相望, 雞狗之音相聞, 罔罟之所布, 耒耨之
所刺, 方二千余里. 闔四竟之內, 所以立宗廟社稷, 治邑屋州閭鄉曲者, 曷
嘗不法聖人哉? 然而田成子一旦殺齊君而盜其國, 所盜者豈獨其國邪?
並與其聖知之法而盜之, 故田成子有乎盜賊之名, 而身處堯舜之安. 小國
不敢非, 大國不敢誅, 十二世有齊國, 則是不乃竊齊國, 並與其聖知之法
以守其盜賊之身乎?

두목님, 도둑질에도 도(道)라는 게 있는 겁니까
제10편 거협(胠篋) 1-2

그럼 또 어디 한 번 얘기해 봅시다. 세속에서 흔히 말하는 지극한
지식인치고 큰 도둑을 위해 재물을 쌓아두지 않는 자가 있습니까?
이른바 성인치고 큰 도둑을 지키려는 수문장 역할을 하지 않은 사
람이 있었습니까? 어찌 그런 줄 알았겠습니까? 옛날 사람 용봉(龍
逢)은 목이 잘려 죽고, 비간(比干)은 가슴이 찢겨 죽고, 장홍(萇弘)은
창자가 잘려 죽고, 자서(子胥)는 양자강에서 송장으로 썩혀 죽었습
니다. 이들 네 사람의 현인(賢人)들은 몸에 가해진 죽임을 면치 못
했습니다.

嘗試論之. 世俗之所謂至知者, 有不爲大盜積者乎? 所謂至聖者, 有不爲
大盜守者乎? 何以知其然邪? 昔者龍逢斬, 比干剖, 萇弘胣, 子胥靡. 故四
子之賢而身不免乎戮.

도척(盜跖)의 부하가 두목인 도척에게 물었습니다.

"도둑질에도 도가 있습니까?"

그러자 도척이 대답합니다.

"어느 곳인들 도 없는 곳이 있겠느냐? 방 안에 어떤 물건이 감추어져 있는지 잘 알아맞히면 성인(聖)의 경지이고, 가장 앞장서서 침입하는 것이 용기(勇)이며, 훔쳐 나올 때 가장 뒤에 서는 게 의리(義)이고, 도둑질이 성공할지 못할지를 아는 게 지식(知)이며, 훔친 것을 고르게 나누는 게 어짊(仁)이란다. 이 다섯 가지 덕목을 갖추지 않고서 큰 도둑이 된 자는 이 세상에 아직까진 없었단다."

故跖之徒問於跖曰:「盜亦有道乎?」跖曰:「何適而無有道邪? 夫妄意室中之藏, 聖也. 入先, 勇也. 出後, 義也. 知可否, 知也. 分均, 仁也. 五者不備而能成大盜者, 天下未之有也.」

이러한 관점에 볼 때, 착한 사람도 성인의 도를 얻지 못하면 자립할 수 없고, 도척도 성인의 도를 얻지 못하면 마음대로 도둑질을 행할 수 없습니다. 그러니 천하에 착한 사람은 적고 착하지 않은 사람이 많으므로, 성인으로서 천하를 이롭게 하는 일은 적고 도리어 천하를 해롭게 하는 일이 많아지게 됩니다. 그러므로 '입술이 없으면 이가 시리고, 노나라의 술이 묽어지면 조나라의 한단이 포위된다 했고, 마찬가지로 성인이 나오면 큰 도둑이 일어난다'는 속담이 생겨났습니다. 그러니 성인을 물리치고 도둑을 놓아줄 때 비로소 천하가 다스려진다는 겁니다.

由是觀之, 善人不得聖人之道不立, 跖不得聖人之道不行. 天下之善人少而不善人多, 則聖人之利天下也少而害天下也多. 故曰: 脣竭則齒寒, 魯酒薄而邯鄲圍, 聖人生而大盜起. 掊擊聖人, 縱舍盜賊, 而天下始治矣.

하천이 말라버리면 골짜기가 텅 비고, 언덕이 무너져 평평해지면 못이 메워져 물이 가득 찹니다. 성인이 죽으면 큰 도둑도 일어나지 않아 천하는 평화롭고 무사하게 됩니다. 그러나 성인이 죽지 않으면 큰 도둑도 그치지 않습니다. 비록 성인을 중시하여 천하를 다스린다 해도 이는 도척 같은 인간을 더욱 이롭게 하는 일이 됩니다.

夫川竭而谷虛, 丘夷而淵實. 聖人已死, 則大盜不起, 天下平而無故矣. 聖人不死, 大盜不止. 雖重聖人而治天下, 則是重利盜跖也.

자신의 귀 밝음으로 내면의 소리에 귀 기울이면 세상의 우환이 사라진다

제10편 거협(胠篋) 1-3

곡식을 담아 재는 말과 휘를 만들어 용량을 재려 하면 말과 휘째 훔쳐버리고, 저울을 만들어 무게를 달려 하면 저울째 훔쳐버립니다. 부신과 옥새를 만들어 신표로 쓰려 하면 부신과 옥새째 훔쳐버리고, 인의를 내세워 백성을 바로잡으려 하면 인의마저도 훔쳐갈 겁니다. 어찌 그런 줄 알겠습니까? 그림쇠를 훔치는 자는 사형에 처해지고 나라를 훔치는 자는 제후가 됩니다. 그런데 그런 제후의 가문에 인의가 있다고 하니, 이는 곧 인의는 물론 성인과 지식인이 제정한 법도까지 훔친 것 아니겠습니까? 그러므로 큰 도둑이 되어 제후의 자리에 오르고 인의는 물론 말과 휘·저울·부신과 옥새의 이득까지도 훔친 자에게는 높은 벼슬자리라는 상으로도 착한 일을 권장할 수 없고, 엄중한 형벌의 위협으로도 나쁜 짓을 금지시킬 수 없습니다. 이렇듯 도척 같은 인간을 더욱 이롭게 하고도 이를 금지시킬 수 없게 된 것은 바로 성인의 잘못입니다.

爲之斗斛以量之, 則幷與斗斛而竊之. 爲之權衡以稱之, 則幷與權衡而竊之. 爲之符璽以信之, 則幷與符璽而竊之. 爲之仁義以矯之, 則幷與仁義而竊之. 何以知其然邪? 彼竊鉤者誅, 竊國者爲諸侯, 諸侯之門而仁義存焉, 則是非竊仁義聖知邪? 故逐於大盜, 揭諸侯, 竊仁義幷斗斛權衡符璽之利者, 雖有軒冕之賞弗能勸, 斧鉞之威弗能禁. 此重利盜跖而使不可禁者, 是乃聖人之過也.

그래서 『도덕경』 36장에선 "물고기는 연못을 떠나선 안 되고, 나라의 이로운 도구는 사람들에게 보이면 안 된다"고 하였습니다. 저 성인도 세상의 이로운 도구이니 천하에 드러내서는 안 된다고 한 겁니다. 그러므로 성인의 도를 근절하고 지식인의 앎을 버리면 큰 도둑질도 이내 그치게 됩니다. 또 옥을 내던져버리고 구슬을 깨버리면 좀도둑도 생기지 않을 겁니다. 부신을 불태워버리고 옥새를 부숴버리면 백성들은 소박해질 겁니다. 말을 쪼개버리고 저울을 부러뜨리면 백성들은 다투지도 않을 겁니다. 온 세상의 성인이 만든 법을 모두 없애버리면 백성들은 비로소 서로 이야기를 나누게 될 겁니다. 육률의 가락을 어지럽게 흩뜨려버리며 피리는 불에 태워버리고 거문고의 줄을 끊어버리고 장님악사 사광의 귀를 막아버리면 세상 사람들은 비로소 자신들의 귀 밝음으로 내면의 소리를 들으려 할 겁니다. 화려한 무늬를 없애며 오색을 흩뜨려버리고 눈 밝은 이주의 눈을 아교풀로 붙여버리면, 온 세상 사람들이 비로소 자신의 눈 밝음으로 내면을 바라볼 겁니다. 그림쇠와 먹줄을 부숴 버리며 또 다른 그림쇠와 곱자를 내버리고 목수인 공수의 손가락을 부러뜨려버리면, 온 세상 사람들이 자신의 재주를 숨기게 됩니다. 그래서 『도덕경』 45장에선 "뛰어난 재주는 서툴게 보인다"고 했습니다.

故曰:「魚不可脫於淵, 國之利器不可以示人.」彼聖人者, 天下之利器也, 非所以明天下也.

故絶聖棄知, 大盜乃止. 摘玉毁珠, 小盜不起. 焚符破璽, 而民朴鄙. 掊斗折衡, 而民不爭. 殫殘天下之聖法, 而民始可與論議. 擢亂六律, 鑠絶竽瑟, 塞瞽曠之耳, 而天下始人含其聰矣. 滅文章, 散五采, 膠離朱之目, 而天下始人含其明矣. 毁絶鉤繩, 而棄規矩, 攦工倕之指, 而天下始人有其巧矣. 故曰: 大巧若拙.

증삼이나 사추의 행적을 삭제하고 양주나 묵적의 입을 틀어막으며 인의를 물리쳐버리면, 온 천하 사람의 덕성이 비로소 현묘한 도의 경지와 같아지게 됩니다. 사람들이 자신의 눈 밝음으로 내면을 관조하게 되면 세상은 혼란스럽지 않고, 사람들이 자신의 귀 밝음으로 내면의 소리에 귀 기울이게 되면 세상은 우환이 사라지며, 사람들이 자신의 지혜를 안으로 간직하면 세상은 현혹되지 않게 되고, 사람들이 자신의 덕성을 내면에 지니면 어느 한쪽으로 치우지지 않게 됩니다. 저 증삼·사추·양주·묵적·사광·공수·이주는 그 재능을 밖으로 내세우며 온 세상을 혼란에 빠뜨린 자들입니다. 이들은 참된 법을 활용하지도 않았습니다.

削曾史之行, 鉗楊墨之口, 攘棄仁義, 而天下之德始玄同矣. 彼人含其明, 則天下不鑠矣. 人含其聰, 則天下不累矣. 人含其知, 則天下不惑矣. 人含其德, 則天下不僻矣. 彼曾史楊墨, 師曠工離朱, 皆外立其德, 而以爚亂天下者也, 法之所無用也.

순박한 백성들을 버리고 교활한 아첨꾼들을 반기는 세상
제10편 거협(胠篋) 2-1

그대는 지극한 덕이 이루어진 시대를 모른단 말입니까? 옛날 사람 용성씨(容成氏)·대정씨(大庭氏)·백황씨(伯皇氏)·중앙씨(中央氏)·율육씨(栗陸氏)·여축씨(驪畜氏)·헌원씨(軒轅氏)·혁서씨(赫胥氏)·존노씨(尊盧氏)·축융씨(祝融氏)·복희씨(伏犧氏)·신농씨(神農氏)와 같은 시대에는, 백성들은 노끈을 묶어 글자 대신 활용했고, 먹는 밥을 달게 여겼으며, 입는 옷을 아름답게 여겼고, 풍속을 즐겼으며, 사는 집을 편안히 여겼습니다. 이웃나라를 서로 바라볼 수 있었고, 닭이나 개 울음소리를 서로 들을 수 있었지만, 백성들은 늙어 죽을 때까지 서로 오가지도 않았습니다. 이러한 시대야말로 가장 잘 다스려진 태평성대였죠.

子獨不知至德之世乎? 昔者容成氏, 大庭氏, 伯皇氏, 中央氏, 栗陸氏, 驪畜氏, 軒轅氏, 赫胥氏, 尊盧氏, 祝融氏, 伏犧氏, 神農氏, 當是時也, 民結

繩而用之. 甘其食, 美其服, 樂其俗, 安其居, 鄰國相望, 雞狗之音相聞,
民至老死而不相往來. 若此之時, 則至治已.

그러나 지금은 백성들이 목을 길게 빼고 발돋움하여 '어디에 현
인(賢人)이 있다'며 식량을 둘러메고 달려들 갑니다. 그리하여 안으
로는 자신의 어버이를 버리고 밖으로는 자기 나라 임금에 대한 의
무도 저버린 채 그 발길이 여러 나라의 국경을 넘나드니 수레바퀴
자국이 천 리 밖까지 이어지게 되었습니다. 이는 곧 윗사람들이 지
식을 좋아해서 생긴 잘못입니다. 윗사람들이 진정 지식만을 좋아
하고 도가 없으면 온 세상은 큰 혼란에 빠질 겁니다.

今遂至使民延頸擧踵, 曰:「某所有賢者.」贏糧而趣之, 則內棄其親而外
去其主之事, 足跡接乎諸侯之境, 車軌結乎千里之外. 則是上好知之過
也! 上誠好知而無道, 則天下大亂矣!

어찌 그런 줄 알았겠습니까? 활이나 쇠뇌, 그물과 주살 따위의
기구를 변용하는 지식이 많아지면 새는 하늘에서 어지러워집니다.
낚싯바늘이나 미끼, 그물이나 어망, 통발 따위를 만드는 지식이 많
아지면 물고기는 물속에서 어지럽게 됩니다. 목책이나 올가미, 그
물 따위를 만드는 지식이 많아지면 짐승들은 늪지에서 어지럽게
됩니다. 마찬가지로 얄팍한 지식과 속임수로 세상에 해악을 끼치
고, 견백(堅白)의 말다툼이나 동이(同異)의 궤변 따위가 많아지면 세
상 사람들은 그러한 변론에 현혹되고 맙니다. 그리하여 천하는 언
제나 큰 혼란에 빠지게 되니, 바로 그 죄가 얄팍한 지식을 선호한

데 있는 겁니다.

何以知其然邪? 夫弓弩畢弋機變之知多, 則鳥亂於上矣. 鉤餌罔罟罾笱之
知多, 則魚亂於水矣. 削格羅落罝罘之知多, 則獸亂於澤矣. 知詐漸毒, 頡
滑堅白, 解垢同異之變多, 則俗惑於辯矣. 故天下每每大亂, 罪在於好知.

그러니 세상 사람들 모두가 자신이 알고 있지 못한 것을 추구할
줄만 알지, 이미 알고 있는 것을 더욱 깊게 알려고는 하지 않습니
다. 모두가 좋지 않다고 한 것을 비난할 줄만 알지, 이미 좋다고 한
것을 비난할 줄은 모릅니다. 이 때문에 세상이 큰 혼란에 빠지는
겁니다. 그러므로 위로는 해와 달의 밝음이 가려지고, 아래로는 산
과 강의 정기가 소멸되며, 중앙에서는 사계절의 변화가 어긋나서
땅위의 작은 벌레나 작은 날짐승에 이르기까지 자연스런 본성을
잃지 않은 것이 없습니다. 참으로 극심합니다. 얄팍한 지식을 좋아
함이 온 세상을 이렇듯 혼란에 빠뜨리니 말이죠. 하·은·주 3대 이
래로 늘 이랬습니다! 저 순박한 백성들을 버리고 교활한 아첨꾼들
을 반기고, 저 고요하고 맑은 욕심이 없는 가르침을 버리고 재잘거
리듯 말 많은 가르침만을 기뻐했습니다. 재잘거리듯 말 많은 가르
침이 이미 온 세상을 혼란에 빠뜨려버렸습니다!

故天下皆知求其所不知, 而莫知求其所已知者, 皆知非其所不善, 而莫知
非其所已善者, 是以大亂. 故上悖日月之明, 下爍山川之精, 中墮四時之
施, 惴耎之蟲, 肖翹之物, 莫不失其性. 甚矣, 夫好知之亂天下也. 自三代
以下者是已! 舍夫種種之民, 而悅夫役役之佞. 釋夫恬淡無爲而悅夫啍啍
之意, 啍啍已亂天下矣!

한자어원풀이

盜亦有道(도역유도) 란 "도둑질에도 도가 있다"는 뜻으로, "어느 곳인들 도 없는 곳이 있겠느냐? 방 안에 어떤 물건이 감추어져 있는지 잘 알아맞히면 성인(聖)의 경지이고, 가장 앞장서서 침입하는 것이 용기(勇)이며, 훔쳐 나올 때 가장 뒤에 서는 게 의리(義)이고, 도둑질이 성공할지 못할지를 아는 게 지식(知)이며, 훔친 것을 고르게 나누는 게 어짊(仁)이란다. 이 다섯 가지 덕목을 갖추지 않고서 큰 도둑이 된 자는 이 세상에 아직까진 없었단다"라는 내용에서 유래했습니다.

훔칠 盜(도) 는 침 연(次)과 그릇 명(皿)으로 구성되어 있습니다. 次(연, 선)에 대해 허신은 『說文』에서 "次은 무언가를 원하고 바랄 때 입에 고이는 액체이다. 欠(흠)과 水(수)로 구성되었다"고 하였습니다. 갑골문의 자형은 보다 사실적으로 사람의 입에서 침이 튀어나오는 모양으로 그려져 있는데, 다른 부수에 더해져 주로 부러움이나 탐욕 등과 관련된 뜻을 지닙니다.

皿(명)은 밥이나 음식을 담는 그릇을 본뜬 상형글자입니다. 따라서 盜(도)의 전체적인 의미는 그릇(皿)에 담긴 음식을 보고서 침을 흘리다(次) 몰래 집어 먹는다는 데서 '훔치다'는 뜻이 생겼는데, 이는 생계형 좀도둑을 말합니다.

또 亦(역)에 대해 허신은 『說文』에서 "亦은 사람의 팔 아래 겨드랑이를 뜻한다. 大(대)로 구성되었으며, 좌우 두 획은 겨드랑이 모양을 본뜬 것이다"고 하였습니다. 갑골문의 자형은 두 팔과 다리를 벌리고 서 있는 사람(大)의 팔 아래 두 개의 점을 표시해 겨드랑이를 나타냈습니다. 본뜻은 '겨드랑이'였으나 '또'라는 의미로 쓰이자 '겨드랑이 腋(액)'을 별도로 만들었습니다.

있을 有(유)는 손(手)의 모양을 뜻하는 자형상부의 ㄓ(좌)와 크게 썬 고기 덩이를 뜻하는 상형글자인 고기 육(肉)의 변형인 육달월(月)로 이루어졌습니다. 이에 따라 有(유)는 손(ㄓ)에 고기 덩이(肉=月)를 쥐고 있다는 데서 '가지고 있다', '있다'는 뜻을 지니게 되었습니다.

길 道(도)는 쉬엄쉬엄 갈 착(辶)과 머리카락, 이마 그리고 코(自)를 그려낸 머리 수(首)로 구성되어 있습니다. 머리(首)를 앞세우고 재촉하지도 않고 천천히 발걸음(辶)을 앞으로 내딛는 게 바로 道(도)의 의미입니다. 일반적으로 말하는 통행하는 길이라는 의미보다는 모든 개체가 본능적으로 가야 할 운명적인 '길'이라는 의미가 담겨 있습니다. 그래서 각자가 가야 할 운명적인 길을 말할 때는 道(도)라고 합니다. 따라서 '道(도)를 닦는다'고 할 때는 자신의 영성(靈性)을 맑고 밝게 하여 보다 나은 마음의 영역을 넓히는 겁니다. 그 길은 오가는 게 아니라 계속 앞으로만 나아가야 합니다.

있는 그대로 내버려 두라

재
유

在   宥

"자네, 괜히 사람들 마음을 들쑤시지 말게. 사람의 마음이라는 게 억누르면 가라앉고 부추기면 올라가는데, 오르락내리락하는 사이에 사람들 마음은 마치 옥에 갇힌 죄수나 사형수와 같지. 부드러움으로 굳센 것을 유연하게 만들고, 모난 것은 쪼거나 갈아내야지. 사람 마음이란 게 뜨거워지면 불같이 타오르고 차가워지면 얼음처럼 얼어버리는데, 그 빠르기가 머릴 한 번 주억거리는 동안 사해 밖까지 두 번이나 오갈 정도지. 사람 마음이 고요할 때는 깊은 연못과 같고, 움직였다 하면 하늘까지 치솟아버리지. 억세고 교만해서 붙잡아둘 수 없는 것이 오직 사람 마음이라네!"

위정자들은 시끌벅적하게 상벌(賞罰) 내리는 것만을 일삼고 있으니

제11편 재유(在宥) 1-1

　천하를 있는 그대로 자연에 맡겨둔다는 말은 들었어도, 천하를
다스린다는 말은 들질 못했습니다. 있는 그대로 둔다는 것은 천하
가 그 본성을 어지럽힐까 걱정되어서이고, 자연에 맡겨둔다는 것
은 본래의 덕성이 바뀔까 염려되어서랍니다. 천하가 그 본성을 어
지럽히지 않고 그 덕성이 바뀌지 않는다면, 천하를 다스릴 필요가
있겠습니까?

　聞在宥天下, 不聞治天下也. 在之也者, 恐天下之淫其性也. 宥之也者, 恐
天下之遷其德也. 天下不淫其性, 不遷其德, 有治天下者哉?

　옛날 요 임금이 천하를 다스릴 땐 세상 사람을 기쁘게 하고 각자

의 본성대로 즐기도록 하였지만, 이는 편치 않은 일이었습니다. 걸왕이 천하를 다스릴 때에는 세상 사람을 고달프게 하며 각자의 본성을 괴롭혔는데, 이 역시 유쾌하진 않은 일이었습니다. 이렇듯 편치 않고 유쾌하지 않은 것은 덕이라 할 수 없습니다. 덕이 아니면서 오래갈 수 있는 것이란 이 세상엔 없습니다.

昔堯之治天下也, 使天下欣欣焉人樂其性, 是不恬也. 桀之治天下也, 使天下瘁瘁焉人苦其性, 是不愉也. 夫不恬不愉. 非德也. 非德也而可長久者, 天下無之.

사람이 지나치게 기뻐하다 보면 양기를 소모하게 되고, 지나치게 분노하다 보면 음기를 손상시키게 됩니다. 음양의 기가 서로 손상을 입게 되면 사계절이 고르지 못하고 추위와 더위가 조화를 이루지 못해, 도리어 사람의 몸을 손상시키게 됩니다. 뿐만 아니라 사람에게 기쁨과 분노의 균형을 잃게 하고, 거처도 일정치 않게 하며, 생각마저도 스스로 하지 못하게 해, 하는 일을 중도에 그만두게 해 끝을 내지 못하게 합니다. 이에 온 세상은 비로소 교만하고 꾸짖고 자랑하고 사나움 따위가 생겨났습니다. 이후로 도척이나 증삼과 사추와 같은 행위가 자행되었습니다. 그리하여 온 세상이 힘을 다해 착한 사람에게 상을 주려 해도 부족하였고, 온 세상이 힘을 다해 악한 자를 벌하려 해도 역부족이었습니다. 이 때문에 광대한 천하로도 상을 주고 벌주기에는 부족하였죠. 그런데 하·은·주 3대 이래로 위정자들은 시끌벅적하게 상벌 내리는 것만을 일삼고 있으니, 어떤 겨를이 있어 백성들이 본래 타고난 대로의 성명지정에 안주할 수 있겠습니까!

人大喜邪, 毗於陽. 大怒邪, 毗於陰. 陰陽並毗, 四時不至, 寒暑之和不成, 其反傷人之形乎! 使人喜怒失位, 居處無常, 思慮不自得, 中道不成章. 於是乎天下始喬詰卓鷙, 而後有盜跖, 曾, 史之行. 故擧天下以賞其善者不足, 擧天下以罰其惡者不給. 故天下之大, 不足以賞罰. 自三代以下者, 匈匈焉終以賞罰爲事, 彼何暇安其性命之情哉!

천하에 군림하게 된다면 인위적으로 하는 일이 없는 무위(無爲)가 최고

제11편 재유(在宥) 1-2

그런데도 눈 밝은 것을 즐기려 하는 것은 아름다운 색채에 빠지게 되고, 귀 밝은 것을 즐기려 하는 것은 소리에 빠지는 겁니다. 인(仁)을 즐기려 하는 것은 덕을 어지럽히는 것이며, 의(義)를 즐기려 하는 것은 이치를 어기는 겁니다. 예(禮)를 즐기려 하는 것은 기교를 조장하는 것이며, 음악을 즐기려 하는 것은 음탕함을 조장하는 겁니다. 성스러움을 즐기려 하는 것은 속된 학문을 권장하는 것이며, 지식을 즐기려 하는 것은 시비(是非)의 병을 깊게 하는 겁니다. 온 세상이 본래 타고난 대로의 성명지정에 편히 머물 수 있다면 이 여덟 가지 일은 있어도 좋고 없어도 좋습니다. 그러나 온 세상이 본래 타고난 성명지정에 편안히 머물 수 없다면 이 여덟 가지 일은 백성들을 얽어매고 뒤엉킨 채 세상을 어지럽히게 됩니다. 그리고 천하 사람들은 그것을 존중하고 애석해하기 시작합니다. 천하 세상의 미혹됨이 이렇듯 극심해집니다. 그러니 어찌 그대로 지나쳐 가버리겠습니까! 이제 사람들은 재계하며 그것을 말하고, 꿇어앉아 받들어 올리며, 북치고 노래하며 춤을 추어대니, 내 이를 어찌 하겠습니까?

而且說明邪, 是淫於色也. 說聰邪, 是淫於聲也. 說仁邪, 是亂於德也. 說義邪, 是悖於理也. 說禮邪, 是相於技也. 說樂邪, 是相於淫也. 說聖邪, 是相於藝也. 說知邪, 是相於疵也. 天下將安其性命之情, 之八者, 存可也, 亡可也. 天下將不安其性命之情, 之八者, 乃始臠卷獊囊而亂天下也. 而天下乃始尊之惜之. 甚矣, 天下之惑也. 豈直過也而去之邪! 乃齊戒以言之, 跪坐以進之, 鼓歌以儛之. 吾若是何哉!

그러므로 군자가 어쩔 수 없이 천하에 군림하게 된다면 인위적으로 하는 일이 없는 무위(無爲)만 한 게 없습니다. 무위라야만 백성들은 본래 타고난 성명지정에 편안히 머물게 됩니다. 그러니 천하를 다스리는 것보다 자기 몸을 소중히 여기는 자라야만 천하를 부탁할 수 있고, 천하를 다스리는 것보다 자기 몸을 사랑하는 자라야만 천하를 맡길 수 있습니다. 그러므로 군자가 진실로 자신의 오장으로 인해 감정을 드러내지 않고 자신의 총명함을 휘두르지 않는다면, 주검처럼 머물러 있어도 용처럼 드러나고, 깊은 연못처럼 침묵하고 있어도 천둥처럼 울리게 됩니다. 또한 정신이 활동하면 천하가 따르고, 무위로 하더라도 만물이 불꽃처럼 일어납니다. 그러니 어찌 내게 천하를 다스릴 겨를이 있겠습니까!

故君子不得已而臨苻天下, 莫若無爲. 無爲也, 而後安其性命之情. 故貴

以身於爲天下, 則可以托天下. 愛以身於爲天下, 則可以寄天下. 故君子
苟能無解其五藏, 無擢其聰明, 尸居而龍見, 淵默而雷聲, 神動而天隨, 從
容無爲而萬物炊累焉. 吾又何暇治天下哉!

억세고 교만해서 붙잡아둘 수 없는 것이 오직 사람의 마음

제11편 재유(在宥) 2-1

최구(崔瞿)가 노자에게 물었습니다.

"천하를 다스리지 않고서 어떻게 사람들 마음을 선(善)하게 할
수 있겠습니까?"

崔瞿問於老聃曰:「不治天下, 安藏人心?」

이에 노자가 대답합니다.

"자네, 괜히 사람들 마음을 들쑤시지 말게. 사람의 마음이라는
게 억누르면 가라앉고 부추기면 올라가는데, 오르락내리락하는 사
이에 사람들 마음은 마치 옥에 갇힌 죄수나 사형수와 같지. 부드러
움으로 굳센 것을 유연하게 만들고, 모난 것은 쪼거나 갈아내야지.
사람 마음이란 게 뜨거워지면 불같이 타오르고 차가워지면 얼음
처럼 얼어버리는데, 그 빠르기가 머릴 한 번 주억거리는 동안 사해
밖까지 두 번이나 오갈 정도지. 사람 마음이 고요할 때는 깊은 연
못과 같고, 움직였다 하면 하늘까지 치솟아버리지. 억세고 교만해
서 붙잡아둘 수 없는 것이 오직 사람 마음이라네!"

老聃曰:「女愼無攖人心. 人心排下而進上, 上下囚殺, 淖約柔乎剛彊, 廉

劇彫琢, 其熱焦火, 其寒凝冰, 其疾俯仰之間而再撫四海之外. 其居也, 淵
而靜. 其動也, 縣而天. 僨驕而不可係者, 其唯人心乎!」

옛날에 황제가 처음 인의로써 사람들 마음을 휘두르기 시작했습
니다. 뒤를 이어 요 임금과 순 임금이 넓적다리 살이 거의 다 빠지
고 종아리 털이 닳도록 애쓰며 천하 백성의 몸을 돌보고 오장에서
비롯된 감정을 억누르며 인의를 시행했고, 심혈을 기울여 법도를
제정하였습니다. 그러나 천하를 다스리기에는 부족했습니다. 그래
서 요 임금은 명령에 불복종한 환두(驩兜)를 숭산(崇山)으로 추방하
였고, 삼묘(三苗)를 삼위(三峗)로 몰아냈고, 공공(共工)을 유도(幽都)
로 유배 보냈으니, 이는 곧 요 임금이 아직 천하를 잘 다스리지 못
했다는 증겁니다.

昔者黃帝始以仁義攖人之心, 堯舜於是乎股無胈, 脛無毛, 以養天下之形.
愁其五藏以爲仁義, 矜其血氣以規法度. 然猶有不勝也. 堯於是放驩兜於
崇山, 投三苗於三峗, 流共工於幽都, 此不勝天下也.

그러다가 하·은·주 삼대를 다스린 삼왕(三王) 때에 이르자 천
하 세상에는 더욱 놀랄 만한 일들이 벌어졌습니다. 아래로는 걸왕
이나 도척이 위로는 증삼이나 사추가 있었고, 유가와 묵가도 일제
히 들고 일어났습니다. 이렇게 되자 사람들은 기뻐하거나 화를 내
며 서로를 의심하고, 어리석은 자와 지식인은 서로를 속이고, 옳거
니 그르니 하며 서로를 비방하였고, 거짓이다 사실이다 하며 헐뜯
어대니 천하 세상은 쇠퇴하고 말았습니다. 나아가 큰 덕에 차별이

생기고, 본래 타고난 성명지정도 어지러이 흩어져버렸습니다. 그러자 천하 세상은 얄팍한 지식만을 좋아하였고 백성들은 살기에도 허덕이게 되어버렸습니다.

夫施及三王而天下大駭矣. 下有桀跖, 上有曾史, 而儒墨畢起. 於是乎喜怒相疑, 愚知相欺, 善否相非, 誕信相譏, 而天下衰矣. 大德不同, 而性命爛漫矣. 天下好知, 而百姓求竭矣.

성인을 근절하고 지식꾼을 버리면 천하가 잘 다스려진다
제11편 재유(在宥) 2-2

이렇게 되자 큰 자귀나 톱 같은 처형방법으로 사람을 제압하고, 오랏줄이나 묵형으로 사람을 처형하였으며, 몽치나 끌로 사람 목숨을 끊어버렸습니다. 그러니 온 세상은 더욱더 큰 혼란으로 빠져들었으니, 그 죄는 바로 인의로 사람들의 마음을 옭아맨 데 있었습니다. 그러므로 현자(賢者)는 큰 산의 험준한 바위 밑에 숨어 살고, 큰 나라의 군주는 조정의 묘당에서 근심걱정에 떨며 보냈습니다.

於是乎, 釿鋸制焉, 繩墨殺焉, 椎鑿決焉. 天下脊脊大亂, 罪在攖人心. 故賢者伏處大山嵁巖之下, 而萬乘之君憂慄乎廟堂之上.

지금 세상에는 사형으로 처형된 자들이 나란히 누워 있고, 칼을 쓰고 차꼬를 찬 자들로 비좁아 서로 밀리게 되고, 형벌로 죽은 자들이 서로 눈을 부릅뜨고 바라볼 정도입니다. 그런데도 유가와 묵가는 죄인들 사이를 기세등등하게 오갑니다. 아! 참으로 심합니다.

그들은 남에 대한 부끄러움도 없고 자신들의 수치스러움도 알지 못하니 너무나도 심할 뿐입니다. 내 아직 성인이나 지식인들이 칼을 씌우고 차꼬를 죄는 쐐기가 되지 않는지, 인의가 죄인들의 형틀을 단단하게 죄는 도구가 되지 않는지를 알지 못합니다. 어떻게 증삼과 사추가 결왕과 도척에게 영향을 주었던 것이 아닌지를 알겠습니까? 그래서 『도덕경』 제19장에선 '성인을 근절하고 지식인을 버리면 천하가 잘 다스려진다'고 하였습니다.

> 今世殊死者相枕也, 桁楊者相推也, 形戮者相望也, 而儒墨乃始離跂攘臂乎桎梏之間. 噫, 甚矣哉! 其無愧而不知恥也甚矣! 吾未知聖知之不爲桁楊椄槢也, 仁義之不爲桎梏鑿枘也, 焉知曾史之不爲桀跖嚆矢也! 故曰: 絕聖棄知, 而天下大治.

몸을 어떻게 다스려야 장수할 수 있습니까
제11편 재유(在宥) 3-1

황제가 천자의 자리에 오른 지 19년이 지나면서 천하 세상에 그 정령(政令)이 시행되고 있었지만, 선인(仙人) 광성자(廣成子)가 공동산에 머물고 있다는 소식을 듣고 찾아가 만나고는 물었습니다.

"내 듣자니 선생께선 지극한 도를 깨달으셨다는데, 지극한 도의 정수에 대해 묻고자 합니다. 나는 천지의 정수를 터득해 오곡백과가 잘 자라도록 도와 백성들을 배불리 먹이고 싶습니다. 나는 또 음양의 기를 잘 관리하여 모든 백성들이 제 명대로 살 수 있도록 하고자 하는데, 그러자면 어떻게 해야 합니까?"

黃帝立爲天子十九年, 令行天下, 聞廣成子在於空同之上, 故往見之, 曰:
「我聞吾子達於至道, 敢問至道之精. 吾欲取天地之精, 以佐五穀, 以養民
人. 吾又欲官陰陽, 以遂群生, 爲之奈何?」

이에 광성자가 대답합니다.

"그대가 묻고자 하는 것은 사물의 본질이고, 관리하고자 하는 것
은 사물의 껍질에 불과하오. 그대가 천하 세상을 다스리고 난 뒤부
터는 구름의 기운이 모이기도 전에 비가 내리고, 초목은 단풍이 들
기도 전에 말라 잎이 졌으며, 해와 달의 빛은 더욱 황폐해졌구려.
그대는 아첨꾼의 마음으로 말만 잘할 뿐인데, 내 어찌 지극한 도에
대해 말할 수 있겠소!"

廣成子曰:「而所欲問者, 物之質也. 而所欲官者, 物之殘也. 自而治天下,
雲氣不待族而雨, 草木不待黃而落, 日月之光益以荒矣, 而佞人之心翦翦
者, 又奚足以語至道!」

황제는 그곳을 물러나와 천하 세상의 일 따윈 팽개치고, 특별한
방을 만들어 흰 돗자리를 깔고선 석 달 동안 마음을 비우고 지냈습
니다. 그런 후 다시 찾아가 뵙기를 요청했습니다. 광성자는 머리를
남쪽으로 하고선 와선(臥禪)을 하고 있었습니다. 황제는 공손하게
무릎걸음으로 나아가 두 번 절하고 머리를 숙이고 물었습니다.

"선생께선 지극한 도를 깨우치셨다 들었습니다. 몸을 어떻게 다
스려야 장수할 수 있겠습니까?"

黃帝退, 捐天下, 築特室, 席白茅, 閒居三月, 復往邀之. 廣成子南首而臥,

黃帝順下風膝行而進, 再拜稽首而問曰:「聞吾子達於至道, 敢問治身, 奈何而可以長久?」

선생님이야말로 하늘과 합일하셨군요
제11편 재유(在宥) 3-2

광성자는 반가움에 벌떡 일어나 기뻐 말합니다.

"아주 좋은 질문이구려! 어서 오시게. 내 그대에게 지극한 도에 대해 말해 주겠소. 지극한 도의 정수는 지극히 그윽하고 심원하며, 지극한 도의 극치는 지극히 어둡고 고요하다오. 그러니 바깥 사물을 보려거나 귀 기울이지 말고, 정신을 몸에 머물게 하고 고요히 있으면 몸도 마음도 저절로 바르게 된다오. 반드시 마음을 고요하고 맑게 하며, 그대의 몸을 수고롭지 않게 하고, 그대의 정기를 요동치게 하지 않으면 장수할 수 있다오. 그대는 내면을 조심스레 관조하고 외부세계와 담을 쌓아야 하오, 아는 게 많아지면 지는 법이오. 나는 그대를 위해 아주 밝은 천상에 이르게 하여 저 지극한 양의 근원에 이르게 하리라. 또 그대를 위해 그윽하고 심원한 문으로 들어가게 하여 저 지극한 음의 문에 이르게 하리라. 하늘과 땅은 맡은 바가 있고, 음기와 양기도 갈무리한 바가 있다오. 그러니 그대는 몸을 잘 간수하면 만물은 저절로 왕성해진다오. 나는 그 도를 잘 간수하여 조화로운 곳에 머무니 몸을 닦은 지 1,200년이 되었어도 내 몸은 여전히 늙지 않는 것이라오."

廣成子蹶然而起, 曰:「善哉問乎! 來, 吾語汝至道: 至道之精, 窈窈冥冥.

至道之極, 昏昏默默. 無視無聽, 抱神以靜, 形將自正. 必靜必淸, 無勞汝形, 無搖汝精, 乃可以長生. 目無所見, 耳無所聞, 心無所知, 汝神將守形, 形乃長生. 愼汝內, 閉汝外, 多知爲敗. 我爲汝遂於大明之上矣, 至彼至陽之原也. 爲汝入於窈冥之門矣, 至彼至陰之原也. 天地有官, 陰陽有藏. 愼守汝身, 物將自壯. 我守其一以處其和. 故我修身千二百歲矣, 吾形未常衰.」

황제가 두 번 절하고 머릴 조아리며 칭송합니다.

"선생님이야말로 하늘과 합일하였군요!"

黃帝再拜稽首曰:「廣成子之謂天矣!」

선인 광성자가 부드러운 목소리로 말합니다.

"자, 이리 오시오. 내 그대에게 말하리라. 저 만물은 끝이 없는데 사람들은 모두가 끝이 있다 여기고, 저 만물은 헤아릴 수도 없는데 사람들은 모두가 극점이 있다 생각한다오. 내가 터득한 도를 체득한 사람은 위로는 황제가 되고 아래로는 왕이 될 수 있지만, 내 도를 얻지 못한 자는 위로 해와 달빛을 볼 수는 있지만 죽어서는 흙이 될 뿐이라오. 지금 저 만물은 모두가 흙에서 생겨나서 흙으로 돌아간다오. 그러므로 나는 이제 그대를 떠나 무궁의 문으로 들어가 자유로운 무극의 경지에서 노닐려 한다오. 나는 해와 달빛과 더불어 함께하고, 천지와 더불어 영원하다오. 나를 만나러 온다 해도 모를 뿐, 나를 멀리한다 해도 그저 모를 뿐이라오. 사람들은 모두가 죽지만 나만은 홀로 존재한다오!"

廣成子曰:「來! 余語汝: 彼其物無窮, 而人皆以爲有終. 彼其物無測, 而人皆以爲有極. 得吾道者, 上爲皇而下爲王. 失吾道者, 上見光而下爲土. 今夫百昌皆生於土而反於土. 故余將去汝, 入無窮之門, 以遊無極之野. 吾與日月參光, 吾與天地爲常. 當我緡乎, 遠我昏乎! 人其盡死, 而我獨存乎!」

구름을 관장하는 운장과 자연의 원기인 홍몽의 만남

제11편 재유(在宥) 4-1

구름을 관장하는 장수 운장(雲將)이 동쪽에서 노닐다 신성한 나무인 부요(扶搖)의 가지 아래를 지나다 마침 자연의 원기인 홍몽(鴻蒙)을 만났습니다. 홍몽은 때마침 허벅지를 붙잡고 참새처럼 뛰놀고 있었죠. 운장은 그것을 보고선 움찔 놀라 멈추어 서서는 묻습니다.

"노인장은 뉘시오? 여기서 무엇을 하고 계십니까?"

홍몽은 허벅지를 붙잡고 참새처럼 뛰노는 것을 멈추지 않고 운장에게 말합니다.

"놀고 있지!"

다시 운장이 말합니다.

"제가 여쭙고 싶은 게 있습니다만."

홍몽은 고갤 들어 운장을 보고선 말합니다.

"그래!"

雲將東遊, 過扶搖之枝而適遭鴻蒙. 鴻蒙方將拊脾雀躍而遊. 雲將見之,倘然止, 贄然立, 曰:「叟何人邪? 叟何爲此?」鴻蒙拊脾雀躍不輟, 對雲將曰:「遊!」雲將曰:「朕願有問也.」鴻蒙仰而視雲將曰:「吁!」

이에 운장은 말합니다.

"천기는 조화롭지 못하고, 지기는 너무 맺혀 있어 오운육기가 고르지 못하고 사계절이 순조롭지 않습니다. 지금 저는 오운육기의 정기를 화합하여 만물을 기르고 싶습니다. 그것들을 위해 어찌해야 됩니까?"

홍몽은 여전히 허벅지를 붙잡고 참새처럼 뛰놀다 머릴 좌우로 흔들며 말합니다.

"난 몰라. 난 모른다고!"

雲將曰:「天氣不和, 地氣鬱結, 六氣不調, 四時不節. 今我願合六氣之精以育群生, 爲之奈何?」鴻蒙拊脾雀躍掉頭曰:「吾弗知. 吾弗知!」

운장은 더 이상 물을 수가 없었습니다. 그리고 3년 후 동쪽으로 여행하며 송나라의 들판을 지나다 때마침 홍몽을 만났습니다. 운장은 크게 기뻐하며 뛰어 달려가 말합니다.

"하늘 같은 분께선 절 잊으셨습니까? 절 잊으셨단 말입니까?"

운장은 두 번 절하고 머릴 조아려 홍몽에게 한 말씀 듣고 싶다고 애원합니다. 그러자 홍몽이 말합니다.

"나는 뜬구름처럼 노닐 뿐 찾는 바를 모르고, 맘 내키는 대로 나다녀도 갈 바를 모르지. 이렇게 노니는 사람은 이 떠들썩함 속에서도 만물의 참된 실상을 볼 수 있으니, 또 내가 더 무얼 알아야겠는가!"

雲將不得問. 又三年, 東遊, 過有宋之野, 而適遭鴻蒙. 雲將大喜, 行趨而
進曰:「天忘朕邪? 天忘朕邪?」再拜稽首, 願聞於鴻蒙. 鴻蒙曰:「浮遊不
知所求, 猖狂不知所往, 遊者鞅掌, 以觀無妄. 朕又何知!」

인위적으로 무언가를 하지 않으면 만물은 저절로 잘 다스려질 거야
제11편 재유(在宥) 4-2

들고 있던 운장이 말합니다.

"저 스스로도 맘 내키는 대로 하고 있다고 생각합니다만 백성들
은 제가 가는 곳만을 따릅니다. 그래서 저는 어쩔 수 없이 백성들
과 함께하고 있는데, 이제는 오히려 백성들에게 방임되고 있습니
다. 부디 한 말씀 들려주십시오."

雲將曰:「朕也自以爲猖狂, 而民隨予所往. 朕也不得已於民, 今則民之放
也. 願聞一言.」

이에 홍몽이 대답합니다.

"대자연의 이치를 어지럽히고, 만물의 정서를 거스르면 오묘한
대자연의 조화는 이루어지지 않지. 짐승의 무리는 흩어지고 새들
은 밤새 울고 그 재앙이 초목이나 곤충에게까지 미친다네. 아! 이
게 바로 사람을 다스려서 생긴 허물이지."

운장이 다시 묻습니다.

"그렇다면 저는 어찌해야 됩니까?"

이에 홍몽이 탄식하며 대답합니다.

"아! 한심하구나! 어서 빨리 돌아가게나."

鴻蒙曰「亂天之經, 逆物之情, 玄天弗成, 解獸之群而鳥皆夜鳴, 災及草木, 禍及止蟲. 噫! 治人之過也.」雲將曰「然則吾奈何?」鴻蒙曰「噫! 毒哉! 僊僊乎歸矣!」

운장이 다시 애원합니다.

"선생님과 같은 분을 만나기란 쉽지 않습니다. 제발 한 말씀 들려주십시오."

雲將曰「吾遇天難, 願聞一言.」

이에 홍몽이 대답합니다.

"아아! 마음을 수양하는 것뿐이지. 자네가 인위적으로 무언가를 하지 않으면 만물은 저절로 잘 다스려질 거야. 자네의 몸을 놓아버리고 눈과 귀도 닫아버리게나. 그리고 세상 사람과 사물을 함께 잊어버리면 대자연의 기운과 하나가 될 것이네. 또한 자네 마음의 집착을 풀어버리고 정신의 속박을 벗어버리면 마음이 텅 비워지고 인식작용도 사라질 거야. 그러면 만물은 무성히 잘 자라고 각기 그 근원으로 돌아갈 거네. 각기 그 근본으로 돌아가면서도 스스로 그 이유는 모르는 법이지. 또 혼돈상태에 들기 때문에 평생토록 도에서 벗어나지 않지. 그러나 그 이유를 알려고 들면 곧바로 도에서 벗어나게 된다네. 그러니 그 이름도 묻지 말고 실정도 엿보려 하지 말게나. 그러면 만물은 본래대로 저절로 생육될 거야."

鴻蒙曰:「噫! 心養! 汝徒處無爲, 而物自化. 墮爾形體, 吐爾聰明, 倫與物忘, 大同乎涬溟. 解心釋神, 莫然無魂. 萬物云云, 各復其根, 各復其根而不知. 渾渾沌沌, 終身不離. 若彼知之, 乃是離之. 無問其名, 無窺其情, 物固自生.」

이에 운장은 감격에 겨워 말합니다.

"하늘과도 같은 선생님께서 저에게 덕을 내려주시고 참된 침묵의 도를 일깨워주셨습니다. 몸소 그 세계를 탐구해 왔는데, 이제야 체득하였습니다."

운장은 공손히 두 번 절하고 머릴 조아리며 일어나 작별인사를 하고 그 자릴 떠나갔습니다.

雲將曰:「天降朕以德, 示朕以默. 躬身求之, 乃今得也.」 再拜稽首, 起辭而行.

큰 것을 가진 사람은 작은 물건에 구애되어서는 안 됩니다
제11편 재유(在宥) 5-1

세속 사람들 모두가 남이 자기 의견에 동조하면 기뻐하고, 남이 자기 의견과 다르면 싫어합니다. 자기 의견에 동조하길 바라고 자기 의견과 다르길 바라지 않는 것은 다른 많은 사람들보다 뛰어나고 싶은 마음 때문입니다. 다른 많은 사람들보다 뛰어나고 싶은 마음을 가진 자가 어찌 다른 많은 사람들보다 뛰어나겠습니까? 많은 사람들의 중론에 의하여 자기의 견문을 인정받아 편안히 지내려

하지만, 다른 많은 사람들이 지닌 재주만큼 많지는 않습니다.

世俗之人, 皆喜人之同乎己而惡人之異於己也. 同於己而欲之, 異於己而
不欲者, 以出乎衆爲心也. 夫以出乎衆爲心者, 曷常出乎衆哉? 因衆以寧
所聞, 不如衆技衆矣.

그런데도 인위적으로 나라를 다스리려는 사람은 하 · 은 · 주 3
왕의 이로운 점만을 보고 그 환난은 보지 못한 자들입니다. 이는
나라를 다스리는 데에 있어 요행을 바라는 겁니다. 요행을 바라다
가 나라를 잃지 않은 사람이 얼마나 될까요? 그들이 나라를 보존
하는 일은 만(萬)에 한 사람도 없습니다. 나라를 잃은 사람은 한 사
람도 성공하지 못하고 만여 명이 넘는 사람이 망해버렸습니다. 서
글픈 일입니다. 나라를 다스리는 사람들의 몰지각함이여!

而欲爲人之國者, 此攬乎三王之利而不見其患者也. 此以人之國僥倖也.
幾何僥倖而不喪人之國乎? 其存人之國也, 無萬分之一. 而喪人之國也,
一不成而萬有余喪. 悲夫, 有土者之不知也!

한 나라를 가진 사람은 가장 큰 것을 가진 사람입니다. 가장 큰 것
을 가진 사람은 작은 물건에 구애되어서는 안 됩니다. 사물을 다스
리면서도 사물에 구애받지 않으면 모든 사물이 제대로 보존될 수
있습니다. 모든 사물을 제대로 보존할 줄 아는 사람이 사물에 구애
받지 않음을 명백하게 알았다면, 어찌 천하 백성을 다스리는 일뿐
이겠습니까! 그러한 사람은 천지사방을 드나들고 온 나라 안을 노
닐면서 홀로 갔다가 홀로 옵니다. 이러한 경지를 홀로 있음이라 합

니다. 홀로 있는 사람을 일러 '지극히 존귀한 사람'이라 합니다.

> 夫有土者, 有大物也. 有大物者, 不可以物. 物而不物, 故能物物. 明乎物
> 物者之非物也, 豈獨治天下百姓而已哉! 出入六合, 遊乎九州, 獨往獨來,
> 是謂獨有. 獨有之人, 是謂至貴.

▌도에는 대자연의 도인 천도가 있고, 사람의 도인 인도가 있습니다
제11편 재유(在宥) 5-2

위대한 사람의 가르침은 형체에 그림자가 따르고 소리에 메아
리가 따르는 것과 같이, 질문이 있으면 응답하여 자기가 품고 있는
생각을 다 털어놓고 천하 사람들의 반려자가 됩니다. 그가 머무르
는 곳은 고요하고, 그 행동은 정처가 없습니다. 어지럽게 우왕좌왕
하는 그대들을 이끌어 끝없는 경지에서 노닐게 할 겁니다. 그는 아
무 데도 의지함이 없이 드나들기에 태양과 더불어 새로운 시작도
없습니다. 그의 용모와 형체를 말할 것 같으면 천지 대자연과 합일
되었습니다. 대자연과 합일되었으니 자기라는 것도 없습니다. 자
기가 없는데 어찌 형상이 있겠습니까! 형상에 집착하는 자는 옛날
의 군자이며, 근원을 깨달은 사람은 천지 대자연의 벗입니다.

> 大人之教, 若形之於影, 聲之於響, 有問而應之, 盡其所懷, 爲天下配. 處
> 乎無響. 行乎無方, 挈汝適復之撓撓, 以遊無端, 出入無旁, 與日無始. 頌
> 論形軀, 合乎大同, 大同而無己. 無己, 惡乎得有有. 覩有者, 昔之君子.
> 覩無者, 天地之友.

하찮아도 스스로에게 맡겨 둘 수밖에 없는 것이 사물(物)입니다. 비천한 신분이라도 스스로에게 의지할 수밖에 없는 것이 백성(民)입니다. 숨겨져 있어도 하지 않을 수밖에 없는 것이 일(事)입니다. 거칠어도 펼쳐놓지 않을 수밖에 없는 것이 법(法)입니다. 인정과는 멀지만 지키지 않을 수 없는 것이 의(義)입니다. 인정과는 가깝지만 넓혀가지 않을 수 없는 것이 인(仁)입니다. 절제해야 하지만 쌓아가지 않을 수 없는 것이 예(禮)입니다. 잘 들어맞지만 높이지 않을 수 없는 것이 덕(德)입니다. 오직 하나이지만 변화하지 않을 수 없는 것이 도(道)입니다. 신묘하지만 따라하지 않을 수 없는 것이 대자연(天)입니다.

賤而不可不任者, 物也. 卑而不可不因者, 民也. 匿而不可不爲者, 事也.
麤而不可不陳者, 法也. 遠而不可不居者, 義也. 親而不可不廣者, 仁也.
節而不可不積者, 禮也. 中而不可不高者, 德也. 一而不可不易者, 道也.
神而不可不爲者, 天也.

그래서 성인은 대자연을 관찰할 뿐 조장하지 않으며, 덕을 이룰 뿐 남에게 누를 끼치지 않습니다. 도를 따라할 뿐 계략을 도모하지 않으며, 인에 머무르면서도 의지하지 않습니다. 의로움을 널리 엷게 할 뿐 쌓아두지 않으며, 예에 응할 뿐 꺼리지는 않습니다. 일에 접할 뿐 사양하지 않으며, 법에 나란히 할 뿐 어지럽히지 않습니다. 백성을 믿을 뿐 가벼이 대하지 않고, 사물을 따르되 소홀히 여기지 않습니다. 사물이란 상대하기에는 부족하지만 상대하지 않을 수 없는 겁니다.

故聖人觀於天而不助, 成於德而不累, 出於道而不謀, 會於仁而不恃, 薄於義而不積, 應於禮而不諱, 接於事而不辭, 齊於法而不亂, 恃於民而不輕, 因於物而不去. 物者莫足爲也, 而不可不爲.

대자연을 잘 알지 못한 자는 덕에 있어서도 순수하지 못합니다. 도에 통달하지 못한 자는 무슨 일도 잘되지 않습니다. 그러니 도를 밝히지 못한다는 것은 슬픈 일입니다. 무엇을 도라 할까요? 대자연의 도인 천도가 있고, 사람의 도인 인도가 있습니다. 인위적으로 하는 일이 없으면서도 존경받는 것이 천도입니다. 인위적이면서도 허물이 되는 것이 인도입니다. 군주는 천도이고 신하는 인도입니다. 천도와 인도는 서로 멀리 떨어져 있으니 잘 살피지 않을 수 없습니다.

不明於天者, 不純於德. 不通於道者, 無自而可. 不明於道者, 悲夫! 何謂道? 有天道, 有人道. 無爲而尊者, 天道也. 有爲而累者, 人道也. 主者, 天道也. 臣者, 人道也. 天道之與人道也, 相去遠矣, 不可不察也.

한자어원풀이

獨往獨來(독왕독래) 란 "홀로 갔다가 홀로 돌아온다"는 뜻으로, "모든 사물을 제대로 보존할 줄 아는 사람이 사물에 구애받지 않음을 명백하게 알았다면, 어찌 천하 백성을 다스리는 일뿐이겠습니까! 그러한 사람은 천지사방을 드나들고 온 나라 안을 노닐면서 홀로 갔다가 홀로 옵니다. 이러한 경지를 홀로 있음이라 합니다. 홀로 있는 사람을 일러 '지극히 존귀한 사람'이라 합니다"라는 내용에서 유래했습니다.

홀로 獨(독) 은 큰 개 견(犭)과 누에 촉(蜀)으로 구성되었습니다. 犭(견)은 개의 모양을 상형한 犬(견)의 간략형으로 주로 자형의 좌변에 놓이죠. 蜀(촉)은 누에의 상형(罒)과 고치에 싸인(勹) 번데기(虫)를 의미합니다. 獨(독) 자는 이 두 동물의 식생과 관련하여 그 뜻을 지니게 되었는데, 즉 큰 개(犭)와 누에(蜀)는 먹이를 주면 오직 혼자만 먹으려 하기 때문에 적당한 거리를 유지시키며 '홀로' 떼어놓아야 별 탈이 없다는 데서 '홀로', '홀몸'을 뜻하게 되었습니다.

갈 往(왕) 은 조금 걸을 척(彳)과 주인 주(主)로 구성되었습니다. 주인 주(主)는 본래 임금 왕(王) 자 위에 발 모양을 본뜬 발 지(止) 모양 이었는데, 주인 주(主)로 간략화 되었습니다. 彳(척)에 대해 허신은 『說文』에서 "彳은 작은 걸음으로 걷는다는 뜻이며 사람의 다리를 형성하는 세 부위가 서로 연결되어 있는 모양을 본떴다"라고 하였습니다. 여기서 말하는 세 부위는 넓적다리와 정강이 그리고 발을 말하는 것으로 움직일 때 활용되는 다리 전체를 의미하고 있습니다.

王(왕)은 일반 무사들이 가지고 있는 도끼보다 크고 머리부위에 장식이 달린 '큰 도끼'를 본뜬 모양입니다. 이러한 큰 도끼는 부족의 우두머리나 한 나라의 왕만 가질 수 있다는 데서 '임금'이란 뜻을 지니게 되었습니다. 이에 따라 往(왕)의 의미는 왕(王)이 발걸음(止)을 내디뎌 천천히 간다(彳)는 데서 '가다'는 뜻과 함께 지나가버린 '과거'를 뜻하기도 합니다.

올 來(래) 에 대해 허신은 『說文』에서 "來는 주나라가 얻은 상서로운 보리인 래모(來麰)를 말한다. 한줄기의 보릿대와 두 개의 보리이삭으로 까끄라기의 가시를 본떴다. 하늘이 내려준 것이므로 '가고 오다'의 래(來)로도 쓰인다"라고 하였습니다. 갑골문에서는 본디 보리의 뜻으로 쓰였으나 후대에 '오다'는 뜻으로 확장되자 보리의 뜻을 명확히 하기 위하여 보리 麥(맥) 자를 별도로 만들었습니다.

제
12
편

하늘과 땅의 도

천
지

天   地

"나는 내 스승님께 들었다오. 기계를 갖게 되면 반드시 기계를 쓸 일이 있게 되고,
기계를 쓸 일이 있게 되면 반드시 기계에 사로잡힌 마음이 생긴다오. 기계에 사로
잡힌 마음이 가슴속에 있게 되면 순수하고 깨끗한 마음이 사라지고, 순수하고 깨
끗한 마음이 사라지면 정신이 불안정하게 되지요. 정신이 불안정하게 되면 도가 깃
들 수가 없게 된다오. 그래서 그걸 알지 못해서가 아니라 차마 부끄러워서 기계를
쓰지 않는 거라오."

무언가를 얻으려는 마음이 없으면 귀신도 탄복한다

제12편 천지(天地) 1-1

천지가 비록 광대하긴 하지만 만물을 화육함에 있어서는 균등합니다. 만물이 비록 종류가 다양하긴 하지만 그 다스림은 하나랍니다. 백성이 많다고는 하지만 그 주인은 임금입니다. 임금은 덕을 근본으로 하고 대자연에 의해 이루어집니다. 그래서 먼 옛날의 임금이 천하 세상을 다스릴 때는 인위적으로 하는 일이 없는 무위(無爲)로 하였고 대자연의 덕을 따를 뿐이었다고 했습니다.

天地雖大, 其化均也. 萬物雖多, 其治一也. 人卒雖衆, 其主君也. 君原於德而成於天. 故曰: 玄古之君天下, 無爲也, 天德而已矣.

도의 관점에서 이론을 살펴볼 때 천하 세상의 군주는 올바르게 되며, 도의 관점에서 분별됨을 살펴보면 군신 간의 의리가 분명해집니다. 도의 관점에서 능력을 살펴보면 천하 세상의 관리들은 다스려지고, 도의 관점에서 모든 것을 살펴보면 만물의 대응력은 잘 갖추어져 있습니다. 그러므로 하늘과 소통하는 것이 도(道)이며, 땅을 따르는 것이 덕(德)이랍니다. 만물에 두루 행해지는 것이 의(義)이며, 윗자리에서 사람을 다스리는 것이 정사(事)이고, 할 수 있는 기예를 가지고 있는 것이 기술(技)입니다. 기술은 정사에 근본하고, 정사는 의에 근본하며, 의는 덕에 근본하고, 덕은 도에 근본하며, 도는 대자연인 하늘에 근본합니다. 그러므로 "옛날 천하 사람들을 다스린 사람은 욕심이 없었기에 세상 사람들이 만족해하였고, 인위적으로 하는 일이 없는 무위로써 만물을 교화하고, 아주 고요하게 머물러 있었으니 백성들은 안정되게 살 수 있었다"고 하였습니다. 옛 기록에도 "하나인 도에 통하면 만사가 다 잘되고, 무언가를 얻으려는 마음이 없으면 귀신도 탄복한다"고 하였습니다.

以道觀言, 而天下之君正. 以道觀分, 而君臣之義明. 以道觀能, 而天下之官治. 以道汎觀, 而萬物之應備. 故通於天者, 道也. 順於地者, 德也. 行於萬物者, 義也. 上治人者, 事也. 能有所藝者, 技也. 技兼於事, 事兼於義, 義兼於德, 德兼於道, 道兼於天. 故曰: 古之畜天下者, 無欲而天下足, 無爲而萬物化, 淵靜而百姓定. 記曰:「通於一而萬事畢, 無心得而鬼神服.」

만물은 한 공간에 있고 죽음이나 삶은 같은 모양

제12편 천지(天地) 2-1

선생님께서 말씀하셨습니다.

"도란 만물을 덮어주고 실어주니 끝없이 넓고도 큽니다. 군자도 도를 본받지 않고서는 마음을 넓힐 수 없습니다. 인위적으로 하는 일이 없는 무위(無爲)로써 일하는 것을 일러 하늘(天)이라 합니다. 이러한 무위로써 말하는 것을 일러 덕(德)이라 합니다. 사람들을 사랑하고 만물을 이롭게 하는 것을 일러 인(仁)이라고 합니다. 같지 않은 것을 같게 여기는 것을 일러 크다(大)고 합니다. 행동이 유별나지 않는 것을 일러 너그러움(寬)이라 합니다. 같지 않은 온갖 것을 소유하고 있는 것을 일러 부(富)라 합니다. 자기의 덕을 지켜나가는 것을 일러 기강(紀)이라 합니다. 덕을 이룸을 일러 확립(立)이라 합니다. 도를 따르는 것을 일러 준비(備)라 합니다. 사물에 의해 뜻이 꺾이지 않음을 일러 완전(完)이라 합니다. 군자가 이 열 가지를 분명이 알고 있다면 마음의 포용력이 넓어질 것이고, 만물이 그를 따라 모여들 겁니다.

夫子曰:「夫道, 覆載萬物者也, 洋洋乎大哉! 君子不可以不刳心焉. 無爲 爲之之謂天, 無爲言之之謂德, 愛人利物之謂仁, 不同同之之謂大, 行不 崖異之謂寬, 有萬不同之謂富. 故執德之謂紀, 德成之謂立, 循於道之謂 備, 不以物挫志之謂完. 君子明於此十者, 則韜乎其事心之大也, 沛乎其 爲萬物逝也.

이와 같은 사람은 금을 산에 그대로 묻어두고 진주를 연못에 그대로 담가둡니다. 재물을 이익이라 여기지 않고, 부귀를 가까이 하려 하지도 않습니다. 오래 사는 것을 달가워하지도 않고, 단명하는 것을 슬퍼하지도 않았습니다. 출세를 영화로 여기지도 않고, 궁핍을 수치로 여기지 않았습니다. 세상의 이익에 구애받지 않고 자기의 분수에 따를 겁니다. 천하의 임금이 되는 것도 자신을 위한 영예로운 자리라 생각하지 않습니다. 영예로운 자리는 밝게 드러나기 마련, 만물은 한 공간에 있고 죽음이나 삶은 같은 모양입니다.”

若然者, 藏金於山, 藏珠於淵. 不利貨財, 不近貴富. 不樂壽, 不哀夭. 不榮通, 不醜窮. 不拘一世之利, 以爲己私分, 不以王天下爲己處顯. 顯則明. 萬物一府, 死生同狀.」

홀연히 나타나고 불쑥 움직이지만 만물이 그것을 따릅니다
제12편 천지(天地) 3-1

또 선생님께서 말씀하셨습니다.

“도란 깊은 연못처럼 고요하고, 깊은 물처럼 맑습니다. 쇠나 돌로 만든 악기도 이 도에 의하지 않으면 소리를 낼 수 없습니다. 그러므로 금석의 악기는 소리를 낼 수 있지만 두들기지 않으면 소리가 나지 않습니다. 만물의 이러한 능력을 누가 설정하였겠습니까?

夫子曰:「夫道, 淵乎其居也, 漻乎其淸也. 金石不得無以鳴. 故金石有聲, 不考不鳴. 萬物孰能定之?

큰 덕을 지닌 사람은 소박하게 행동하면서도 세상일에 통하는 것을 부끄럽게 여깁니다. 그러면서도 근원적인 도에 입각해 살면서 그 지혜는 신묘함에 통하기 때문에 그 덕이 드넓은 겁니다. 그 마음이 표출되는 것은 외부 사물에 교감하려는 겁니다. 그러므로 사물의 형체는 도가 아니고서는 생겨나지 않으며 사물의 생성은 덕이 아니고서는 밝혀지지 않습니다. 사물의 형체를 보존하고 생성을 궁구하며 덕을 세우고 도를 밝히는 것이 큰 덕을 지닌 사람 아니겠습니까?

夫王德之人, 素逝而恥通於事, 立之本原而知通於神, 故其德廣. 其心之出, 有物採之. 故形非道不生, 生非德不明. 存形窮生, 立德明道, 非王德者邪?

그 덕은 넓고도 큽니다. 홀연히 나타나고 불쑥 움직이지만 만물이 그것을 따릅니다. 이를 일러 큰 덕을 지닌 사람이라고 합니다. 도는 보아도 아득하고 그윽하며 들어도 아무 소리가 없는데, 아득하고 그윽한 가운데서도 홀로 밝음을 보고 소리 없는 가운데서도 홀로 화음을 듣습니다. 그러므로 깊고 깊으면서도 만물을 낳고 신묘하고 신묘하면서도 정기를 이룰 수 있습니다. 그러므로 그가 만물과 접촉할 때는 무(無)의 경지에 있으면서도 만물의 요구를 들어주고 때에 맞추어 달려가 그 자리를 지켜줍니다. 그러므로 그것은 크면서도 작은 것, 길면서도 짧은 것, 가깝고도 먼 것입니다."

蕩蕩乎. 忽然出, 勃然動, 而萬物從之乎. 此謂王德之人. 視乎冥冥, 聽乎無聲. 冥冥之中, 獨見曉焉. 無聲之中, 獨聞和焉. 故深之又深而能物焉. 神之又神而能精焉. 故其與萬物接也, 至無而供其求, 時騁而要其宿, 大小長短修遠.」

무심한 듯 망연한 상망이 검은 구슬을 찾아오다니
제12편 천지(天地) 4-1

황제가 적수의 북쪽을 노닐다가 곤륜산 언덕에 올라 남쪽을 바라보았습니다. 그러다 돌아오는 길에 그만 그의 검은 구슬인 현주(玄珠)를 잃어버렸습니다. 아는 것이 많은 지(知)라는 사람에게 찾아오게 하였으나 찾지 못했고, 눈 밝은 이주(離朱)에게도 찾아오게 하였으나 찾지 못했으며, 말솜씨 좋은 끽후(喫詬)에게도 찾아오게 하였으나 찾지 못했습니다. 마침내는 무심한 듯 망연한 상망(象罔)에게 찾아오게 하였더니 상망이 그 현주를 찾아왔습니다. 황제가 말하였습니다.

"이상한 일이로다! 상망이 그것을 찾아낼 수 있단 말인가?"

黃帝游乎赤水之北, 登乎昆侖之丘而南望. 還歸, 遺其玄珠. 使知索之而不得, 使離朱索之而不得, 使喫詬索之而不得也. 乃使象罔, 象罔得之. 黃帝曰:「異哉! 象罔乃可以得之乎?」

그는 인위(人爲)를 앞세우고 대자연인 하늘을 무시할 걸세
제12편 천지(天地) 5-1

요 임금의 스승은 허유(許由)였고, 허유의 스승은 설결(齧缺)이었으며, 설결의 스승은 왕예(王倪)였고, 왕예의 스승은 피의(被衣)였습니다. 어느 날 요 임금이 스승 허유에게 물었습니다.

"설결은 하늘의 짝인 천자가 될 수 있겠습니까? 저는 왕예의 힘을 빌려 그분을 모시고자 합니다만……."

堯之師曰許由, 許由之師曰齧缺, 齧缺之師曰王倪, 王倪之師曰被衣. 堯問於許由曰:「齧缺可以配天乎? 吾藉王倪以要之.」

이에 허유가 대답합니다.

"위험한 일이야! 천하 세상을 위태롭게 할 게야. 스승 설결의 사람됨은 총명하고 예지로우며 매우 빠르고 민첩하다네. 그분의 천성은 보통사람보다 앞서 있어서 그런지 사람의 지식으로써 하늘에 대응하려 하지. 그분은 허물을 금하는 일은 잘 알고 있지만 그 허물이 어떻게 생기는지 그 이유는 알지 못한다네. 그런데 그분을 하늘의 짝인 천자로 모신다고? 그분은 또한 인위(人爲)를 앞세우고 대자연인 하늘을 무시할 걸세. 또한 자신을 근본에 두고 겉모습으로 차별을 두며, 지식만을 높이 사고서 불같이 치달릴 걸세. 그리고 온갖 일에 부림을 당하고, 사물에 구속당하게 되지. 그리고 사방을 휘돌아보며 사물에 대응하기 바쁘고, 군중의 편의를 따르게 되겠지. 그래서 사물과 함께 변화할 뿐 애초부터 변함없는 결심은 갖지 못하지. 그런데 대체 어떻게 하늘의 짝인 천자가 될 수 있겠는가! 비록 그러하나 가족이 있다면 그 조상이 있을 거야. 그래서 그 집안의 어른이 될 수는 있겠지만 여러 가정의 어른의 어른이 될 순 없다네. 그러한 다스림은 혼란을 이끌어 신하된 사람들에게는 재앙이 될 것이고, 천자가 된 자신에게는 천하의 도적이 되게 할 거야."

許由曰:「殆哉, 圾乎天下! 齧缺之爲人也, 聰明叡智, 給數以敏, 其性過
人, 而又乃以人受天. 彼審乎禁過, 而不知過之所由生. 與之配天乎? 彼
且乘人而無天. 方且本身而異形, 方且尊知而火馳, 方且爲緒使, 方且爲
物絯, 方且四顧而物應, 方且應衆宜, 方且與物化而未始有恆. 夫何足以
配天乎! 雖然, 有族有祖, 可以爲衆父, 而不可以爲衆父父. 治, 亂之率也,
北面之禍也, 南面之賊也.」

하늘이 만민을 낼 때는 반드시 그들에게 직분도 주는 법
제12편 천지(天地) 6-1

요 임금이 화(華) 지방에 순찰 나갔을 때, 그곳 국경지기가 말합
니다.

"아아, 성인께서 오셨군요! 부디 성인을 위해 축복하게 해주십시
오. 성인께선 장수하시기를 빕니다."

그러자 요 임금이 손을 내저으며,

"사양하겠네."

"성인께선 부유하시길 빕니다."

"사양하겠네."

"성인께선 많은 아들을 갖기를 빕니다."

"사양하겠네."

堯觀乎華, 華封人曰:「嘻, 聖人! 請祝聖人, 使聖人壽.」堯曰:「辭.」「使
聖人富.」堯曰:「辭.」「使聖人多男子.」堯曰:「辭.」

그러자 국경지기가 말합니다.

"장수와 부유함, 그리고 많은 아들을 갖는 것은 세상 사람들이 바라는 겁니다. 성인만 유독 바라지 않으니 어찌된 일입니까?"

그러자 요 임금이 말합니다.

"아들이 많으면 걱정거리가 많아지고, 부유해지면 일이 많아지며, 오래 살면 욕된 일이 많아지지. 이 세 가지는 덕을 쌓기에 도움되는 것들이 아니기에 사양하였다네."

封人曰:「壽, 富, 多男子, 人之所欲也. 汝獨不欲, 何邪?」堯曰:「多男子則多懼, 富則多事, 壽則多辱. 是三者, 非所以養德也, 故辭.」

그러자 국경지기가 한심하다는 듯 말합니다.

"처음에 나는 당신을 성인이라 생각했지만, 지금 보니 그저 군자 정도에 지나지 않는군. 대자연인 하늘이 만민을 낼 때는 반드시 그들에게 직분도 주는 법, 많은 아들을 낳더라도 각각의 직분을 주는데 무슨 걱정거리가 있단 말인가? 또한 부자가 된다 하더라도 사람들에게 나누어준다면 무슨 일이 있겠는가? 성인이란 메추라기처럼 일정한 거처도 없고 새 새끼처럼 주는 대로 먹으며, 새처럼 날아다니며 행적을 남기지 않지. 천하 세상에 도가 베풀어지고 있으면 만물과 함께 모두가 번창하지만, 천하에 도가 베풀어지지 않으면 덕이나 닦으면서 한가롭게 지내지. 천 년을 살다가 세상이 싫어지면 세상을 버리고 신선이 되어 저 흰 구름을 타고서 천제의 이상향에 이른다네. 거기에는 세 가지 환난도 이를 수 없고 몸에는 늘 어떠한 재앙도 없는데, 무슨 욕된 일이 있겠는가?"

封人曰:「始也我以汝爲聖人邪, 今然君子也. 天生萬民, 必授之職. 多男子而授之職, 則何懼之有? 富而使人分之, 則何事之有? 夫聖人, 鶉居而鷇食, 鳥行而無彰. 天下有道, 則與物皆昌. 天下無道, 則修德就閒. 千歲厭世, 去而上儒, 乘彼白雲, 至於帝鄉. 三患莫至, 身常無殃, 則何辱之有?」

말을 마친 국경지기가 자리를 뜨자, 요 임금이 서둘러 뒤쫓아 가서는 말합니다.

"부디 가르침을 바랍니다."

그러자 국경지기가 단호하게 말합니다.

"그만 물러가게나."

封人去之, 堯隨之, 曰:「請問.」封人曰:「退已!」

당신은 상을 주고 벌을 내리는데도 백성들은 어질지 않습니다
제12편 천지(天地) 7-1

요 임금이 천하를 다스릴 때 백성자고(伯成子高)는 제후의 자리에 있었습니다. 요 임금이 순 임금에게 천하를 물려주고, 순 임금이 우 임금에게 천하를 물려주자 백성자고는 제후자리를 사퇴하고 농사를 지었습니다. 우 임금이 그를 찾아가보니 들판에서 밭을 갈고 있었습니다. 우 임금이 아랫자리로 달려가 공손히 서서 물었습니다.

"옛날 요 임금이 천하를 다스릴 때 선생께서는 제후로 계셨습니다. 요 임금이 순 임금에게 천하를 물려주고 순 임금이 저에게 천하를 물려주시자 선생께서는 제후자리를 사퇴하고 밭을 갈고 계십니다. 감히 그 까닭이 무엇인지 여쭙고 싶습니다."

堯治天下, 伯成子高立爲諸侯. 堯授舜, 舜授禹, 伯成子高辭爲諸侯而耕.

禹往見之, 則耕在野. 禹趨就下風, 立而問焉, 曰:「昔堯治天下, 吾子立爲

諸侯. 堯授舜, 舜授予, 而吾子辭爲諸侯而耕. 敢問其故何也?」

그러자 백성자고가 말합니다.

"옛날 요 임금이 천하를 다스릴 때에는 상을 내리지 않아도 백성들은 자기 일에 힘썼고, 벌을 내리지 않아도 백성들은 두려워했습니다. 그런데 지금 당신은 상을 주고 벌을 내리는데도 백성들은 어질지 않습니다. 덕은 이로부터 쇠해지고 형벌이 이로부터 확립되었습니다. 후세의 혼란도 이로부터 시작되었습니다. 당신은 어째서 떠나가지 않습니까? 자, 내 일이나 방해하지 마십시오!"

이렇게 말하고는 그저 열심히 밭을 갈 뿐, 뒤돌아보지도 않았습니다.

子高曰:「昔者堯治天下, 不賞而民勸, 不罰而民畏. 今子賞罰而民且不仁,

德自此衰, 刑自此立, 後世之亂自此始矣. 夫子闔行邪? 無落吾事!」俋俋

乎耕而不顧.

새가 우는 것처럼 무심해지면 천지와 융합된다는 뜻이죠
제12편 천지(天地) 8-1

태초에는 무극(無極)만이 있었고, 존재하는 것이란 아무것도 없었고 이름도 없었습니다. 도(道)인 하나(一)가 여기서 생겨났는데, 하나만 있고 아직 형체는 이루어지지 않았습니다. 만물은 이 하나를 얻음으로써 생겨나는데 그것을 일러 '덕(德)'이라 합니다. 아직 형체는 없지만 음양으로 나뉘고 비록 나누어졌으나 서로 떨어지지 않는 것을 일러 '명(命)'이라 합니다. 도인 일(一)이 유동하여 만물을 낳는데 만물이 이루어져 살아가는 이치를 일러 '형(形)'이라 합니다. 그 형체는 정신을 보존하게 되며 제각기 법칙을 지니게 되는 것을 일러 '본성(性)'이라 합니다.

泰初有無, 無有無名. 一之所起, 有一而未形. 物得以生謂之德. 未形者有分, 且然無間謂之命. 留動而生物, 物成生理謂之形. 形體保神, 各有儀則謂之性.

그래서 본성을 잘 닦으면 덕으로 되돌아갈 수 있고, 덕이 지극해지면 처음 하나인 도와 같아집니다. 태초와 같아진다는 것은 곧 텅 빈 허(虛)이고 마음을 텅 비우면 곧 광대함을 포용할 수 있습니다. 그 말은 새가 우는 것처럼 무심해질 겁니다. 새가 우는 것처럼 무심해지면 천지와 융합된다는 뜻이죠. 이와 같은 융합은 자취가 없어 마치 어리석고 어두운 듯하니, 이를 일러 현덕(玄德)이라 하며 대자연의 순리와 같아집니다.

性修反德, 德至同於初. 同乃虛, 虛乃大. 合喙鳴. 喙鳴合, 與天地爲合. 其合緡緡, 若愚若昏, 是謂玄德, 同乎大順.

사물을 잊고 하늘을 잊는 것을 자기를 잊는 망기(忘己)라 한다오

제12편 천지(天地) 9-1

공자가 노담(老聃: 노자)에게 물었습니다.

"어떤 사람이 도를 닦음이 마치 서로를 밀쳐내기에만 힘쓴다면 불가능한 것을 가능하다 하고 그렇지 않은 것을 그렇다고 할 것입니다. 변론가들의 말에도 '하나의 단단하고 흰 돌은 같은 것이 아니라는 개념을 분리시켜 놓으면 마치 허공에 매달아 놓은 것처럼 분명해진다'고 하니, 만약 이와 같다면 성인이라 할 수 있겠습니까?"

夫子問於老聃曰:「有人治道若相放, 可不可, 然不然. 辯者有言曰:『離堅白, 若縣宇.』若是則可謂聖人乎?」

이에 노자가 말합니다.

"이와 같은 사람은 기능에 얽매어 부림을 당하는 하급관리와 같아서 몸을 수고롭게 하고 마음을 불안하게 하는 자랍니다. 짐승을 잘 잡는 개는 목줄에 묶여 생각이 많아지고, 날렵한 원숭이도 산림으로부터 붙잡혀 옵니다. 공구여! 나는 그대가 들어보지도 못했던 것과 말할 수도 없었던 것을 일러주겠소. 대체로 머리도 있고 발도 있지만, 마음도 없고 귀도 없는 자들이 많다오. 이렇게 형체를 지녔으면서도 형체도 없고 모양도 없는 도(道)와 하나되어 보존하는 사람은 거의 없다오. 사람이 움직이고 멈추는 것, 죽고 사는 것, 망하고 흥하는 것, 이것들 또한 사람의 힘이 아니라 대자연이 하는 거라오. 그런데도 그것을 다스리려 함은 사람의 짓이라오. 사물을

잊고 하늘을 잊는 것을 이름하여 자기를 잊는 망기(忘己=忘我)라 한
다오. 망아에 든 사람이야말로 대자연인 하늘의 경지에 들어갔다
고 할 수 있다오."

老聃曰:「是胥易技係, 勞形怵心者也. 執留之狗成思, 猿狙之便自山林來.
丘, 予告若, 而所不能聞, 與而所不能言. 凡有首有趾, 無心無耳者衆. 有
形者, 與無形無狀, 而皆存者盡無. 其動止也, 其死生也, 其廢起也, 此又
非其所以也. 有治在人. 忘乎物, 忘乎天, 其名爲忘己. 忘己之人, 是之謂
入於天.」

그건 사마귀가 앞발을 힘껏 추켜올리며 수레바퀴에 맞서는 것
제12편 천지(天地) 10-1

노나라의 현인 장려면(將閭葂)이 현인 계철(季徹)을 만나 말합니다.
"노나라 임금이 저에게 '부디 가르침을 받고 싶다'고 해 사양했
으나 명령을 거두지 않아 어쩔 수 없이 이미 말해버렸습니다. 그
말이 옳은 것인지 그른 것이었는지 모르겠습니다. 부디 들어보시
고 말씀해 주십시오. 제가 노나라 임금에게 이렇게 말했습니다.
'반드시 공손하고 검소하게 행동하고, 공정하고 충직한 사람을 뽑
아 쓰되, 사사로움에 치우침이 없다면 백성들 중 어느 누가 모여들
지 않겠습니까?'라고 말이지요."

將閭葂見季徹曰:「魯君謂葂也曰:『請受敎.』辭不獲命. 旣已告矣, 未知
中否. 請嘗薦之. 吾謂魯君曰:『必服恭儉, 拔出公忠之屬, 而無阿私, 民孰
敢不輯!』」

듣고 있던 계철이 껄껄껄 웃으면서 말합니다.

"선생의 말을 제왕의 덕과 비교하면 마치 사마귀가 앞발을 힘껏 추켜올리며 수레바퀴에 맞서는 것이나 마찬가지이니, 도저히 감당하기 힘들 거요. 또 그렇게 한다면 그 스스로를 위험에 처하게 만들 겁니다. 그는 높은 관망대를 갖게 되겠지만 일만 많아지고, 한몫 챙기려고 앞 다투어 몰려드는 자들이 많을 겁니다."

季徹局局然笑曰:「若夫子之言, 於帝王之德, 猶螳螂之怒臂以當車軼, 則必不勝任矣. 且若是, 則其自爲處危, 其觀臺多物, 將往投迹者衆.」

장려면이 깜짝 놀라면서 말합니다.

"저는 선생의 말씀에 정신이 아득해졌습니다. 그렇지만 선생께서는 그 대강만이라도 말씀해 주십시오."

將閭葂覤覤然驚曰: 「葂也, 汒若於夫子之所言矣. 雖然, 願先生之言其風也.」

이에 계철이 대답합니다.

"위대한 성인이 천하를 다스릴 땐 백성들의 마음을 자유롭게 풀어주어 그들 스스로가 교화를 이루고 풍속을 바꾸게 합니다. 그리고 백성들의 사악한 마음을 없애고 모두가 도를 체득하려는 의지를 밀고 나가도록 합니다. 마치 본성이 저절로 그렇게 되는 것과 같아서 백성들은 그렇게 되는 까닭을 알지 못합니다. 이와 같은데 어찌 요 임금이나 순 임금이 백성들을 교화하던 일에 견주겠으며, 혼돈스럽게 모두가 같은 정치라고 하겠습니까? 그저 모든 백성이 같은 덕을 지니고 마음 편하게 살기를 바랄 뿐이랍니다."

季徹曰:「大聖之治天下也, 搖蕩民心, 使之成教易俗, 擧滅其賊心而皆進
其獨志. 若性之自爲, 而民不知其所由然. 若然者, 豈兄堯舜之敎民, 溟涬
然弟之哉? 欲同乎德而心居矣!」

알지 못해서가 아니라 차마 부끄러워서 기계를 쓰지 않는 거라오
제12편 천지(天地) 11-1

자공이 남쪽에 위치한 초나라를 유람하고 진나라로 되돌아오다
가 한수 남쪽을 지나가게 되었습니다. 때마침 한 노인이 채소밭에
서 일을 하고 있었죠. 노인은 땅속을 깊게 파서 만든 우물로 들어
가 항아리에 물을 담아다가 밭에 주고 있었습니다. 끙끙거리며 몹
시 힘을 쏟았지만 효과는 아주 적어 보였습니다. 그걸 본 자공이
말을 겁니다.

"이 밭에 기계가 있다면 하루에 백 이랑의 밭에 물을 줄 수 있을
겁니다. 힘을 별로 들이지 않고도 그 효과는 아주 좋습니다. 노인
장께선 써보고 싶지 않으십니까?"

子貢南遊於楚, 反於晉, 過漢陰, 見一丈人方將爲圃畦, 鑿隧而入井, 抱甕
而出灌, 搰搰然用力甚多而見功寡. 子貢曰:「有械於此, 一日浸百畦, 用
力甚寡而見功多, 夫子不欲乎?」

밭일을 하던 노인이 고개를 들어 그를 보고선 말합니다.
"어떤 기계요?"

그러자 호기롭게 자공이 대답합니다.

"긴 통나무의 속을 파내 만든 기계인데, 뒤는 무겁게 앞은 가볍게 만들어 물을 퍼 올립니다. 그러면 마치 물이 콸콸 넘치도록 빠른데, 그 기계 이름을 용두레라 하지요."

爲圃者仰而視之曰:「奈何?」曰:「鑿木爲機, 後重前輕, 挈水若抽, 數如泆湯, 其名爲槹.」

밭일을 하던 노인은 화난 듯한 낯빛이었지만 애써 웃으면서 말을 합니다.

"나는 내 스승님께 들었다오. 기계를 갖게 되면 반드시 기계를 쓸 일이 있게 되고, 기계를 쓸 일이 있게 되면 반드시 기계에 사로잡힌 마음이 생긴다오. 기계에 사로잡힌 마음이 가슴속에 있게 되면 순수하고 깨끗한 마음이 사라지고, 순수하고 깨끗한 마음이 사라지면 정신이 불안정하게 되지요. 정신이 불안정하게 되면 도가 깃들 수가 없게 된다오. 그러니 내가 그걸 알지 못해서가 아니라 차마 부끄러워서 기계를 쓰지 않는 거라오."

爲圃者忿然作色而笑曰:「吾聞之吾師, 有機械者必有機事, 有機事者必有機心. 機心存於胸中, 則純白不備. 純白不備, 則神生不定, 神生不定者, 道之所不載也. 吾非不知, 羞而不爲也.」

자공은 부끄럽고 창피하여 고개를 숙이고 대답조차 할 수가 없었습니다. 뜸을 들이다가 밭일을 하던 노인이 말을 합니다.

"자네는 무슨 일을 하는가?"

이에 자공이 대답합니다.

"공자의 제자입니다."

子貢瞞然慚, 俯而不對. 有閒, 爲圃者曰:「子奚爲者邪?」曰:「孔丘之徒

也.」

밭일을 하던 노인이 다시 덧붙여 말합니다.

"자네는 많이 배워서 성인을 흉내 내고, 허망한 말로써 뭇사람들
의 눈을 가리며, 홀로 거문고를 타면서 서글픈 노래로써 천하 세상
에 명성을 파는 사람이 아니오? 자네는 자네의 정신과 기운을 잊
고 몸에 대한 집착을 버린다면 도에 가까워질 수 있을 것이오. 그
런데 자네의 몸도 다스리지 못하면서 어느 겨를에 천하 세상을 다
스린단 말이오! 자네는 가던 길을 가시오. 내 밭일하는 것을 방해
하지나 마시오."

爲圃者曰:「子非夫博學以擬聖, 於于以蓋衆, 獨弦哀歌, 以賣名聲於天下

者乎? 汝方將忘汝神氣, 墮汝形骸, 而庶幾乎, 而身之不能治, 而何暇治

天下乎! 子往矣, 無乏吾事.」

자공은 부끄러움에 낯빛을 잃고 멍하니 넋을 놓고는 30여 리를
가서야 제정신을 차릴 수 있었습니다.

子貢卑陬失色, 頊頊然不自得, 行三十里而後愈.

몸을 온전하게 하려는 사람은 정신이 온전해야 하지

제12편 천지(天地) 11-2

이를 지켜본 자공의 제자가 걱정스레 묻습니다.

"아까 그분은 무얼 하는 사람입니까? 선생님께서는 무엇 때문에 그분을 만나시고 나서 얼굴표정이 변하시고 낯빛을 잃으신 채 종일토록 제정신을 차리시지 못하셨습니까?"

其弟子曰:「向之人何爲者邪? 夫子何故見之變容失色, 終日不自反邪?」

이에 자공이 대답합니다.

"처음에 나는 천하 세상에 오직 공자님 한 분만이 제일인 줄 알았단다. 또 그런 분이 있는 줄은 알지 못했지. 나는 공자님께서 말씀하신 '일이란 가능한 것을 추구하고, 공효란 이루어질 것을 추구하여, 힘을 적게 들이고도 공효가 많도록 하는 게 성인의 도'라고 들었지. 이제 와서 돌이켜보니 그렇지가 않구나. 도를 체득하려는 사람은 덕이 온전해야 하고, 덕을 온전하게 하려는 사람은 몸이 온전해야 하며, 몸을 온전하게 하려는 사람은 정신이 온전해야 하지. 이와 같이 정신까지도 온전한 것이 성인의 도란다.

曰:「始吾以夫子爲天下一人耳, 不知復有夫人也. 吾聞之夫子. 事求可,
功求成, 用力少, 見功多者, 聖人之道. 今徒不然. 執道者德全, 德全者形
全, 形全者神全. 神全者, 聖人之道也.

그분은 삶을 이 세상에 의탁하고 백성들과 함께 살아가면서 가는 곳도 모른 채 본래의 순박함을 갖추고서 망연히 살아가지. 그러므로 공효나 이익과 기교 같은 것은 반드시 그분의 마음에서 잊혀졌을 거야. 이와 같은 분은 자기의 뜻이 아니면 가지 않고, 자기의 마음에 들지 않으면 하지도 않지. 비록 온 천하 사람들이 칭송하고 그가 말한 대로 된다고 하더라도 오만스럽게 돌아보지도 않는단다. 천하 사람들이 그를 비난하고 그가 말한 대로 되지 않는다 해도 태연하게 받아들이지도 않지. 천하 사람들의 비난이나 칭송도 그분을 손상시키거나 보탬을 주지 못한단다. 이러한 분을 일러 덕이 온전한 사람이라 하지. 나 같은 사람은 바람결에 출랑대는 물결과 같다고 할 것이다."

託生與民並行而不知其所之, 汒乎淳備哉. 功利機巧必忘夫人之心. 若夫人者, 非其志不之, 非其心不爲. 雖以天下譽之, 得其所謂, 謷然不顧. 以天下非之, 失其所謂, 儻然不受. 天下之非譽無益損焉, 是謂全德之人哉. 我之謂風波之民.」

자공이 노나라로 돌아와 스승 공자에게 그 사실을 보고하자, 공자가 말합니다.

"그분은 혼돈씨의 술법을 빌어서 수련한 사람일 거야. 그분은 오직 하나인 도만을 알지 음양이기는 알려고도 않겠지. 그분은 자기의 내면을 다스릴 뿐 겉모양은 신경 쓰지도 않을 거야. 그분은 마음을 밝고 순수하게 하여 소박함으로 들어가 인위적으로 하는 일이 없는 무위(無爲)로써 꾸밈없는 질박함으로 되돌아가 본성을 체득하고 정신을 고요히 간직하고서 속세에서 노닐고 있는 사람일 것이다. 너야말로 진정 놀랐느냐? 혼돈의 도술을 너와 내가 어찌 알 수 있겠느냐!"

反於魯, 以告孔子. 孔子曰:「彼假修渾沌氏之術者也. 識其一, 不識其二.
治其內而不治其外. 夫明白入素, 無爲復朴, 體性抱神, 以遊世俗之間者,
汝將固驚邪? 且渾沌之術, 予與汝何足以識之哉!」

성인(聖人)과 덕인(德人) 그리고 신인(神人)의 다스림이란
제12편 천지(天地) 12-1

순망(諄芒)이 동쪽의 넓은 바다로 가다가 동쪽 바닷가에서 우연
히 원풍(苑風)을 만났습니다. 원풍이 순망에게 물었습니다.

"선생께서는 어디를 가려 합니까?"

이에 순망이 대답합니다.

"넓은 바다로 가는 길입니다."

원풍이 다시 묻습니다.

"무엇을 하려고요?"

이에 순망이 대답합니다.

"넓은 바다의 형세는 아무리 강물이 흘러들어도 차지 않고, 아
무리 퍼내도 마르지 않습니다. 그래서 나는 그곳에서 노닐까 합니
다."

諄芒將東之大壑, 適遇苑風於東海之濱. 苑風曰:「子將奚之?」曰:「將之
大壑.」曰:「奚爲焉?」曰:「夫大壑之爲物也, 注焉而不滿, 酌焉而不竭.
吾將遊焉!」

이에 원풍이 다시 묻습니다.

"선생께서는 일반 백성들에게는 관심이 없는 건가요? 부디 성인의 다스림에 관해 듣고 싶습니다."

그러자 순망이 대답합니다.

"성인의 다스림이요? 관청에서 정사를 펼칠 때는 그 마땅함을 잃지 않아야 하고, 과거를 통해 인재를 선발할 때는 능력 있는 사람을 빠뜨려서는 안 됩니다. 또 백성들의 사정을 잘 살펴 백성들이 하고자 하는 것을 실행시키고, 말과 행동을 스스로 실천케 하면 천하세상이 교화됩니다. 그러면 손짓과 눈짓만으로도 사방의 백성들이 모두 모여듭니다. 이러한 것을 일러 성인의 다스림이라 합니다."

苑風曰: 「夫子無意於橫目之民乎? 願聞聖治.」 諄芒曰: 「聖治乎? 官施而不失其宜, 拔擧而不失其能, 畢見其情事而行其所爲, 行言自爲而天下化. 手撓顧指, 四方之民莫不俱至, 此之謂聖治.」

또다시 원풍이 묻습니다.

"부디 덕인(德人)에 관해서도 들려주시기 바랍니다."

이에 순망이 대답합니다.

"덕이 있는 사람인 덕인이란 고요히 머물면서도 아무런 생각이 없고, 행동하면서 뭔가를 꾀함도 없습니다. 옳고 그르다거나 좋고 나쁘다는 감정을 간직하고 있지 않습니다. 온 세상 사람들이 함께 이로워지는 것을 기뻐하고, 함께 베풀어주는 것을 안락으로 여깁니다. 어린아이가 어머니를 잃은 듯이 의지할 곳이 없는 모습으로 있고, 나그네가 갈 길을 잃은 듯이 멍한 모습으로 있습니다. 활용하는 재물이 남아돌아도 그것이 어디에서 왔는지도 모르고, 마시고 먹는 것이 풍족하여도 그것이 어디서 왔는지 신경 쓰지 않습니다. 이러한 것을 일러 덕인의 모습이라 하지요."

「願聞德人」曰:「德人者, 居無思, 行無慮, 不藏是非美惡. 四海之內共利之之謂悅, 共給之之爲安. 怊乎若嬰兒之失其母也, 儻乎若行而失其道也. 財用有餘而不知其所自來, 飮食取足而不知其所從, 此謂德人之容.」

원풍이 마지막으로 묻습니다.

"신인에 대해서도 듣고 싶습니다."

그러자 순망이 대답합니다.

"신과 같은 사람인 훌륭한 신인은 빛을 타고 올라 그 모습을 드러내지 않는데, 이를 일러 빛나고 텅 빈 조광(照徹空曠)이라 합니다. 신인은 성명(性命)을 궁구하고 성정(性情)을 다하여 천지와 더불어 즐기면서도 어떠한 일에도 얽매이지 않고 녹아드니 만물은 그 성정을 회복합니다. 이를 일러 혼돈과도 같은 혼명(混同玄冥)이라 하지요."

「願聞神人.」曰: 上神乘光, 與形滅亡, 是謂照曠. 致命盡情, 天地樂而萬事銷亡. 萬物復情, 此之謂混溟.」

덕이 있었던 세상에서는 현인이라고 숭상하지 않았다

제12편 천지(天地) 13-1

문무귀(門無鬼)와 적장만계(赤張滿稽)가 무왕(武王)의 군사들을 살피러 갔습니다. 적장만계가 먼저 운을 뗍니다.

"무왕의 덕이 순 임금인 유우씨에 미치지 못하기 때문에 이러한 전쟁의 환난이 닥친 겁니다."

그러자 문무귀가 의문을 던집니다.

"천하 세상이 골고루 잘 다스려지고 있었는데 순 임금이 다스린 겁니까? 아니면 세상에 혼란이 온 뒤에 다스린 겁니까?"

門無鬼與赤張滿稽觀於武王之師, 赤張滿稽曰:「不及有虞氏乎. 故離此患也.」門無鬼曰:「天下均治而有虞氏治之邪? 其亂而後治之與?」

이에 적장만계가 말합니다.

"천하 세상이 골고루 잘 다스려지는 것은 백성들이 바라던 것인데, 잘 다스려졌다면 무엇 때문에 순 임금에게 다스리게 했겠습니까? 순 임금은 두창에 쓰는 약이나 다름없었습니다. 두창으로 대머리가 된 후에 가발을 씌우거나 병이 생겼기에 순 임금과 같은 의사를 찾은 것이지요. 효자가 약사발을 들고 어버이에게 드릴 때는 그 얼굴빛이 초췌하기 마련인데, 성인은 이 같이 사후약방문(死後藥方文) 격인 것을 부끄럽게 생각하지요.

赤張滿稽曰:「天下均治之爲願, 而何計以有虞氏爲? 有虞氏之藥瘍也, 禿而施髢, 病而求醫. 孝子操藥以修慈父, 其色燋然, 聖人羞之.

지극한 덕이 있었던 세상에서는 현인이라고 숭상하지 않았고, 능력 있는 사람도 쓰지 않았습니다. 임금은 나무의 높은 가지와 같이 위에만 있었고, 백성들은 들판의 사슴처럼 자유로웠습니다. 행동이 단정하지만 그것이 의로움인 줄도 알지 못하고, 서로 사랑해도 그것이 어짊인 줄도 알지 못했습니다. 성실해도 그것이 충성인 줄도 알지 못하고, 딱 들어맞아도 그것이 신의인 줄도 알지 못합니다. 행동을 단순히 하며 서로 도와주어도 그것이 은덕인 줄도 알지 못했습니다. 이렇기 때문에 무언가를 행해도 자취가 없었고, 어떤 일이 있어도 전해지지 않았습니다."

至德之世, 不尙賢, 不使能, 上如標枝, 民如野鹿. 端正而不知以爲義, 相愛而不知以爲仁, 實而不知以爲忠, 當而不知以爲信, 蠢動而相使不以爲賜. 是故行而無迹, 事而無傳.」

문둥병자가 밤중에 자기 아이를 낳고 등불을 비춰보는 이유는
제12편 천지(天地) 14-1

효자는 자기 부모님에게 아양 떨지 않고 충신은 그의 군주에게 아첨하지 않으면, 이는 신하와 자식으로서의 바른 태도입니다. 부모님께서 말씀하신 것을 그대로 받아들이고 어버이가 행하신 일을 훌륭하다고 여기면 세상 사람들은 못난 자식인 불초자라고 말합니다. 임금께서 말씀하신 것을 그대로 받아들이고 군주가 행하신 일을 훌륭하다고 여기면 세상 사람들은 못난 신하인 불초신이라고 말합니다. 그러나 그것이 반드시 그런지는 알 수 없는 일이겠지요?

孝子不諛其親, 忠臣不諂其君, 臣子之盛也. 親之所言而然, 所行而善, 則世俗謂之不肖子. 君之所言而然, 所行而善, 則世俗謂之不肖臣. 而未知此其必然邪?

세상 사람들이 그렇다고 말한 것을 그렇다 하고, 훌륭하다고 말한 것을 훌륭하다고 하면 아첨꾼이라고는 말하지 않습니다. 그렇다면 세상의 이러한 풍속이 부모님보다 엄하고 임금보다도 존귀하다는 말인가요? 자기를 아첨꾼이라 말하면 발끈 성을 내며 낯빛을 바꾸고, 자기를 눈치꾼이라 말하면 불끈 화를 내며 낯빛을 바꿉니다. 그러면서도 평생토록 아첨꾼으로 살고, 평생토록 눈치꾼 노릇을 합니다. 이들은 그럴듯한 비유를 들면서 말을 꾸며 사람들을 모으지만 처음과 끝이나 본말이 서로 들어맞지 않습니다.

世俗之所謂然而然之, 所謂善而善之, 則不謂之道諛之人也. 然則俗故嚴於親而尊於君邪? 謂己諂人, 則勃然作色. 謂己諛人, 則怫然作色. 而終身道人也, 終身諛人也, 合譬飾辭聚衆也, 是終始本末不相坐.

또 도포자락을 길게 늘어뜨리고 갖가지 아름다운 장식을 꾸민 채 표정을 바꿔가며 온 세상에 아양을 부리면서도 자신을 아첨꾼이나 눈치꾼이라 말하지 않습니다. 그런 사람들과 무리를 지어 옳거니 그르거니 떠들면서도 자신만은 그들과 한패거리가 아니라고 말합니다. 어리석기 그지없는 일입니다.

垂衣裳, 設采色, 動容貌, 以媚一世, 而不自謂道諛. 與夫人之爲徒, 通是非, 而不自謂衆人, 愚之至也.

자신의 어리석음을 아는 사람은 크게 어리석진 않은 겁니다. 자신의 미혹됨을 알고 있는 사람은 크게 미혹된 것은 아닙니다. 크게 미혹된 자는 평생토록 자신의 허물을 풀어내지 못하고, 크게 어리석은 자는 평생토록 자신의 잘못을 깨닫지 못합니다. 그러니 세 사람이 길을 갈 때 한 사람만 미혹되어 있다면 가려고 한 목적지에 이를 수 있습니다. 그것은 미혹된 자가 적었기 때문이죠. 그러나 세 사람 중 두 사람이 미혹되었다면 수고로울 뿐 목적지에 이를 수 없습니다. 그것은 미혹된 자의 의견이 우세하기 때문이죠. 그런데 지금은 천하 세상이 미혹되어 있으니, 내가 비록 가려는 목적지가 있더라도 제대로 갈 수가 없습니다. 이 또한 슬픈 일 아니겠습니까?

知其愚者, 非大愚也. 知其惑者, 非大惑也. 大惑者, 終身不解. 大愚者, 終身不靈. 三人行而一人惑, 所適者, 猶可致也, 惑者少也. 二人惑則勞而不至, 惑者勝也. 而今也以天下惑, 予雖有祈嚮, 不可得也. 不亦悲乎?

훌륭한 음악은 속인들의 귀에는 들리지 않지만, 절양(折楊)이니 황화(皇荂)와 같은 속된 음악이 연주되면 모두가 환호성을 지르며 소리 내어 웃습니다. 이렇기 때문에 고상한 말은 속인과 같은 대중의 마음속을 파고들지 못합니다. 지극한 말이 나오지 않는 것은 속된 말들이 우세하기 때문이죠. 두 갈래 길에서 미혹됨이 짙게 드리우면 목적지에 도달할 수 없습니다. 이처럼 지금은 천하 세상이 미혹되어 있으니, 내가 비록 가려는 목적지가 있더라도 어떻게 제대로 갈 수가 있겠습니까? 목적지에 도달할 수 없음을 알고서도 억지를 쓰며 가려는 것 또한 하나의 미혹입니다. 그러므로 그대로 놓아둔 채 앞으로 밀고 나아가지 않는 것만 못할 겁니다. 앞으로 밀고 나아가지 않는다면 그 누가 근심하겠습니까? 어떤 문둥병 환자가 한밤중에 자기의 아이를 낳고서 곧바로 등불을 가져다 비추어 보면서 마음을 졸이는 것은 오직 자신을 닮았을까 두렵기 때문입니다.

大聲不入於里耳, 折楊皇荂, 則嗑然而笑. 是故高言不止於衆人之心. 至言不出, 俗言勝也. 以二垂鐘惑, 而所適不得矣. 而今也以天下惑, 予雖有祈嚮, 其庸可得邪? 知其不可得也而强之, 又一惑也. 故莫若釋之而不推. 不推, 誰其比憂? 厲之人, 夜半生其子, 遽取火而視之, 汲汲然唯恐其似己也.

대체로 본성을 잃음에는 다섯 가지가 있습니다
제12편 천지(天地) 15-1

백년 묵은 나무를 쪼개 제사에 쓰는 술그릇을 만들고선 청색과 황색으로 문양을 내고 나면, 나머지 부스러기는 시궁창에 버리게 됩니다. 시궁창에 버려진 부스러기를 제사에 쓰이는 술그릇과 견주어본다면 아름답고 더러움에는 차이가 납니다만, 그 본성을 잃었다는 데 있어서는 매한가지입니다.

百年之木, 破爲犧尊, 靑黃而文之, 其斷在溝中. 比犧尊於溝中之斷, 則美惡有間矣, 其於失性一也.

도척과 증삼이나 사추는 의로움을 행한 데 있어서는 차이가 납니다만, 그들이 본성을 잃었다는 점에서는 마찬가지입니다. 대체로 본성을 잃음에는 다섯 가지가 있습니다. 첫째는 다섯 가지 색이 눈을 어지럽혀 눈을 어둡게 하는 겁니다. 둘째는 다섯 가지 소리가 귀를 어지럽혀 귀가 잘 들리지 않게 하는 겁니다. 셋째는 다섯 가지 냄새가 코를 자극하여 코가 막히게 되고 머리를 아프게 하는 겁니다. 넷째는 다섯 가지 맛이 입을 혼탁하게 하여 입을 병나고 상하게 하는 겁니다. 다섯째는 취사선택이 마음을 어지럽혀 본성을 들뜨게 하는 겁니다. 이 다섯 가지는 모두 삶에 해로운 것들입니다. 그런데 양주와 묵적은 유독 홀로 나서기 시작해 스스로 본성에 알맞다고 했지만, 내가 말하는 본성에 알맞은 건 아닙니다.

跖與曾史, 行義有間矣, 然其失性均也. 且夫失性有五. 一曰五色亂目, 使目不明. 二曰五聲亂耳, 使耳不聰. 三曰五臭薰鼻, 困悛中顙. 四曰五味濁口, 使口厲爽. 五曰趣舍滑心, 使性飛揚. 此五者, 皆生之害也. 而楊墨乃始離跂自以爲得, 非吾所謂得也.

저 본성을 따르려는 자들이 삶에 곤란을 겪는다면, 그가 본성을 따랐다고 할 수 있겠습니까? 그렇다면 비둘기와 부엉이가 새장 속에 갇혀 있는 것도 역시 본성에 따랐다고 할 수 있을 겁니다. 또 마음에 따라 취사선택하는 것과 소리나 색깔로써 안으로 자신의 마음을 막고, 가죽 고깔이나 도요새 깃을 꽂은 관을 쓰고 홀(笏)을 꽂고 큰 띠와 긴 옷을 입는 것은 밖으로 외모를 제약하는 겁니다. 그러면 안으로 마음은 울이나 목책에 갇힌 듯 답답하고, 밖으로 외양은 겹겹이 줄로 묶인 듯합니다. 몸은 줄로 꽁꽁 겹겹이 묶인 가운데 스스로는 본성에 따른다고 여깁니다. 이는 곧 죄인이 팔을 뒤로 돌려 묶여 손가락이 깍지 끼여 있는 것과 호랑이나 표범이 우리 속에 갇혀 있는 것도 역시 본성을 따르는 것이라 할 수 있을 겁니다.

夫得者困, 可以爲得乎? 則鳩鴞之在於籠也, 亦可以爲得矣. 且夫趣舍聲色以柴其內, 皮弁鷸冠, 搢笏紳脩以約其外. 內支盈於柴柵, 外重纏繳, 睆睆然在纏繳之中, 而自以爲得, 則是罪人交臂歷指, 而虎豹在於囊檻, 亦可以爲得矣!

한자어원풀이

`大惑不解(대혹불해)`란 "크게 미혹된 자는 평생토록 자신의 허물을 풀어내지 못한다"는 뜻으로, "자신의 미혹됨을 알고 있는 사람은 크게 미혹된 것은 아닙니다. 크게 미혹된 자는 평생토록 자신의 허물을 풀어내지 못하고, 크게 어리석은 자는 평생토록 자신의 잘못을 깨닫지 못합니다. 그러니 세 사람이 길을 갈 때 한 사람만 미혹되어 있다면 가려고 한 목적지에 이를 수 있습니다"라는 내용에서 유래했습니다.

`큰 大(대)`는 사람이 두 팔다리를 활짝 벌리며 서 있는 모습을 정면에서 바라보아 본뜬 상형글자랍니다. 사람의 다른 모습에 비해 최대한 크게 보이는 형체여서 '크다'는 뜻으로 쓰여 왔습니다.

`미혹할 惑(혹)`은 혹 혹(或)과 마음 심(心)으로 구성되었습니다. 或(혹)은 창과 같은 무기를 뜻하는 戈(과)와 백성을 의미하는 口(구) 그리고 사람들이 살아가는 영토를 뜻하는 一(일)로 구성되었습니다. 그 뜻은 적군이 침입하지나 않을까 의심되어 무기(戈)를 들고서 국민(口)과 영토(一)를 지킨다는 것으로, 요즘과 같이 나라 간의 경계선(□ 나라 국)이 확실치 아니하여 늘 적의 침입에 대비해 경계태세로

써 '의심'한다는 뜻이 담겨 있습니다. 또한 아직 확실한 경계선은 없지만 국방과 백성 그리고 영토를 갖추었으니 '나라(역)'란 뜻도 함유하고 있습니다.

心(심)은 우리의 몸 가운데 마음이 머무는 곳으로 생각했던 심장을 본떠 만든 상형글자입니다. 따라서 惑(혹)의 전체적인 의미는 마음(心) 가운데 혹시나 하는 의구심(或)이 일어 혼란스럽다는 뜻입니다.

아닐 不(불) 의 갑골문을 보면 '나무뿌리'와 같은 모양인데, 허신이 『說文』에서 "不은 새가 하늘로 날아올라가 땅으로 내려오지 않는다는 뜻이다. 一(일)로 구성되었으며, 一(일)은 하늘을 뜻하며 상형글자다"라고 한 이래 '하늘로 날아가 내려오지 않은 새'로 해석하는 것이 일반적이랍니다. 그래서 부정을 뜻하는 '아니다'라는 부사로 가차되어 쓰이고 있습니다.

풀 解(해) 는 동물의 머리에 난 뿔을 상형한 뿔 각(角)과 칼 도(刀) 그리고 소 우(牛)로 이루어졌습니다. 갑골문과 금문을 살펴보면 칼(刀)이 아니라 두 손(卅)으로 그려져 있는데, 소(牛)를 잡을 때는 두 손(卅)으로 단숨에 쇠뿔(角)을 뽑아버림을 그려낸 것이었습니다. 그러다 소전에 이르러 두 손(卅) 대신 칼(刀)로 바뀌었습니다. 따라서 解(해)의 전체적인 의미는 소(牛)를 식용으로 할 때는 날카로운 칼(刀)로 두 뿔(角) 사이를 쳐 절명시킨 뒤 부위별로 해체한다는 데서 '가르다', '해부하다'는 뜻뿐만 아니라 '깨닫다', '통달하다'는 뜻으로까지 그 의미가 확장되었습니다.

하늘의 도란

천
도

天　　　　　　道

"신은 신이 하고 있는 일로써 관찰한 바를 말씀드리겠습니다. 수레바퀴를 깎을 때 너무 깎으면 헐렁해서 단단히 고정되지가 않고, 너무 꼭 맞게 깎으면 빠듯해서 들어가지가 않습니다. 너무 헐렁하게도 너무 빠듯하지도 않게 하는 것은 손의 감각으로 체득해서 마음에 호응하는 것이지, 입으로 말할 수 있는 것은 아닙니다. 거기에는 어떤 비결이 존재하기는 합니다만, 신은 신의 자식에게 가르쳐줄 수가 없고, 신의 아들 역시 그 비결을 전수받을 수가 없습니다. 그래서 나이 70 노인이 되도록 수레바퀴를 깎고 있는 겁니다. 옛사람도 그 전해줄 수 없는 것과 함께 죽어버린 겁니다. 그러니 임금님께서 읽고 있는 것도 옛사람들의 찌꺼기일 뿐입니다."

고요히 있으면 성인이 되고 움직이면 제왕이 됩니다

제13편 천도(天道) 1-1

하늘의 도는 운행하면서 쉼이 없기 때문에 만물을 생성하게 됩니다. 제왕의 도 역시 운행하면서 쉼이 없기 때문에 천하 사람들이 모여 돌아옵니다. 성인의 도 또한 쉼이 없기 때문에 온 세상 사람들이 복종하게 됩니다. 하늘의 도에 대해 밝고, 성인의 도에 대해 통달하며, 제왕의 덕에 널리 트인 사람은 그 자신의 행위가 우매한 듯 참으로 고요합니다.

天道運而無所積, 故萬物成. 帝道運而無所積, 故天下歸. 聖道運而無所積, 故海內服. 明於天, 通於聖, 六通四辟於帝王之德者, 其自爲也, 昧然無不靜者矣.

성인의 고요함이란 고요함이 좋다고 해서 일부러 고요한 것은 아닙니다. 만물 어느 것도 그의 마음을 어지럽히지 못하기 때문에 고요한 겁니다. 물이 고요하면 수염과 눈썹도 밝게 비추며, 평평하기가 수준기와 같아서 대목수도 그것을 본받습니다. 물이 고요해도 밝은데, 하물며 정신이나 성인의 마음이 고요할 때는 어떻겠습니까! 그것은 천지를 그대로 비춰주는 거울이자, 만물을 있는 그대로 비춰주는 거울인 겁니다.

聖人之靜也, 非曰靜也善, 故靜也. 萬物無足以鐃心者, 故靜也. 水靜則明燭鬚眉, 平中准, 大匠取法焉. 水靜猶明, 而況精神聖人之心靜乎! 天地之鑒也, 萬物之鏡也.

대개 텅 비우고 고요하며, 편안하고 담박하며, 적막하면서 인위적으로 하는 일이 없는 무위는 하늘과 땅의 기준이며 도덕의 지극함입니다. 그러므로 제왕이나 성인은 그러한 경지에 머뭅니다. 그러한 경지에 머물면 텅 비게 되고, 텅 비우면 충실해지고, 충실해지면 이치가 생기게 됩니다. 텅 비우면 고요해지고, 고요해지면 바르게 움직이며, 바르게 움직이면 몸소 체득하게 됩니다. 고요하면 인위적으로 하는 일이 없는 무위하게 되고, 무위하면 제각기 일을 맡고 책임을 지게 됩니다. 인위적으로 하는 일이 없는 무위이면 즐겁게 되고, 즐거우면 근심걱정이 머물지 못하니 수명도 길어지게 됩니다.

夫虛靜恬淡, 寂漠無爲者, 天地之平, 而道德之至也. 故帝王聖人休焉. 休則虛, 虛則實, 實則倫矣. 虛則靜, 靜則動, 動則得矣. 靜則無爲, 無爲也, 則任事者責矣. 無爲則兪兪, 兪兪者, 憂患不能處, 年壽長矣.

대개 텅 비우고 고요하며, 편안하고 담박하며, 적막하면서 인위적으로 하는 일이 없는 무위는 만물의 근본입니다. 이것을 잘 밝혀 나라를 다스렸던 것이 요 임금이 군주가 된 때이며, 이것을 잘 알고 군주를 잘 섬겼던 것이 순 임금이 신하 노릇을 하던 때입니다. 이러한 방법으로 윗자리에 있는 것이 제왕이나 천자의 덕입니다. 이러한 방법으로 아랫자리에 처하는 것이 현묘한 성인이나 왕위에 오르지 않은 소왕의 도랍니다. 이런 방법으로 물러나 한가롭게 노닐면 강과 바다나 산속에 숨어 사는 은자들도 따를 겁니다. 이런 방법으로 나아가 세상을 다스린다면, 공적이 커지고 이름이 널리 드러나고 천하 세상이 통일될 겁니다. 고요히 있으면 성인이 되고, 움직이면 제왕이 됩니다. 인위적으로 하는 일이 없는 무위여도 존경을 받고, 소박한 채로 있어도 천하 세상에 그와 아름다움을 다툴 상대가 없습니다.

夫虛靜恬淡寂漠無爲者, 萬物之本也. 明此以南鄕, 堯之爲君也. 明此以北面, 舜之爲臣也. 以此處上, 帝王天子之德也. 以此處下, 玄聖素王之道也. 以此退居而閒遊, 江海山林之士服. 以此進爲而撫世, 則功大名顯而天下一也. 靜而聖, 動而王, 無爲也而尊, 樸素而天下莫能與之爭美.

사람과의 즐거움인 인락(人樂)과 하늘과의 즐거움인 천락(天樂)이란
제13편 천도(天道) 2-1

천지자연의 덕을 명백하게 체득한 것, 이것을 일러 만물의 위대한 근본이자 위대한 조종이라 하며 대자연과 조화되었다고 하는 겁니다. 천하 세상을 균등하게 다스리기 때문에 사람들과 조화되었다고 합니다. 사람과 조화된 것을 사람과의 즐거움인 인락(人樂)이라 부르고, 대자연인 하늘과 조화된 것을 일러 하늘과의 즐거움인 천락(天樂)이라 합니다.

夫明白於天地之德者, 此之謂大本大宗, 與天和者也. 所以均調天下, 與人和者也. 與人和者, 謂之人樂. 與天和者, 謂之天樂.

장자가 말합니다.

"나의 스승이신 도여! 나의 스승이시여! 만물을 부숴버려도 도리에 어긋났다고 하지 않으시며, 은택이 만세에까지 미쳐도 어질다 하지 않으시고, 먼 옛날보다 오래되었으면서도 장수한다 하지 않으시며, 하늘을 싣고 땅을 덮은 채 온갖 형상을 조각해 놓고서도 교묘하다 하지 않으시는군요."

이것을 일러 하늘과의 즐거움인 천락이라 합니다.

莊子曰 : 「吾師乎, 吾師乎! 螯萬物而不爲戾. 澤及萬世而不爲仁. 長於上古而不爲壽. 覆載天地, 刻雕衆形而不爲巧.」 此之謂天樂.

그러므로 '하늘과의 즐거움을 아는 사람은 그의 삶 또한 대자연의 운행질서와 함께하고, 그의 죽음 또한 만물의 변화와 함께한다'고 말하는 겁니다. '고요히 있을 때는 음기에 그 덕을 맞추고, 움직일 때는 양기에 그 동작을 맞춘다'고 말합니다. 그러므로 하늘과의 즐거움을 아는 사람은 대자연인 하늘에 대한 원망도 없고, 사람에 대해 비난도 하지 않으며, 사물에 연루되지도 않고, 귀신에 대한 책망도 하지 않습니다.

故曰: 知天樂者, 其生也天行, 其死也物化. 靜而與陰同德, 動而與陽同
波. 故知天樂者, 無天怨, 無人非, 無物累, 無鬼責.

그러므로 '그가 움직일 때는 대자연인 하늘과 같고 고요히 있을
때는 땅과 같다고 하며, 한결같은 마음으로 안정되어 천하 세상을
다스리는 왕이 된다'고 말합니다. 그러니 '그의 몸은 질병에 걸리
지 않으며 그 정신도 피로함이 없으니, 한결같이 마음이 안정되어
있어 만물이 복종한다'고 말합니다. 그것은 고요함에 머물면서 천
지를 미루어 이해하고 만물의 이치에 통달함을 말한 것으로, 이것
을 일러 하늘과의 즐거움이라고 합니다. 결국 하늘과의 즐거움이
란 성인의 마음으로 천하 세상을 양육하는 겁니다.

故曰: 其動也天, 其靜也地, 一心定而王天下. 其鬼不祟, 其魂不疲, 一心
定而萬物服. 言以虛靜推於天地, 通於萬物, 此之謂天樂. 天樂者, 聖人之
心以畜天下也.

하늘보다 신묘한 것은 없고 땅보다 풍부한 것은 없다
제13편 천도(天道) 3-1

제왕의 덕은 천지를 조종으로 삼고, 도와 덕을 중심으로 여기며,
인위적으로 하는 일이 없는 무위로써 법도를 삼습니다. 인위적으
로 하는 일이 없는 무위이면 천하 세상을 다스리는 데 써도 여유가
있지만, 인위적으로 하는 일이 있는 유위이면 천하 세상을 위해 써

도 부족할 겁니다. 그러므로 옛날 사람들은 인위적으로 하는 일이 없는 무위를 귀중하게 여겼습니다. 윗사람이 무위로 하고 아랫사람 또한 무위로 한다면 아랫사람은 윗사람과 덕이 같아집니다. 아랫사람이 윗사람과 덕이 같아지면 신하노릇을 하지 않게 됩니다. 아랫사람이 인위적으로 하는 일이 있는 유위로 하고 윗사람 또한 유위로 하면 윗사람은 아랫사람과 덕이 같아집니다. 윗사람이 아랫사람과 덕이 같아지면 군주노릇을 할 수가 없습니다. 윗사람은 반드시 인위적으로 하는 일이 없는 무위로써 천하 세상을 다스리고, 아랫사람은 반드시 인위적으로 하는 일이 있는 유위로써 천하 세상을 위해 쓰이는 것, 이것은 결코 바꿀 수 없는 도인 겁니다.

夫帝王之德, 以天地爲宗, 以道德爲主, 以無爲爲常. 無爲也, 則用天下而有餘. 有爲也, 則爲天下用而不足. 故古之人, 貴夫無爲也. 上無爲也, 下亦無爲也, 是下與上同德. 下與上同德則不臣. 下有爲也, 上亦有爲也, 是上與下同道. 上與下同道, 則不主. 上必無爲而用天下, 下必有爲爲天下用. 此不易之道也.

그러므로 옛날 천하 세상을 다스리는 임금은 지식이 천지를 덮을 만큼 박식해도 스스로 무언가를 생각하지 않았습니다. 또 변론 솜씨가 비록 만물에 두루 미칠 정도라 해도 스스로는 말하지 않았습니다. 그의 능력이 온 세상 구석구석까지 다룰 만해도 스스로 일하지는 않습니다. 하늘이 낳지 않으려 해도 만물은 화육되고, 땅이 기르려 하지 않아도 만물은 자라나며, 제왕이 인위적으로 하는 일이 없는 무위로 해도 천하 세상은 다스려집니다. 그러므로 '하늘보다 신묘한 것은 없고, 땅보다 풍부한 것은 없으며, 제왕보다 위대한 것은 없다'고 말하는 겁니다. 또 그러므로 '제왕의 덕은 천지와 짝이 된다'고 말합니다. 이것이 천지를 타고서 만물을 치닫게 하며, 사람들을 활용하는 도인 겁니다.

故古之王天下者, 知雖落天地, 不自慮也. 辯雖彫萬物, 不自說也. 能雖窮
海內, 不自爲也. 天不產而萬物化, 地不長而萬物育, 帝王無爲而天下功.
故曰: 莫神於天, 莫富於地, 莫大於帝王. 故曰: 帝王之德配天地. 此乘天
地, 馳萬物, 而用人群之道也.

근본적인 것은 위에 있고, 말단적인 것은 아래에 있습니다. 중요한 것은 군주에게 있고, 상세한 것은 신하에게 있습니다. 삼군이라는 대군과 다섯 가지 병기의 운용은 덕의 말단적인 것입니다. 상이나 벌과 이익이나 손해와 다섯 가지 형벌에 관한 법은 교화의 말단적인 일입니다. 예법과 제도, 형식과 명칭의 자세한 비교는 정치의 말단이죠. 종과 북의 소리 및 깃털 장식을 하고 춤추는 모습은 음악의 말단입니다. 곡하고 눈물지으며 머리와 허리에 띠를 차고 여러 가지 상복을 입는 것은 슬픔의 말단입니다. 이 다섯 가지 말단은 모름지기 정신의 운동과 마음 작용이 일어난 후에야 따르는 겁니다. 말단적인 학문은 옛사람들도 지니고 있었지만, 다른 일보다 앞세우지는 않았습니다.

本在於上, 末在於下. 要在於主, 詳在於臣. 三軍五兵之運, 德在末也. 賞
罰利害, 五刑之辟, 敎之末也. 禮法度數, 形名比詳, 治之末也. 鐘鼓之音,
羽旄之容, 樂之末也. 哭泣衰絰, 隆殺之服, 哀之末也. 此五末者, 須精神

之運, 心術之動, 然後從之者也. 末學者, 古人有之, 而非所以先也.

세상에 쓰일 수는 있겠지만 천하를 다스리기에는 부족할 겁니다
제13편 천도(天道) 4-1

임금이 앞서면 신하가 따르고, 아버지가 앞서면 자식이 따르며, 형이 앞서면 아우가 따르고, 어른이 앞서면 젊은이가 따르며, 남자가 앞서면 여자가 따르며, 남편이 앞서면 아내가 따릅니다. 대체로 보아 높고 낮음과 앞서고 뒤서는 것은 천지의 운행질서에 의한 겁니다. 그러므로 성인이 그러한 모양을 본받은 것이죠. 하늘이 높고 땅이 낮은 것은 하늘과 땅의 신령인 신명(神明)의 위치입니다. 봄여름이 앞서고 가을겨울이 뒤따르는 것은 네 계절의 운행질서인 것이죠. 만물의 변화에 있어서 뻗어나고 굽어지는 모양의 차별이 있고 왕성하고 쇠퇴하는 단계가 있는 것은 변화의 자연스런 흐름입니다.

君先而臣從, 父先而子從, 兄先而弟從, 長先而少從, 男先而女從, 夫先而婦從. 夫尊卑先後, 天地之行也, 故聖人取象焉. 天尊地卑, 神明之位也. 春夏先, 秋冬後, 四時之序也. 萬物化作, 萌區有狀, 盛衰之殺, 變化之流也.

하늘과 땅은 지극히 신령스러운 것인데도 높고 낮고 앞서고 뒤서는 차례가 있는데, 하물며 사람의 도에서야 말할 것이 없겠지요! 종묘에서는 가까운 친족이 숭상되고, 조정에서는 지위 높은 사람이 숭상되고, 시골 마을에서는 연장자가 숭상되고, 일을 할 때는 현명한 사람이 숭상되는데, 이는 위대한 도의 질서인 겁니다. 도를 말하면서 그 질서에 어긋나는 것은 참된 도라 할 수 없습니다. 도를 말하면서 참된 도가 아니라면, 어떻게 도를 얻을 수 있겠습니까?

夫天地至神矣, 而有尊卑先後之序, 而況人道乎! 宗廟尙親, 朝廷尙尊, 鄕黨尙齒, 行事尙賢, 大道之序也. 語道而非其序者, 非其道也. 語道而非其道者, 安取道哉?

이렇기 때문에 옛날에 위대한 도를 밝혔던 사람들은 먼저 대자연인 하늘을 먼저 밝히고 도와 덕을 다음으로 밝혔습니다. 도와 덕을 이미 밝혔다면 인의를 그 다음으로 하였고, 인의를 이미 밝혔다면 그 다음으로 지켜야 될 분수를, 분수를 밝혔다면 그 다음으로 형체와 명칭인 형명을, 형명을 이미 밝혔다면 그 다음으로 인연에 따른 책임인 인임을, 인임을 이미 밝혔다면 상세한 성찰인 원성을, 원성을 이미 밝혔다면 그 다음으로 옳고 그름을, 시비를 이미 밝혔다면 그 다음으로 상과 벌을, 상벌을 이미 밝혔다면 어리석은 이나 지식인이 각기 적당한 자리에 처하게 됩니다. 또 귀한 사람과 비천한 사람도 제자리를 차지하고, 어질고 현명한 사람이나 못난 사람도 제각기 실정에 따라 살아가는데, 반드시 그 재능에 따라 나누어지고 그 명분에 따르게 됩니다.

是故古之明大道者, 先明天而道德次之, 道德已明, 而仁義次之, 仁義已明, 而分守次之, 分守已明, 而形名次之, 形名已明, 而因任次之, 因任已

明, 而原省次之, 原省已明, 而是非次之, 是非已明, 而賞罰次之, 賞罰已

明, 而愚知處宜, 貴賤履位, 仁賢不肖襲情. 必分其能, 必由其名.

이와 같은 방법으로 임금을 섬겼고, 이러한 방법으로 백성을 양
육하였으며, 이러한 방법으로 사물을 다스렸고, 이러한 방법으로
몸을 닦으면 지식이나 계략을 활용하지 않고도 반드시 본래 자연
의 모습으로 돌아갑니다. 이것을 일러 널리 세상이 평화로운 태평
(太平)이라 하며, 다스림의 극치라 할 수 있습니다. 그러므로 옛글
에 이르길 "형체가 있으면 명칭이 있게 된다"라고 하였습니다. 형
체와 명칭은 옛사람들도 지니고 있었지만 앞세우지는 않았습니다.
옛날에 위대한 도를 말한 사람들은 변화의 다섯 번째로 형체와 명
칭을 거론했고, 변화의 아홉 번째로 상벌을 말하고 있습니다. 갑자
기 형체와 명칭을 말하면 그 근본을 알지 못할 것이고, 갑자기 형
벌을 말하면 그 시작을 알지 못할 것이기 때문입니다. 도를 거꾸로
말하고 도를 어긋나게 말하는 자는 남에게 다스림을 받아야지, 어
떻게 남을 다스릴 수 있겠습니까?

以此事上, 以此畜下, 以此治物, 以此修身, 知謀不用, 必歸其天. 此之謂

大平, 治之至也. 故書曰:「有形有名.」形名者, 古人有之, 而非所以先也.

古之語大道者, 五變而形名可擧, 九變而賞罰可言也. 驟而語形名, 不知

其本也. 驟而語賞罰, 不知其始也. 倒道而言, 迕道而說者, 人之所治也,

安能治人?

갑자기 형명과 상벌을 말한다면, 이는 정치의 도구는 안다고 할

수 있지만 정치의 도를 안다고 할 수 있는 건 아닙니다. 이런 사람은 천하 세상에 쓰일 수는 있겠지만 천하를 다스리기에는 부족할 겁니다. 이러한 사람을 말 잘하는 변사로서의 한 가지 재주만을 가진 자라고 합니다. 예법이나 제도, 형식과 명칭의 자세한 비교는 옛사람들에게도 있었습니다. 이는 백성들이 임금을 섬기기 위한 것이지, 임금이 백성들을 양육하기 위한 것은 아니었습니다.

骤而語形名賞罰, 此有知治之具, 非知治之道. 可用於天下, 不足以用天下. 此之謂辯士, 一曲之人也. 禮法數度, 形名比詳, 古人有之. 此下之所以事上, 非上之所以畜下也.

천하 세상을 다스렸던 왕들은 어찌했겠습니까
제13편 천도(天道) 5-1

옛날에 신하 순이 요 임금에게 물었습니다.

"천왕께선 주로 어떤 곳에 마음을 쓰십니까?"

이에 요 임금이 대답합니다.

"나는 의지할 곳 없는 백성들을 가볍게 여기지 않았고, 궁핍한 백성들을 저버리지 않았다네. 죽은 자에겐 애통해했고, 어린 고아들에겐 사랑을 주었으며, 과부들을 가엾게 여겨주었지. 이것이 내가 마음을 쓴 것이라네."

그러자 순이 말합니다.

"아름답고 아름다운 일이지만, 아직 위대한 일은 아니로군요."

이에 요 임금이 되묻습니다.

"그렇다면 어떻게 해야 되겠는가?"

昔者舜問於堯曰:「天王之用心何如?」堯曰:「吾不敖無告, 不廢窮民, 苦

死者, 嘉孺子而哀婦人, 此吾所以用心已.」舜曰:「美則美矣, 而未大也.」

堯曰:「然則何如?」

이에 미래의 순 임금이 말합니다.

"하늘의 덕이 있으면 세상에 나아가도 편안해지며, 해와 달은 빛
나고 사철은 잘 운행됩니다. 마치 낮과 밤에는 일정한 법칙이 있고
구름이 떠다니며 비를 내려주는 것과 같습니다."

요 임금이 자책하듯 말합니다.

"내가 너무 세상일에 집착하여 마음을 번거롭게 하였군! 그대는
대자연인 하늘과 화합하였고, 나는 사람에게 화합한 거였군."

舜曰:「天德而出寧, 日月照而四時行, 若晝夜之有經, 雲行而雨施矣.」堯

曰:「膠膠擾擾乎! 子, 天之合也. 我, 人之合也.」

대체로 보아 천지는 옛날부터 위대한 것이며, 황제와 요 임금이
나 순 임금도 다 같이 훌륭하다고 하였습니다. 그러므로 천하 세상
을 다스렸던 왕들은 어찌했겠습니까? 그저 천지자연의 도를 따를
뿐이었습니다.

夫天地者, 古之所大也, 而黃帝堯舜之所共美也. 故古之王天下者, 奚爲

哉? 天地而已矣.

그대는 지금 사람들의 자연스런 본성을 어지럽히고 있는 겁니다
제13편 천도(天道) 6-1

공자가 서쪽의 주나라 왕실 서고에 자기의 저서를 소장시키려 했을 때, 제자인 자로가 상의하듯 말합니다.

"제가 듣기로는, 주나라 서고 담당 관리로 노담(老聃)이란 사람이 있는데, 지금은 그만두고 고향으로 돌아가 살고 있다고 합니다. 스승님께서 책을 소장시키시려면 찾아가 그에게 부탁해 보시지요."

이에 공자가 흔쾌히 대답합니다.

"그게 좋겠구나."

孔子西藏書於周室, 子路謀曰:「由聞, 周之徵藏史有老聃者, 免而歸居, 夫子欲藏書, 則試往因焉.」孔子曰:「善.」

그리고 가서는 노담을 만났으나 노담은 응낙하지 않았습니다. 이에 공자는 그의 저서 12경을 펼쳐놓고 설명하였습니다. 노담은 공자의 설명 도중에 끼어들며 말합니다.

"너무 산만하니, 그 요점만을 듣고 싶군요."

그러자 공자가 간단히 요점만을 말합니다.

"그 요점은 어짊과 의로움인 인의(仁義)랍니다."

往見老聃, 而老聃不許, 於是繙十二經以說. 老聃中其說, 曰:「大謾, 願聞其要.」孔子曰:「要在仁義.」

노담이 다시 묻습니다.

"묻겠는데, 어짊과 의로움은 사람의 본성입니까?"

이에 공자가 대답합니다.

"그렇습니다. 어짊이 아니면 군자가 될 수 없고, 의로움이 아니면 살아갈 수도 없습니다. 어짊과 의로움은 참된 사람의 본성입니다. 또 그밖에 무엇이 있겠습니까?"

그러자 노담이 다시 묻습니다.

"다시 묻겠는데, 무엇을 인의(仁義)라고 합니까?"

이에 공자가 확신에 찬 어조로 대답합니다.

"마음속 깊이 사물과 더불어 즐거워하고, 사사로움 없이 널리 사랑하는, 이것이 인의의 본뜻입니다."

老聃曰:「請問仁義, 人之性邪?」孔子曰:「然, 君子不仁則不成, 不義而不生. 仁義, 眞人之性也, 又將奚爲矣?」老聃曰:「請問何謂仁義?」孔子曰:「中心物愷, 兼愛無私, 此仁義之情也.」

이에 걱정스러운 듯 노담이 말합니다.

"아! 뒤에 말한 겸애무사는 더더욱 위험합니다. 대체로 보아 널리 사랑한다는 것은 현실과는 너무 동떨어진 일이 아니겠습니까? 또 사사로움이 없다는 게 곧 사사로움입니다. 그대는 천하 사람들로 하여금 자신들의 올바른 삶을 잃지 않도록 하고자 하는 겁니까? 그렇지만 천지는 본래부터 일정한 법칙이 있고, 해와 달은 본래부터 밝은 빛이 있으며, 별들은 본래부터 배열된 자리가 있고, 새나 짐승은 본래부터 무리지어 살아왔으며, 나무들은 본래부터 서서 자란다오. 그대 또한 그러한 대자연의 덕을 따라 행하고, 자연의 도를 따라 나아갔다면, 이미 그대의 목적에 이르렀을 겁니다.

그런데 무엇 때문에 애써 인의를 들고 나와, 마치 북을 두드리며 잃어버린 자식을 찾는 듯한단 말이오? 아, 그대는 지금 사람들의 자연스런 본성을 어지럽히고 있는 겁니다."

老聃曰:「意, 幾乎後言. 夫兼愛, 不亦迂夫? 無私焉, 乃私也. 夫子若欲使天下無失其牧乎? 則天地固有常矣, 日月固有明矣, 星辰固有列矣, 禽獸固有群矣, 樹木固有立矣. 夫子亦放德而行, 循道而趨, 已至矣. 又何偈偈乎揭仁義, 若擊鼓而求亡子焉? 意, 夫子亂人之性也.」

교묘한 지식 탓에 태연하게는 보이지만 믿음이 가지 않는군
제13편 천도(天道) 7-1

사성기(士成綺)가 노자를 찾아뵙고 물었습니다.

"저는 선생께서 성인이라는 말을 들었습니다. 그래서 저는 정말 먼 길을 사양치 않고 찾아뵙고자, 백 일 밤이나 여관에서 잤고 발에 물집이 계속해서 생겼어도 쉴 수가 없었습니다. 그런데 제가 지금 선생을 뵈니 성인은 아닌 것 같군요. 쥐구멍 안에도 곡식이 남아도는 법인데, 어리석은 이들을 내버려 둔 채 방관만 하고 있으니, 이는 어질지 못한 일입니다. 날것과 익은 음식들이 눈앞에 가득한데도 끝없이 끌어 모아 쌓아두고만 있습니다."

士成綺見老子而問曰:「吾聞夫子聖人也. 吾固不辭遠道而來願見, 百舍重跰而不敢息. 今吾觀子非聖人也, 鼠壤有餘蔬, 而棄妹, 不仁也. 生熟不盡於前, 而積斂無崖.」

노자는 모르는 체 아무런 응대도 하지 않았습니다. 사성기가 다음 날 다시 찾아뵙고는 송구스런 듯 말합니다.

"어제 저는 선생을 헐뜯었습니다만 오늘은 제 마음이 올바르게 달라졌는데, 무엇 때문이지요?"

老子漠然不應. 士成綺明日復見, 曰: 「昔者吾有刺於子, 今吾心正郤矣, 何故也?」

노자는 담담하게 말합니다.

"교묘한 지식을 지닌 신성한 사람의 경지를 나 스스로 벗어났다고 생각하고 있다네. 어제 자네가 나를 소라고 불렀다면 소라고 생각했을 것이고, 말이라고 불렀다면 말이라고 생각했을 것이네. 정말 그러한 사실이 있어서 사람들이 내게 그러한 이름을 붙여주었는데, 그것을 받아들이지 않는다면 거듭해서 그 재앙을 받을 것이네. 내가 받아들이는 행위는 언제나 한결같은 행위이지, 어떤 것을 받아들이기 위해서 하는 행위는 아니라네."

老子曰: 「夫巧知神聖之人, 吾自以爲脫焉. 昔者子呼我牛也而謂之牛. 呼我馬也而謂之馬. 苟有其實, 人與之名而弗受, 再受其殃. 吾服也恆服, 吾非以服有服.」

사성기는 노자의 그림자를 밟지 않으려고 옆으로 피했다가, 당황한 나머지 신을 신은 채 방 안으로 들어가 '몸을 닦기 위해서는 어찌해야 되는지'를 물었습니다.

士成綺雁行避影, 履行遂進, 而問修身若何.

그러자 노자가 말해 줍니다.

"자네의 얼굴은 지나치게 돋보인다네. 눈은 튀어나왔지, 이마는 높지, 입은 크지, 외양은 의연한데, 마치 뛰려는 말이 묶여 있는 듯하네. 행동하려면서도 억제하고 있지만 당겨진 화살처럼 빠를 듯하고, 일을 살피는 데는 너무 세심하며, 교묘한 지식 탓에 태연하게 보이지만, 대개 이러한 것들 때문에 믿음이 가지 않는군. 변경에 자네 같은 사람이 있었다면 아마도 도둑놈이라 불렀을 거네."

老子曰:「而容崖然, 而目沖然, 而顙頯然, 而口闞然, 而狀義然. 似繫馬而止也, 動而持, 發也機, 察而審, 知巧而覩於泰, 凡以爲不信. 邊竟有人焉, 其名爲竊.」

아는 사람은 말하지 않고, 말하는 자는 알지 못하는 법
제13편 천도(天道) 8-1

어떤 선생께서 말씀하셨습니다.

"도란 것은 크기에 있어서는 끝이 없고, 작기에 있어서는 없는 곳이 없기 때문에 만물에 갖추어져 있는 겁니다. 그것은 넓고 넓어서 수용하지 않은 것이 없고, 깊고 깊어서 예측할 수도 없습니다. 덕을 어짊과 의로움으로 형용하는 것은 정신작용의 말단적인 일입니다. 지인(至人)이 아니라면 그 누가 결정지을 수 있겠습니까? 저 지인이 세상을 다스린다면 또한 위대한 일 아니겠습니까? 그렇다고 그것이 지인에게 장애가 되진 않습니다. 온 천하 사람들이 권세를 쥐려고 다툰다 해도 지인은 거기에 함께하지는 않을 겁니다. 그는 거짓이 아닌 진리를 잘 깨닫고 있어서 이익을 따라 움직이지 않습니다. 만물의 진리를 추구하며 도의 근본을 잘 지켜낼 수 있습니다. 그러므로 천지를 벗어나 만물을 버리기에 정신적으로 곤경에 처하는 일도 없게 됩니다. 그는 도에 통하고 덕에 합치된 채, 어짊과 의로움인 인의를 물리치고 예의와 음악인 예악을 멀리합니다. 그러니 지인의 마음은 늘 안정될 수 있습니다."

夫子曰:「夫道, 於大不終, 於小不遺, 故萬物備. 廣廣乎其無不容也, 淵淵乎其不可測也. 形德仁義, 神之末也, 非至人孰能定之? 夫至人有世, 不亦大乎? 而不足以爲之累. 天下奮棟而不與之偕. 審乎無假而不與利遷. 極物之眞, 能守其本. 故外天地, 遺萬物, 而神未嘗有所困也. 通乎道, 合乎德, 退仁義, 賓禮樂, 至人之心有所定矣!」

세상 사람들이 도를 얻기 위해 귀중히 여기는 것은 책입니다. 책은 말을 늘어놓은 것에 지나지 않으니 말이 귀중한 것입니다. 말이 귀중한 것은 뜻이 있기 때문이죠. 뜻이란 무언가를 추구할 바가 있습니다. 뜻이 추구하는 것은 말로는 전할 수 없습니다. 그런데도 세상에서는 말을 귀중하게 여기기 때문에 책으로 전달하는 겁니다. 세상 사람들이 비록 귀중하게 여기지만 오히려 귀중하게 여길 것이 못됩니다. 세상 사람들이 귀중하게 여기는 것이 소중한 것이 못되는 이유입니다. 그런데 눈으로 보아서 볼 수 있는 것은 그 형체와 색깔입니다. 귀로 들어서 들을 수 있는 것은 그 명칭과 소리입니다. 서글픈 일입니다. 세상 사람들은 그 형체와 색깔, 명칭과 소리로써 도의 실정을 파악할 수 있다고 생각합니다. 그러나 형체와 색깔과 명칭과 소리로써는 도의 실정을 파악하기에는 뭔가 부족합니다. 그러니 아는 사람은 말하지 않고 말하는 자는 알지 못하는 법이니, 세상 사람들이 어찌 그것을 알겠습니까!

世之所貴道者, 書也. 書不過語, 語有貴也. 語之所貴者, 意也, 意有所隨. 意之所隨者, 不可以言傳也, 而世因貴言傳書. 世雖貴之哉, 猶不足貴也, 爲其貴非其貴也. 故視而可見者, 形與色也. 聽而可聞者, 名與聲也. 悲夫, 世人以形色名聲爲足以得彼之情. 夫形色名聲, 果不足以得彼之情, 則知者不言, 言者不知, 而世豈識之哉!

임금님께서 읽고 계신 것은 옛사람들의 찌꺼기이겠군요
제13편 천도(天道) 9-1

제나라 환공(桓公)이 대청마루 위에서 책을 읽고 있을 때, 윤편(輪扁)이 마루 아래에서 수레바퀴를 깎고 있었습니다. 윤편이 망치와 끌을 놓고서는 마루로 올라가 환공에게 물었습니다.

"감히 여쭤보겠습니다만, 임금님께서 읽고 계시는 책에는 무슨 말이 씌어 있습니까?"

제나라 환공이 말하였습니다.

"성인의 말씀이라네."

그러자 윤편이 다시 묻습니다.

"그 성인은 살아 있습니까?"

이에 환공이 대답합니다.

"이미 돌아가신 분이지."

그러자 윤편이 다시 끼어듭니다.

"그렇다면 임금님께서 읽고 계신 것은 옛사람들의 찌꺼기이겠군요."

桓公讀書於堂上, 輪扁斲輪於堂下, 釋椎鑿而上, 問桓公曰:「敢問公之所讀者, 何言邪?」公曰:「聖人之言也.」曰:「聖人在乎?」公曰:「已死矣.」曰:「然則君之所讀者, 古人之糟魄已夫!」

이에 환공이 버럭 화를 내며 말합니다.

"내가 책을 읽고 있는데 수레바퀴나 깎는 주제에 어찌 끼어든단 말이냐! 이치에 맞는 말이라면 괜찮겠지만, 근거 없는 말이라면 당장 죽여버릴 것이야!"

桓公曰:「寡人讀書, 輪人安得議乎! 有說則可, 無說則死!」

이에 윤편이 말을 합니다.

"신은 신이 하고 있는 일로써 관찰한 바를 말씀드리겠습니다. 수레바퀴를 깎을 때 너무 깎으면 헐렁해서 단단히 고정되지가 않고, 너무 꼭 맞게 깎으면 빡듯해서 들어가지가 않습니다. 너무 헐렁하게도 너무 빡듯하지도 않게 하는 것은 손의 감각으로 체득해서 마음에 호응하는 것이지, 입으로 말할 수 있는 것은 아닙니다. 거기에는 어떤 비결이 존재하기는 합니다만, 신은 신의 자식에게 가르쳐줄 수가 없고, 신의 아들 역시 그 비결을 전수받을 수가 없습니다. 그래서 나이 70 노인이 되도록 수레바퀴를 깎고 있는 겁니다. 옛사람도 그 전해줄 수 없는 것과 함께 죽어버린 겁니다. 그러니 임금님께서 읽고 있는 것도 옛사람들의 찌꺼기일 뿐입니다!"

輪扁曰:「臣也, 以臣之事觀之. 斲輪, 徐則甘而不固, 疾則苦而不入, 不徐
不疾, 得之於手而應於心, 口不能言, 有數存乎其間. 臣不能以喩臣之子,
臣之子亦不能受之於臣, 是以行年七十而老斲輪. 古之人與其不可傳也.
死矣. 然則君之所讀者, 古人之糟魄已夫!」

한자어원풀이

`水靜燭眉(수정촉미)` 란 "물이 고요하면 수염과 눈썹도 밝게 비춘다"는 뜻으로, "성인의 고요함이란 고요함이 좋다고 해서 일부러 고요한 건 아닙니다. 만물 어느 것도 그의 마음을 어지럽히지 못하기 때문에 고요한 겁니다. 물이 고요하면 수염과 눈썹도 밝게 비추며, 평평하기가 수준기와 같아서 대목수도 그것을 본받습니다. 물이 고요해도 밝은데, 하물며 정신이나 성인의 마음이 고요할 때는 어떻겠습니까!"라는 내용에서 유래했습니다.

`물 水(수)` 는 강물이 한데 모아지고 나누어지는 물줄기를 본뜬 상형글자입니다. 다른 자형에 더해질 때는 간략히 세 개의 물방울(氵)로 표시하거나 氺(수)로 쓰이기도 합니다. 水(수)에 대해 허신은 『說文』에서 "水(수)는 평평하다는 뜻이다. 북쪽 방위를 나타내는 오행이다. 여러 물줄기가 나란히 흐르는 가운데 미미한 양(陽)의 기운이 있는 것을 본떴다"고 하였습니다. 갑골문의 자형이 역(易) 괘체 중의 하나인 물을 뜻하는 坎(감, ☵)을 세로로 세운 것과 같아 외곽의 陰(음, --)이 가운데 陽(양, —)을 에워싼 모양에 빗대어 설명한 겁니다.

고요할 靜(정) 은 푸를 청(靑)과 다툴 쟁(爭)으로 구성되었습니다. 靑(청)은 날 생(生)의 간략형과 붉을 단(丹)으로 구성되어 있는데 여기서 붉은 뜻을 갖은 丹(단)은 안료로 쓰이는 주사(朱砂)나 진사(辰砂)를 의미하기도 하지만 구리(銅)를 나타내기도 했는데, 이것들은 땅속 깊은 곳에서만 발굴됩니다. 이에 따라 구리(丹)가 산화되면 푸른빛을 낸다(生)는 점에서 착안하여 '푸르다'는 뜻을 부여하였습니다.

爭(쟁)은 손톱 조(爪)와 다스릴 윤(尹)으로 이루어졌습니다. 尹(윤) 자의 'ㅋ'라는 부수는 요즘에는 '돼지머리 혜'나 '고슴도치 머리' 등으로 불리기도 하지만, 여기에서는 오른손으로 무언가를 쥐고 있는 모습인데, 삐침 별(丿)은 지휘봉이나 깃발을 상징하고 있습니다. 이에 따라 爭(쟁)의 의미는 우두머리(尹)가 무리를 다스리기 위해 통솔의 상징물을 오른손에 쥐고서 지휘를 하는데, 또 다른 사람이 손(爪)을 써서 그 상징물을 빼앗기 위해 서로 '다투다'는 뜻을 나타낸 겁니다. 따라서 靜(정)의 전체적인 의미는 사람이나 사물의 다툼(爭)이 없는 땅속 깊은 곳(靑)과 같다 하여 '고요하다'는 뜻을 부여하였습니다.

촛불 燭(촉) 은 모닥불의 모양을 상형한 불 화(火)와 나라 이름 촉(蜀)으로 이루어졌습니다. 蜀(촉)은 누에의 상형(罒)과 고치에 싸인(勹) 번데기(虫)를 의미한다는 데서 '누에', '나비 애벌레'를 뜻하게 되었으며, 중국 사천성의 옛 지명이 '촉나라'였던 점에서 '나라 이름'을 뜻하기도 합니다. 특히 이 지역은 고대부터 누에고치에서 뽑아 짠 비단의 산지였습니다. 따라서 燭(촉)의 의미는 기다란 누에(蜀)처럼 생긴 촛대에 불(火)이 붙은 모양을 그려내 '촛불'이란 뜻을 부여하였습니다.

눈썹 眉(미) 는 눈썹 모양을 그려낸 자형상부와 눈 목(目)으로 이루어졌습니다. 目(목)은 사람의 한쪽 눈을 본뜬 것으로 쓰기에 편리하도록 세로로 세운 모양입니다. 따라서 眉(미)의 의미는 눈(目) 위의 눈썹 모양을 상형한 것으로 '눈썹'이란 뜻과 함께 장수하여 '눈썹이 긴 노인'입니다.

하늘의 운행도수

천운

天   運

"고니는 날마다 목욕을 하지 않아도 희고, 까마귀는 날마다 먹칠을 하지 않아도 검
습니다. 검고 흰 본바탕은 좋고 나쁨을 따질 것이 못됩니다. 명예라는 것도 널리
뽐낼 게 못됩니다. 샘물이 마르면 그곳 물고기들은 메마른 땅위에 모여 서로 물기
를 뿜어주고 물거품을 적셔주지만, 강이나 호수에서 서로의 존재를 잊고 지내는 것
만 못한 법입니다."

하늘에는 육극(六極)과 오상(五常)이란 게 있다네

제14편 천운(天運) 1-1

"하늘은 그 스스로 운행하고 있는 겁니까? 땅은 그 스스로 제자리에 있는 것인가요? 해와 달은 서로 자리를 다투고 있는 것일까요? 누가 이것들을 주관하는 겁니까? 누가 이것들의 질서를 유지시키는 건가요? 누가 아무 일도 하지 않으면서도 밀고나가면서 이것들을 운행시킬까요? 생각건대 어떤 기계장치의 조정에 의해 어쩔 수 없이 그러는 것일까요? 혹은 그 운전을 스스로 멈출 수 없는 것일까요? 구름이 비가 되는 것인가요? 비가 구름이 되는 것인가요? 누가 구름을 일게 하고 비를 내리게 하는 걸까요? 누가 아무 일도 하지 않으면서도 즐기면서 이를 권장하는 걸까요? 바람은 북쪽에서 일어나 서쪽으로 불었다 동쪽으로 불었다 하기도 하고, 상공에서 이리저리 불어댑니다. 누가 이러한 바람을 내쉬고 들이쉬는 걸까요? 누가 아무 일도 하지 않으면서 이러한 바람을 일렁이게 할까요? 감히 묻겠는데 도대체 무슨 까닭일까요?"

「天其運乎? 地其處乎? 日月其爭於所乎? 孰主張是? 孰維綱是? 孰居無事推而行是? 意者其有機緘而不得已邪? 意者其運轉而不能自止邪? 雲者爲雨乎? 雨者爲雲乎? 孰隆施是? 孰居無事淫樂而勸是? 風起北方, 一西一東, 有上彷徨. 孰噓吸是? 孰居無事而披拂是? 敢問何故?」

그러자 하늘의 이치에 밝은 무당 무함(巫咸)이 손짓을 하면서 말합니다.

"자, 이리 오게나. 내 자네에게 말해 줌세. 하늘에는 육극(六極: 천지와 사방의 육합)과 오상(五常: 목화토금수의 오행)이란 게 있는데, 제왕이 이것을 따르면 잘 다스려지고 이를 거스르면 흉해지는 거지. 구주(九疇)와 낙서(洛書)의 일을 실행하여 정치가 이루어지고 덕이 갖추어지면 온 세상에 임하여 비추게 되니, 천하 사람들이 받들게 되지. 이런 사람을 일러 최고의 황제라고 한다네."

巫咸祒曰:「來, 吾語女. 天有六極五常, 帝王順之則治, 逆之則凶. 九洛之事, 治成德備, 臨照下土, 天下戴之, 此謂上皇.」

지극한 소원을 가진 사람은 어떤 명예도 사양한다
제14편 천운(天運) 2-1

상나라의 태제(大宰)인 탕(蕩)이 장자에게 어짊인 인(仁)에 관해 물었습니다. 이에 장자가 말합니다.

"호랑이와 이리 같은 것이 인이지요."

의아한 표정으로 탕이 되묻습니다.

"그게 무슨 뜻이지요?"

이에 장자가 말합니다.

"호랑이와 이리도 부자 간에는 서로 친하거늘 어찌 어질지 않다
고 하겠습니까?"

商大宰蕩問仁於莊子. 莊子曰:「虎狼, 仁也.」曰:「何謂也?」莊子曰:「父
子相親, 何爲不仁?」

탕이 다시 묻습니다.

"부디 지극한 어짊인 지인(至仁)에 대해 말씀해 주십시오."

다시 장자가 단호한 어조로 말합니다.

"지극한 어짊에는 친함이 없습니다."

태제인 탕이 다시 묻습니다.

"제가 듣기로는 친함이 없으면 사랑하지도 않고, 사랑하지 않으
면 효도도 하지 않는다고 했습니다. 지극한 어짊이면 불효한다고
해도 되겠습니까?"

曰:「請問至仁.」莊子曰:「至仁無親.」大宰曰:「蕩聞之, 無親則不愛, 不
愛則不孝. 謂至仁不孝, 可乎?」

이에 장자가 말합니다.

"그렇지 않습니다. 지극한 어짊이란 훨씬 고상한 것이어서 효로

본디 그것을 말하기에는 부족합니다. 이것은 효를 뛰어넘는다는 말이 아니라 효에 미치지 못한다는 말입니다. 남쪽으로 가는 사람이 초나라의 영 지방에 이르러 북쪽을 바라보아도 명산(冥山)은 보이지 않습니다. 어찌 그럴까요? 이는 너무 멀리 떠나왔기 때문이지요. 그러므로 말하길 '공경으로써 효도하기는 쉽지만 사랑으로써 효도하기는 어렵고, 사랑으로써 효도하기는 쉽지만 어버이를 잊기는 어렵고, 어버이를 잊기는 쉽지만 어버이로 하여금 나를 잊게 하기는 어렵고, 어버이로 하여금 나를 잊게 하기는 쉽지만 천하 사람들을 함께 잊기는 어렵고, 천하 사람들을 함께 잊기는 쉽지만 천하 사람들로 하여금 나를 모두 잊게 하기는 어렵다'고 했습니다.

莊子曰:「不然, 夫至仁尚矣, 孝固不足以言之. 此非過孝之言也, 不及孝之言也. 夫南行者至於郢, 北面而不見冥山, 是何也? 則去之遠也. 故曰: 以敬孝易, 以愛孝難. 以愛孝易, 以忘親難. 忘親易, 使親忘我難. 使親忘我易, 兼忘天下難. 兼忘天下易, 使天下兼忘我難.

대체로 보아 지극한 덕이란 요 임금이나 순 임금도 잊어버리고 인위적으로 하는 일이 없는 무위(無爲)로 해야만 만대에 이르기까지 그 이로움이나 은택이 베풀어져도 천하 사람들이 모르는 법이지요. 그런데 어찌하여 줄곧 한숨을 내쉬며 어짊이니 효도니 하는 말을 해야겠습니까? 효도와 공경과 어짊과 의로움이나 충성과 신의와 정절과 청렴 따위는 모두가 스스로 억지를 써서 지극한 덕을 부려먹는 것이니, 세상 사람들에게 내세우기엔 부족함이 많습니다. 그러므로 말하길 '지극히 고귀한 사람은 나라에서 주는 벼슬도

마다하고, 지극히 부자인 사람은 나라에서 주는 재물도 물리치며, 지극한 소원을 가진 사람은 어떤 명예도 사양한다'고 했지요. 이 때문에 도는 변하지 않습니다."

夫德遺堯, 舜而不爲也. 利澤施於萬世, 天下莫知也, 豈直大息而言仁孝乎哉? 夫孝悌仁義, 忠信貞廉, 此皆自勉以役其德者也, 不足多也. 故曰: 至貴, 國爵并焉. 至富, 國財并焉. 至願, 名譽并焉. 是以道不渝.」

음악을 감상하는데 두렵고 권태롭고 미혹되는 건 왜일까
제14편 천운(天運) 3-1

북문성(北門成)이 황제에게 물어 말합니다.

"임금님께서 함지(咸池)라는 음악을 동정의 들판에서 연주했을 때, 제가 처음 들었을 땐 두려움을 느꼈고, 다시 들었을 땐 권태로웠고, 마지막에 들었을 땐 뭐가 뭔지 미혹되고 말았습니다. 그래서 그만 평온한 듯도 하였지만 말도 못하고 제 자신을 어찌할 수가 없었습니다."

北門成問於黃帝曰:「帝張咸池之樂於洞庭之野, 吾始聞之懼, 復聞之怠, 卒聞之而惑, 蕩蕩默默, 乃不自得.」

이에 황제가 말합니다.

"그대는 마땅히 그랬을 거야! 나는 사람의 일로써 음악을 연주하였고, 하늘의 이치로써 악기를 연주하였으며, 예의로써 음악을 진행시켰고, 대자연의 맑은 도로써 음악을 완성했다네. 대자연은 사계절이 차례로 찾아들고, 만물은 순서에 따라 생겨나는 법이지. 한 번은 성하고 한 번은 쇠하듯이 호흡도 부드러운 문화(文火)와 강력한 무화(武火)로써 차례로 다스리고, 한 번은 맑고 한 번은 흐리듯이 음양의 조화를 꾀하면 그 소리는 빛이 흐르듯 고요해지지. 그러다 겨울잠을 자고 있던 벌레들이 꿈틀거리기 시작하는 봄이 되면, 나는 그것들의 잠을 깨우듯 천둥 번개와 같은 소리로 깜짝 놀라게 한다네. 그것을 끝낼 때는 꼬리도 없고, 시작할 땐 머리도 없는 것과 같지. 한 소리가 죽으면 한 소리가 살아나고, 한 소리가 잦아들면 한 소리가 일어나듯이 연주했다네. 이와 같이 그 변화가 끝없이 일어나니 전혀 예측할 수가 없지. 그대는 그래서 두려워했을 것이네.

帝曰:「汝殆其然哉! 吾奏之以人, 徵之以天, 行之以禮義, 建之以大清. 四時迭起, 萬物循生. 一盛一衰, 文武倫經. 一清一濁, 陰陽調和, 流光其聲. 蟄蟲始作, 吾驚之以雷霆. 其卒無尾, 其始無首. 一死一生, 一僨一起, 所常無窮, 而一不可待. 汝故懼也.

나는 또 음양의 조화로써 음악을 연주하고, 해와 달의 밝음으로써 그 음악을 조명했지. 그래서 그 소리가 짧기도 하고 길기도 하며 때론 부드럽기도 하고 강렬하기도 하면서, 그 변화가 한결같아도 앞 선율에 얽매이지는 않았지. 그러면서도 음악소리가 계곡에 있을 땐 골짜기를 가득 넘쳐나고 동굴 속에선 굴속에 가득 울리지. 나는 그때 정신이 흩어지지 않도록 잘 지켜, 사물에 따라 음량을 조절했기 때문에 그 소리가 넓고 넉넉했으며 그 가락이 높고 밝았던 것이라네. 그랬기 때문에 귀신들도 자신의 유택(幽宅)에 머물고,

해와 달이나 별들도 제 궤도를 운행했겠지. 바로 나의 연주는 유한한 세계에 머물게도 하고 무한한 세계로 흘러가게 하기 때문이라네. 이는 그대가 생각하려 해도 알 수가 없고, 바라보고 싶어도 볼 수가 없으며, 뒤쫓아 가려 해도 다다를 순 없을 게야. 어디 한 번, 무심히 사방이 확 트인 길에 서거나 오동나무 책상에 기대어 읊어 보게나. '눈과 지식으로는 보고자 하는 데서 막히고, 힘으로는 따르고자 하는 데서 굴복되니, 나 북문성은 도저히 미치지 못하겠구나!'라고 말일세. 형체가 충만해지면 내심은 텅 비워지게 되고, 이내 몸은 뱀이 흐물흐물거리듯 나른해질 거야. 그대 몸이 나른해졌기 때문에 권태로움을 느낀 거라네.

吾又奏之以陰陽之和, 燭之以日月之明. 其聲能短能長, 能柔能剛, 變化齊一, 不主故常. 在谷滿谷, 在坑滿坑. 塗郤守神, 以物爲量. 其聲揮綽, 其名高明. 是故鬼神守其幽, 日月星辰行其紀. 吾止之於有窮, 流之於無止. 子欲慮之而不能知也, 望之而不能見也, 逐之而不能及也. 儻然立於四虛之道, 倚於槁梧而吟. 『目知窮乎所欲見, 力屈乎所欲逐, 吾既不及已夫!』形充空虛, 乃至委蛇. 汝委蛇, 故怠.

나는 또 권태로움이 없는 소리로 연주하고 대자연의 생명력으로써 조화시켰지. 그러므로 마치 온갖 동물이 뒤섞여 달리고 온갖 식물들이 무더기로 피어나는 듯하였고, 숲속의 선율처럼 형체도 없었으며, 깃발을 휘두르면서도 끌리지 않는 듯했고, 그윽한 밤과 같이 고요히 소리도 없었다네. 그리하여 어디도 울리지 않는 곳이 없었으며, 너무나도 그윽하고 고요함에 머물기도 해, 어떨 땐 죽었다

고도 했고 또 어떨 땐 살아났다고도 했으며, 어떨 땐 열매와 같다
고도 했고 어떨 땐 꽃이 활짝 피었다고도 했을 거야. 그러니 때론
동물들이 걷는 듯, 물이 흐르는 듯, 바람이 흩어지는 듯, 구름이 옮
겨가는 듯 어느 한 소리에만 얽매이진 않았지. 세상 사람들은 이게
의심스러워 성인에게 묻겠지. 성인이란 사물의 성정에 통달하고
천명에 따르는 사람일세. 하늘의 기밀을 내세우지 않아도 오관(五
官: 눈, 코, 귀, 입, 마음)이 갖추어져 있으니 말 없이 있어도 마음으론
즐거움을 느낀다네. 이러한 선율을 일러 천상의 음악인 천악(天樂)
이라 하지. 그래서 신농(神農)인 유염씨도 이렇게 칭송했다네. '들
으려 해도 그 소리가 들리지 않고, 보아도 그 형체가 보이지 않네.
그러나 천지에 가득 차고 온 우주를 감싸고 있다네'라고 말이지.
그것을 그대가 들으려 했어도 들을 수 없었을 것이니, 그랬기 때
문에 그대가 미혹된 것이라네. 음악의 연주를 두려운 마음을 일으
키면서 시작하였는데, 그 두려움 때문에 불안함의 빌미가 된 게지.
나는 또 그 다음으론 권태로움을 느끼게 하였는데, 권태롭기 때문
에 달아나고도 싶었을 거야. 마지막으로는 뭐가 뭔지 미혹되게 만
들었는데, 미혹되었기 때문에 뭐가 뭔지도 모를 정도로 어리석어
진 거라네. 어리석기 때문에 도와 합일되고, 모든 것을 거기에 신
고서 도와 함께할 수 있는 거라네."

吾又奏之以無怠之聲, 調之以自然之命. 故若混逐叢生, 林樂而無形, 布
揮而不曳, 幽昏而無聲. 動於無方, 居於窈冥, 或謂之死, 或謂之生. 或謂
之實, 或謂之榮. 行流散徙, 不主常聲. 世疑之, 稽於聖人. 聖也者, 達於
情而遂於命也. 天機不張而五官皆備, 無言而心說, 此之謂天樂. 故有焱

氏爲之頌曰:『聽之不聞其聲, 視之不見其形, 充滿天地, 苞裹六極.』汝欲
聽之而無接焉, 而故惑也. 樂也者, 始於懼, 懼故祟. 吾又次之以怠, 怠故
遁. 卒之於惑, 惑故愚. 愚故道, 道可載而與之俱也.」

애석하게도 자네 스승인 공자는 궁지에 몰릴 거야
제14편 천운(天運) 4-1

공자가 서쪽의 위나라로 여정을 떠났을 때, 제자 안연(顔淵)이 노
나라의 태사인 사금(師金)을 찾아가 묻습니다.

"우리 스승님의 이번 여정을 어떻게 생각하십니까?"

이에 사금이 안타까운 듯 말합니다.

"애석하게도 자네 스승은 궁지에 몰릴 거야."

의아한 듯 안연이 다시 묻습니다.

"왜 그렇습니까?"

孔子西遊於衛, 顔淵問師金曰:「以夫子之行爲奚如?」師金曰:「惜乎. 而
夫子其窮哉.」顔淵曰:「何也?」

그 이유를 사금이 장황하게 이야기합니다.

"제사를 위해 짚으로 만든 강아지(芻狗)는 제단에 진설되기 전에
는 대나무상자에 담기고 아름다운 무늬로 수놓은 보자기에 싸여
있다가, 목욕재계를 마친 시동(尸童)과 축관(祝官)에게 건네져 제단
에 바쳐진다네. 그러나 제단에 바쳐 제사가 끝나고 나면 길에 버려
져 행인들의 발길에 그 머리와 등이 밟히고, 결국엔 초동들이 주어

다가 불쏘시개로 쓸 뿐이라네. 만약 다시 그걸 가져다가 상자에 담아 아름다운 무늬로 수놓은 보자기로 싸놓고서 그 아래에서 놀거나 잠을 잔다면, 그는 길몽은커녕 반드시 자주 가위눌림을 당한다네. 지금 자네의 스승 역시 선왕들이 이미 진설했던 짚 강아지를 주어다가 자네 같은 제자들을 모아놓고는 그 아래에서 놀고 잠을 자는 꼴이라네. 그래서 자네 스승은 송나라에서는 나무 그늘에서 유세를 하다 그 베인 나무에 깔릴 뻔했고, 위나라에서는 쫓겨 다녔으며 상나라와 주나라에서는 궁지에 몰렸으니, 이것이야말로 악몽이 아니겠나? 또 진나라와 채나라 국경에선 포위를 당하여 이레 동안 익힌 음식을 먹지도 못한 채 생사를 오갔으니, 이것이야말로 가위눌림이 아니겠나?

師金曰:「夫芻狗之未陳也, 盛以篋衍, 巾以文繡, 尸祝齊戒以將之. 及其已陳也, 行者踐其首脊, 蘇者取而爨之而已. 將復取而盛以篋衍, 巾以文繡, 遊居寢臥其下, 彼不得夢, 必且數眯焉. 今而夫子, 亦取先王已陳芻狗, 聚弟子游居寢臥其下. 故伐樹於宋, 削迹於衛, 窮於商周, 是非其夢邪? 圍於陳蔡之間, 七日不火食, 死生相與鄰, 是非其眯邪?

물길을 여행하는 데는 배를 이용하는 것만 한 것이 없고, 육지를 여행하는 데에는 수레를 이용하는 것보다 더 좋은 것이 없지. 배로 물길을 여행할 수는 있다고 해서 육지에서도 그렇게 밀고 나가려고 한다면 평생이 걸려도 얼마 가지도 못할 걸세. 옛날과 지금의 차이는 물과 육지와 같은 것이 아닐까? 주나라와 노나라의 차이도 배와 수레와 같은 것이 아닐까? 지금 주나라의 옛날 방식을 노나라에서 시행하려 한다는 것, 이는 마치 육지에서 배를 밀고 가려는 것과 같은 짓이지. 애만 썼지 공로도 없고 자신에게는 반드시 재앙이 돌아갈 것이네. 자네 스승은 아직도 끊임없이 변화하는 것에 따라 사물에 순응해야 하는 것이 무궁한 이치임을 모르고 있는 것 같네.

夫水行莫如用舟, 而陸行莫如用車. 以舟之可行於水也, 而求推之於陸, 則沒世不行尋常. 古今非水陸與? 周魯非舟車與? 今蘄行周於魯, 是猶推舟於陸也. 勞而無功, 身必有殃. 彼未知夫無方之傳, 應物而不窮者也.

예의나 법도라는 것도 때에 따라 변해야 한다
제14편 천운(天運) 4-2

사금이 계속해서 말을 이어갑니다.

"또 자네는 용두레를 보지 못했나? 끌어당기면 아래를 향했다가 놓으면 물을 담아 위로 퍼 올린다네. 그것은 사람이 끌어당기는 것이지 사람을 끌어당기는 것은 아니지. 그러므로 그것이 아래를 향하건 위로 올라오건 사람들에게 욕을 먹지는 않는다네.

且子獨不見夫桔槹者乎? 引之則俯, 舍之則仰. 彼, 人之所引, 非引人也. 故俯仰而不得罪於人.

그래서 삼황오제의 예의와 법도는 서로 같은 점들이 숭상된 게 아니라 세상을 잘 다스렸다는 점에서 숭상받은 게지. 삼황오제의 예의와 법도를 비유하자면, 마치 풀명자나무 열매나 배나 귤이나 유자와 같은 것이라네. 그 맛들은 서로 제각기 다르지만 입에 들어가면 모두가 맛있지. 그러므로 예의나 법도라는 것도 때에 따라 변해야 한다는 것이네. 지금 원숭이를 잡아다가 주공의 옷을 입힌다면 그놈은 틀림없이 물어뜯고 찢어발겨 모두 없애버린 뒤에야 홀가분해할 걸세. 옛날과 현재의 차이라는 관점에서 보자면 원숭이가 주공과는 다른 것과 마찬가지지.

故夫三皇吾帝之禮義法度, 不矜於同而矜於治. 故譬三皇吾帝之禮義法度, 其猶柤梨橘柚邪. 其味相反而皆可於口. 故禮義法度者, 應時而變者也. 今取猿狙而衣以周公之服, 彼必齕齧挽裂, 盡去而後慊. 觀古今之異, 猶猿狙之異乎周公也.

춘추시대 월나라의 미인 서시(西施)가 가슴앓이를 하며 마을 안에서 이맛살을 찌푸리고 있었더니, 같은 마을의 못생긴 추녀(醜女)가 그걸 보곤 아름답게 여겨 집으로 돌아와선 자기도 역시 가슴에 손을 얹고 이맛살을 찌푸리며 마을 안을 돌아다녔다네. 그 마을의 한 부자는 그걸 보곤 대문을 굳게 걸어 닫곤 집 밖으론 나가지도 않았고, 가난한 사람들은 그걸 보곤 처자를 데리고 다른 마을로 떠나버렸다네. 그 추녀는 이맛살을 찌푸리는 것을 아름다운 걸로만 알았지 이맛살을 찌푸리는 것이 왜 아름다운지는 알지 못했다네. 애석한 일이지만 자네 스승도 그와 같이 궁지에 몰리게 될 거야!"

故西施病心而矉其里, 其里之醜人見之而美之, 歸亦捧心而矉其里. 其里之富人見之, 堅閉門而不出. 貧人見之, 挈妻子而去走. 彼知美矉而不知矉之所以美. 惜乎, 而夫子其窮哉!」

명예란 사회 공공의 기구이니 혼자서만 가지려 해선 안 됩니다

제14편 천운(天運) 5-1

공자가 나이 쉰한 살이 되도록 도를 깨닫지 못하자, 남쪽의 패 지방으로 노자를 찾아가 만났습니다. 공자를 보자 노자가 말합니다.

"선생, 오셨습니까? 내 듣기론 선생은 북방의 현자라고 하던데, 선생 역시 도를 터득하셨습니까?"

이에 공자가 말합니다.

"아직 터득하지 못했습니다."

그러자 노자가 다시 묻습니다.

"선생은 무엇에서 도를 터득하려 했습니까?"

孔子行年五十有一而不聞道, 乃南之沛見老聃. 老聃曰:「子來乎? 吾聞, 子北方之賢者也. 子亦得道乎?」孔子曰:「未得也.」老子曰:「子惡乎求之哉?」

이에 공자가 대답합니다.

"저는 처음엔 도수(度數: 제도와 사물의 명칭과 수량)를 추구하였으나 오 년이 지나도록 터득하지 못했습니다."

다시 노자가 묻습니다.

"선생은 또 무엇에서 도를 터득코자 했습니까?"

이에 공자가 대답합니다.

"저는 음양이라는 기운의 변화를 추구해 보았으나 십이 년이 지나도록 터득하지 못하고 있습니다."

曰:「吾求之於度數, 五年而未得也.」老子曰:「子又惡乎求之哉?」曰:

「吾求之於陰陽, 十有二年而未得也.」

고갤 끄덕이며 노자가 말합니다.

"아마 그랬을 겁니다. 도라는 게 바칠 수 있는 거였다면 사람들
은 자기 임금에게 바치지 않을 사람이 없었을 것이고, 도라는 게
드릴 수 있는 것이었다면 사람들은 자기 어버이에게 바치지 않을
사람이 없었을 것이며, 도라는 게 남에게 알려줄 수 있는 것이었다
면 자기 형제에게 알려주지 않을 사람이 없었을 것이고, 도라는 게
남에게 줄 수 있는 것이었다면 자기 자손들에게 주지 않을 사람은
없었을 겁니다. 그러나 그렇게 할 수 없는 것은 다름이 아니라, 마
음속으로 스스로 깨닫지 않으면 도는 머물지 않으며 밖으로 인증
할 수 없으면 도는 실행되지도 않습니다. 마음속에서 스스로의 깨
달음을 내놓는다 해도 다른 사람이 받아들일 수 없으니, 성인도 내
놓지 못한 겁니다. 남이 깨달은 것을 밖으로부터 입력한다 해도 자
기 마음속에 스스로의 깨달음이 없으면 받아들일 수 없으니, 성인
도 그걸 가르치려 하지 않습니다.

老子曰:「然, 使道而可獻, 則人莫不獻之於其君. 使道而可進, 則人莫不
進之於其親. 使道而可以告人, 則人莫不告其兄弟. 使道而可以與人, 則
人莫不與其子孫. 然而不可者, 無佗也, 中無主而不止, 外無正而不行. 由
中出者, 不受於外, 聖人不出. 由外入者, 無主於中, 聖人不隱.

명예란 사회 공공의 기구이니 혼자서만 많이 가지려 해선 안 됩
니다. 어짊과 의로움인 인의란 선왕들의 임시적인 초막이니 하루

저녁 묵는 것은 괜찮겠지만 오래 머물 곳은 아닙니다. 많은 사람들의 눈에 띄면 책망만 많아집니다. 그래서 옛날의 지인(至人)은 어짊인 인(仁)을 잠시 길로 빌리고, 의로움인 의(義)를 임시 숙소로 몸을 맡기고 자유롭게 노니는 소요처로 삼았을 뿐이랍니다. 그러면서 자기 먹을 만큼의 작은 땅을 지니고서 자기 먹을 만큼의 채소밭을 경작하였습니다. 소요라는 것은 인위적으로 하는 일이 없는 무위(無爲)이고, 구간(苟簡)이란 간소해야만 심신을 기르기 쉬움을 뜻하며, 부대(不貸)란 먹고 남는 것이 없어 남에게 내줄 것이 없다는 뜻으로, 옛날에는 이것을 일러 '진리를 터득한 노닒'이라 하였습니다.

名, 公器也, 不可多取. 仁義, 先王之蘧廬也, 止可以一宿而不可久處. 覯而多責. 古之至人, 假道於仁, 託宿於義, 以遊逍遙之墟, 食於苟簡之田, 立於不貸之圃. 逍遙, 無爲也. 苟簡, 易養也. 不貸, 無出也. 古者謂是采眞之遊.

부유함을 추구하는 자는 벼슬을 사양하지 못하며, 영달을 추구하는 자는 명예를 양보하지 못하고, 권력을 가까이 하는 자는 남에게 병권을 맡기지 못합니다. 그것들을 잡고 있을 때는 빼앗기지 않을까 두렵고, 그것들을 버리자니 소외될까 슬퍼합니다. 그러면서도 전혀 반성함이 없고 그저 쉴 새 없이 움직이는 것에만 정신이 팔려 있는 자는 하늘의 형벌을 받는 사람입니다. 원한, 은혜, 얻는 것, 주는 것, 타이르는 것, 가르치는 것, 살리는 것, 죽이는 것 등 이 여덟 가지는 일을 바로잡는 도구랍니다. 오직 큰 도를 따라 아무 데에도 막힘이 없는 사람이 이 여덟 가지를 잘 활용할 수 있습니다. 그래서 '사람을 바르게 하는 사람은 자기 스스로 바르다'고 말합니다. 자기의 마음으로 그렇지 않다고 생각하는 사람에겐 하늘의 문이 열리지 않을 겁니다."

以富爲是者, 不能讓祿. 以顯爲是者, 不能讓名. 親權者, 不能與人柄, 操之則慄, 舍之則悲, 而一無所鑒, 以窺其所不休者, 是天之戮民也. 怨, 恩, 取, 與, 諫, 敎, 生, 殺八者, 正之器也, 唯循大變無所湮者爲能用之. 故曰: 正者, 正也. 其心以爲不然者, 天門弗開矣.」

까마귀는 날마다 먹칠을 하지 않아도 검습니다
제14편 천운(天運) 6-1

공자가 노자를 찾아뵙고 어짊과 의로움인 인의에 대하여 말하였습니다. 그러자 노자가 말합니다.

"겨 가루가 눈에 들어가면 천지사방의 위치를 혼동하게 됩니다. 모기나 등에가 살갗을 물면 밤새도록 잠을 잘 수가 없습니다. 어짊과 의로움인 인의란 것도 참혹한 것이어서 우리 마음을 어지럽히는 것인데, 혼란케 하는 데 이보다 큰 것은 없을 것이오. 선생도 천하 사람들로 하여금 자기의 소박함을 잃지 않게 해야 합니다. 선생역시 바람결을 따라 자연스럽게 행동하면 덕이 모여 바로 서게 될겁니다. 그런데 새삼스럽게 어찌 애를 쓰면서 북을 짊어지고 두드리고 다니며 잃은 자식을 찾듯 할 필요가 있겠습니까?

孔子見老聃而語仁義. 老聃曰:「夫播穅眯目, 則天地四方易位矣. 蚊虻噆膚, 則通昔不寐矣. 夫仁義憯然乃憤吾心, 亂莫大焉. 吾子使天下無失其朴, 吾子亦放風而動, 總德而立矣. 又奚傑然若負建鼓而求亡子者邪?

고니는 날마다 목욕을 하지 않아도 희고, 까마귀는 날마다 먹칠을 하지 않아도 검습니다. 검고 흰 본바탕은 좋고 나쁨을 따질 것이 못됩니다. 명예라는 것도 널리 뽐낼 게 못됩니다. 샘물이 마르면 그곳 물고기들은 메마른 땅 위에 모여 서로 물기를 뿜어주고 물거품을 적셔주지만, 강이나 호수에서 서로의 존재를 잊고 지내는 것만 못한 법입니다."

夫鵠不日浴而白, 烏不日黔而黑. 黑白之朴, 不足以爲辯. 名譽之觀, 不足以爲廣. 泉涸, 魚相與處於陸, 相呴以濕, 相濡以沫, 不若相忘於江湖.」

공자가 노자를 만나고 돌아와선 사흘 동안이나 말을 하지 않았습니다. 의아하게 여긴 제자가 공자에게 묻습니다.
"스승님께서 노자를 만나서 대체 무엇을 깨우쳐 주셨습니까?"
이에 스승 공자가 말합니다.
"나는 이제야 용을 본 것 같다. 용은 합쳐지면 늠름한 몸을 이루고, 흩어지면 아름다운 무늬를 이룬단다. 구름의 기운을 타고 음양 속을 날아다니지. 나는 그만 벌린 입을 다물 수가 없었단다. 그런데 내가 또 어떻게 노자를 깨우친단 말이냐?"

孔子見老聃歸, 三日不談. 弟子問曰:「夫子見老聃, 亦得將何規哉?」孔子曰:「吾乃今於是乎見龍. 龍合而成體, 散而成章, 乘乎雲氣而養乎陰陽. 予口張而不能嗋. 予又何規老聃哉?」

세상을 그 이상 심하게 어지럽힌 일도 없었지

제14편 천운(天運) 6-2

그러자 듣고 있던 제자 자공이 말합니다.

"그렇다면 사람 중에는 시체처럼 가만있다가도 용처럼 나타나고, 뇌성벽력과 같이 소리치다가도 깊은 연못처럼 침묵을 하고, 하늘과 땅과 같이 활동하는 사람이 있다는 겁니까? 저도 그분을 뵐 수 있을까요?"

子貢曰:「然則人固有尸居而龍見, 雷聲而淵默, 發動如天地者乎? 賜亦可得而觀乎?」

마침내 공자의 주선으로 자공이 노자를 만났습니다. 때마침 노자는 대청마루에 앉아 있다가 자공을 맞아들이며 나지막한 소리로 말합니다.

"나도 이젠 늙었다네. 자네는 내게 무얼 얘기하려 하는가?"

이에 자공이 말합니다.

"삼황오제가 천하 세상을 다스렸던 방법은 각기 달랐지만, 명성을 얻었다는 점에서는 같습니다. 그런데 유독 선생님께선 그분들을 성인이 아니라고 하시니, 무엇 때문이지요?"

遂以孔子聲見老聃. 老聃方將倨堂而應, 微曰:「予年運而往矣, 子將何以戒我乎?」子貢曰:「夫三皇五帝之治天下不同, 其系聲名一也. 而先生獨以爲非聖人, 如何哉?」

노자가 손짓을 하며 말합니다.

"젊은이! 좀 더 다가오게나. 자넨 무엇이 같지 않다는 겐가?"

이에 자공이 대답합니다.

"요 임금은 순에게 천하를 물려주었고, 순 임금은 우에게 물려주었으며, 우 임금은 힘을 활용하였고, 탕 임금은 무력을 사용하였습니다. 문왕은 주왕에게 순종하여 감히 거역하지 않았으나, 무왕은 주왕을 거역하고 순종하지 않았습니다. 그래서 같지 않다는 겁니다."

老聃曰:「小子少進! 子何以謂不同?」對曰:「堯授舜, 舜授禹. 禹用力而湯用兵, 文王順紂而不敢逆, 武王逆紂而不肯順, 故曰不同.」

이에 노자가 말합니다.

"젊은이 좀 더 가까이 오게나. 내 자네에게 삼황과 오제가 천하를 다스렸던 방법을 얘기해 줌세. 황제가 천하를 다스릴 때에는 백성들의 마음을 하나로 만들었다네. 백성들은 자기 부모가 죽어도 곡하지 않았는데, 그래도 백성들은 그것을 비난하지 않았지. 요 임금이 천하를 다스릴 적에는 백성들의 마음을 서로 친밀하게 만들었다네. 그래서 자기 어버이의 상복을 입을 때에 친소에 따라 차등을 두었지만 사람들은 그것을 비방하지 않았지. 순 임금이 천하를 다스릴 때에는 백성들의 마음에 경쟁심을 불러 일으켰다네. 백성들은 부인이 아이를 잉태하여 열 달 만에 아이를 낳고, 아이가 태어난 지 다섯 달이 지나서는 말을 할 수 있었으며, 방실방실 웃기도 전에 사람들을 분별하기 시작했지. 그래서 비로소 사람들에게 일찍 죽는 일이 생겼다네. 우 임금이 천하를 다스릴 적에는 백성들의 마음을 변하게 만들었지. 그래서 사람들은 제각기 다른 마음을 품게 되었고, 전쟁을 일으켜도 순리에 따른다는 구실이 생겼으며, 도적을 죽이는 것은 살인이 아닌 것으로 간주되었다네. 그러니 사람마다 자기만을 소중히 여기고 온 천하가 제멋대로였지. 그리하여 온 천하 사람들이 크게 시끄러워지고 유가와 묵가와 같은 제자백가들이 한꺼번에 생겨났다네. 처음 다스림을 시작했을 때에는 그래도 윤리라는 게 있었으나 지금은 혼란스러워 어찌 돌아갈지 알 수도 없지. 그러니 자네가 무슨 할 말이 있겠나?

老聃曰:「小子少進, 余語汝三皇五帝之治天下. 黃帝之治天下, 使民心一. 民有其親死不哭而民不非也. 堯之治天下, 使民心親. 民有爲其親殺其殺, 而民不非也. 舜之治天下, 使民心競. 民孕婦十月生子, 子生五月而能言, 不至乎孩而始誰, 則人始有夭矣. 禹之治天下, 使民心變, 人有心而兵有順, 殺盜非殺人. 自爲種而天下耳. 是以天下大駭, 儒墨皆起. 其作始有倫, 而今乎歸, 汝何言哉?

내 자네에게 삼황과 오제가 천하를 다스렸던 방법을 말해 주었네. 다스렸다는 것은 명분일 뿐, 실은 세상을 그 이상 심하게 어지럽힌 일도 없었지. 삼황의 지식은 위로는 해와 달의 밝음을 어지럽혔고, 아래로는 산과 강의 정기를 외면하였으며, 가운데로는 사시 사철의 순환을 무너뜨렸다네. 그 지식이란 게 전갈의 꼬리보다도 참혹하였고, 작은 짐승들도 그 태어난 본성 그대로의 모습을 지닐 수가 없게 되었지. 그런데 그들은 여전히 스스로를 성인이라 생각하고 있다면 부끄럽지 않을 수가 있겠는가? 그들은 염치를 모르는 것이지!"

그 말을 들은 자공은 부들부들 다리를 떨면서 편히 서 있을 수가 없었습니다.

余語汝, 三皇五帝之治天下, 名曰治之, 而亂莫甚焉. 三皇之知, 上悖日月之明, 下睽山川之精, 中墮四時之施. 其知憯於蠣蠆之尾, 鮮規之獸, 莫得安其性命之情者, 而猶自以爲聖人, 不可恥乎? 其無恥也!」子貢蹴蹴然立不安.

▌본성은 바뀔 수가 없고 천명도 변할 수가 없습니다
제14편 천운(天運) 7-1

공자가 노자에게 말합니다.

"저는 『시(詩)』·『서(書)』·『예(禮)』·『악(樂)』·『역(易)』·『춘추(春秋)』라는 여섯 가지 경전을 스스로 오랫동안 익혀 그 뜻을 익히 알고 있다고 생각합니다. 그래서 일흔두 나라의 군주에게 등용되기를 바라면서 선왕들의 도를 논하고 주공과 소공의 업적을 밝혔습니다만, 한 군주도 저를 등용치 않았습니다. 한심한 일입니다. 사람이란 설복시키기 어려운 것이며, 도란 밝히기 어려운 겁니까?"

孔子謂老聃曰:「丘治『詩』,『書』,『禮』,『樂』,『易』,『春秋』六經, 自以爲久矣, 孰知其故矣, 以奸者七十二君, 論先王之道而明周, 召之迹, 一君無所鉤用. 甚矣, 夫人之難說也, 道之難明邪?」

이에 노자가 대답합니다.

"다행스러운 일입니다. 선생이 세상을 잘 다스리는 군주를 만나지 않은 게 말이오. 여섯 가지 경전이란 선왕들이 남겨 놓은 케케묵은 발자취일 뿐, 어찌 그것이 발자취를 남긴 근본이겠습니까? 지금 선생이 말한 것은 발자취와 같은 겁니다. 발자취란 것은 신발이 만들어낸 것일 뿐, 그 발자취가 어찌 신발이 되겠습니까? 백역(白鶂)이란 새는 암컷과 수컷이 서로 바라보면서 눈동자도 깜빡이지 않는데도 정이 통해 새끼를 뱁니다. 벌레는 수컷이 바람이 불어오는 위쪽에서 울고 암컷이 바람 부는 아래쪽에서 호응해도 새끼를 뱁니다. 유(類)라는 짐승은 한 몸에 암수 양성을 지니고 있기 때문에 새끼를 뱁니다. 본성은 바뀔 수가 없고, 천명도 변할 수가 없습니다. 시간은 멈출 수가 없고, 도의 작용이란 막을 수가 없습니다. 진실로 이러한 도를 체득할 수 있다면 스스로 하지 못할 게 없고, 도를 잃어버리면 스스로 할 수 있는 게 아무것도 없게 되오."

老子曰:「幸也, 子之不遇治世之君. 夫六經, 先王之陳迹也, 豈其所以迹哉? 今子之所言, 猶迹也. 夫迹, 履之所出, 而跡豈履哉? 夫白鶂之相視, 眸子不運而風化. 蟲, 雄鳴於上風, 雌應於下風而風化. 類自爲雌雄, 故風化. 性不可易, 命不可變, 時不可止, 道不可壅. 苟得於道, 無自而不可. 失焉者, 無自而可.」

그 후 공자는 석 달 동안이나 두문불출하다가 다시 노자를 찾아 뵙고는 말합니다.

"저도 도를 체득했습니다. 까마귀와 까치는 알에서 부화하고, 물고기는 물거품에 알을 붙여 새끼를 치며, 벌은 애벌레가 변화된 것이고, 사람은 동생이 생기면 젖을 빼앗겨 형이 웁니다. 오래되었습니다. 제가 이러한 자연의 변화와 더불어 사람이 되지 못한 지 말이지요. 자연의 변화와 더불어 사람이 되지도 못했는데, 어찌 다른 사람을 교화시킬 수 있겠습니까!"

이에 노자가 무릎을 치며 말합니다.

"좋습니다. 선생은 도를 체득한 겁니다."

孔子不出三月, 復見, 曰:「丘得之矣. 烏鵲孺, 魚傅沫, 細要者化, 有弟而兄啼. 久矣, 夫丘不與化爲人! 不與化爲人, 安能化人.」老子曰:「可, 丘得之矣!」

한자어원풀이

推舟於陸(추주어륙) 이란 "물이 없는 육지에서 배를 밀고 가려 한다"는 뜻으로, 억지나 고집을 부려 어떤 일을 실행하려 함을 말한 겁니다. 노나라의 태사가 안연에게 공자의 행동을 빗대어 "이는 마치 육지에서 배를 밀고 가려는 것과 같은 짓이지. 애만 썼지 공로도 없고 자신에게는 반드시 재앙이 돌아갈 것이네. 자네 스승은 아직도 끊임없이 변화하는 것에 따라 사물에 순응해야 하는 것이 무궁한 이치임을 모르고 있는 것 같네"라는 내용에서 유래했습니다.

밀 推(추, 밀 퇴) 는 손 수(扌)와 새 추(隹)로 구성되어 있습니다. 扌(수)는 다섯 손가락의 모양을 그대로 본떠 만든 상형글자 手(수)의 약자로 쓰기 편하게 한 획을 줄인 겁니다. 隹(추)에 대해 허신은 『說文』에서 "隹는 꽁지가 짧은 새들을 아우른 명칭이며, 상형글자이다"고 하였습니다. 따라서 推(추)의 의미는 새(隹)가 날개를 벌리고 적을 밀어내듯이 손(扌)을 써서 '떠밀거나', '옮기다'는 뜻을 지니게 되었습니다.

배 舟(주) 는 네모난 모양의 조각배를 본뜬 상형글자랍니다. 舟(주)에 대해 허신은 『說文』에서 "舟는 배를 말한다. 옛날에 공고(共鼓)

와 화적(貨狄)이 나무를 쪼개어 배를 만들고 나무를 깎아 노를 만들어 통하지 못했던 곳을 건너게 하였다. 상형글자이다"라고 하였습니다. 갑골문을 보면 여러 개의 판자를 덧대어 만든 직사각형의 네모진 배, 즉 거룻배 모양으로 그려져 있으며, 여기에 돛을 단 모양의 배를 본뜬 것이 凡(범) 자랍니다.

어조사 於(어) 는 깃발 언(㫃)과 얼음 빙(冫)으로 이루어졌지만, 금문과 소전에 그려진 자형은 까마귀의 상형입니다. 본디 감탄사의 일종인 '오!'였지만, '--에서' '--에'와 같이 어조사인 '처소격'뿐만 아니라 '--보다'(비교격), '--를'(목적격) 등과 같이 그 쓰임이 참으로 많습니다.

뭍 陸(륙, 육) 은 언덕 부(阝)와 언덕 륙(坴)으로 이루어졌습니다. 阝(부)는 인공으로 만든 계단을 본뜻으로 한 阜(부)의 약자(略字)랍니다. 갑골문을 보면 인공적으로 만든 계단 모양인데, 고대 황하유역 사람들의 거주지였던 토굴을 오르내리기 쉽게 통나무를 깎아 계단을 만들었습니다. 또한 높은 언덕을 오르내리기 쉽도록 흙을 깎아 낸 계단을 만들었는데 본뜻인 '계단'보다는 '높은 언덕'이라는 의미로 확대되었습니다.

坴(륙)은 버섯 록(坴)과 흙 토(土)로 구성되었는데, 그 의미는 버섯(坴)이 솟아 오른 것처럼 땅(土)이 솟아 오른 '작은 언덕'이라는 뜻을 담고 있습니다. 따라서 陸(륙)의 전체적인 의미는 산과 같이 높은 언덕(阝)과 구릉과 같은 작은 언덕(坴)이 잇닿아 이루어진 '뭍',

'육지'를 뜻하게 되었습니다.

뜻을 마음에 굳게 새김

각
의

刻   **意**

"세상 속담에 이런 말이 있습니다. '대부분의 사람은 이익을 중히 여기고, 청렴한 사람은 명예를 중히 여기며, 현명한 사람은 지조를 숭상하고, 성인은 정신을 귀히 여긴다'고 말이죠. 그러므로 소박하다는 것은 정신에 아무런 잡것이 섞이지 않은 것을 말하고, 순수하다는 것은 그 정신이 조금도 일그러짐이 없음을 말하는 겁니다. 이러한 순수함과 소박함을 체득하고 있는 사람을 일러 참된 사람인 진인(眞人)이라고 합니다."

刻　意

모든 것을 잊고 모든 것을 갖춘 셈이 됩니다
제15편 각의(刻意) 1-1

뜻을 마음에 새기고 고상하게 행동하며, 세상을 떠나 풍속과는 등을 돌린 채 고담준론(高談峻論)으로 세상을 원망하고 비방하는 것은 거만한 태도로 자신을 뽐내려는 짓일 뿐입니다. 이러한 것은 산골짜기에 은거하는 선비나 세상을 비난하는 사람과 세파에 지쳐 연못에 몸을 던지는 자들이 좋아하는 짓입니다. 어짊과 의로움인 인의나 충성과 믿음인 충신을 얘기하고, 공손하고 검소하며 미루어 양보하는 것은 자기 자신을 수양하려는 것일 따름입니다. 이는 세상을 평정하려는 선비나 세상 사람을 가르쳐 깨우치려는 사람과 한가롭게 노니는 학자들이 좋아하는 일이지요.

刻意尚行, 離世異俗, 高論怨誹, 爲亢而已矣. 此山谷之士, 非世之人, 枯

橋赴淵者之所好也. 語仁義忠信, 恭儉推讓, 爲修而已矣. 此平世之士, 教
誨之人, 遊居學者之所好也.

자기의 뛰어난 공적을 말하고 큰 명예를 세워 임금과 신하의 예
를 지키고, 위아래의 질서를 바로잡는 것은 정치를 위한 것일 뿐
입니다. 이는 조정에서 일하는 선비, 군주를 존중하고 나라를 강하
게 하는 사람, 공로를 이루고 다른 나라를 병합시키려는 사람들이
좋아하는 일입니다. 늪이나 연못으로 나아가 널따란 곳에서 한가
롭게 살거나 낚싯대를 드리우고 한가롭게 물고기를 잡는 것은 하
릴없이 지내는 것일 뿐입니다. 이는 강가나 바다에서 노니는 사람,
세상을 피해 사는 사람, 한가롭게 살려는 사람들이 좋아하는 일입
니다.

語大功, 立大名, 禮君臣, 正上下, 爲治而已矣. 此朝廷之士, 尊主強國之
人, 致功并兼者之所好也. 就藪澤, 處閒曠, 釣魚閑處, 無爲而已矣. 此江
海之士, 避世之人, 閒暇者之所好也.

숨을 깊게 들이쉬고 내쉬는 것, 탁한 기운을 토해내고 신선한 기
운을 들이쉬는 것, 곰이 척추를 세우고 새가 날개를 활짝 펼치는
것과 같은 도인법은 장수하려는 것일 따름입니다. 이는 도인법을
수행하는 사람, 몸을 수양하는 사람, 팽조와 같이 오래 살고자 하
는 사람들이 좋아하는 일입니다.

吹呴呼吸, 吐故納新, 熊經鳥申, 爲壽而已矣. 此道引之士, 養形之人, 彭
祖壽考者之所好也.

그런데 만약 뜻을 마음에 새기지 않고서도 저절로 고상해지고, 어짊과 의로움인 인의 없이도 저절로 심신이 닦여지고, 공로와 명성 없이도 나라가 잘 다스려지고, 강과 바다에 나아가 노닐지 않고도 저절로 한가로워지고, 도인법을 하지 않아도 장수하는 사람은, 모든 것을 잊고 모든 것을 갖춘 셈이 됩니다. 그러니 마음이 한없이 편안하여 온갖 미덕이 그를 따르게 됩니다. 이것이 하늘과 땅의 도이며, 성인의 덕인 겁니다.

若夫不刻意而高, 無仁義而修, 無功名而治, 無江海而閒, 不道引而壽, 無不忘也, 無不有也. 澹然無極而衆美從之. 此天地之道, 聖人之德也.

마음에 거슬리는 게 없는 것이 텅 비움의 지극함
제15편 각의(刻意) 2-1

그러므로 말하길 "편안하고 담담하며 고요하고 조용하며 마음을 텅 비우고 인위적으로 하는 일이 없는 무위(無爲)한 것은 하늘과 땅의 평화로움이며 도덕의 본질이다"는 겁니다. 그래서 또 말하길 "성인은 이 네 가지 덕에 머물러 쉰다"고 했습니다. 여기 쉬고 있으면 마음이 안온해지고, 마음이 안온해지면 편안하고 담담해집니다. 마음이 안온하며 편안하고 담담해지면 근심 걱정이 끼어들 수 없고, 사악한 기운도 침입할 수가 없습니다. 그러므로 그 성인의 덕은 온전하고 정신도 결함이 없는 겁니다.

故曰: 夫恬惔寂漠, 虛無無爲, 此天地之平而道德之質也. 故曰: 聖人休焉, 休則平易矣. 平易則恬淡矣. 平易恬惔, 則憂患不能入, 邪氣不能襲,故其德全而神不虧.

그러므로 또 말하길 "성인의 삶은 대자연의 운행을 따르고, 그 죽음은 만물의 변화를 따른다. 고요히 있을 때는 음기와 덕을 함께 하고, 움직일 때는 양기와 동조한다"고 하였습니다. 그는 행복을 위해 앞장서지 않고, 환난을 위해 나서지도 않습니다. 사물에 감화된 후에야 반응하고, 사물이 닥쳐온 후에야 움직이며, 부득이한 경우에만 일어섭니다. 지식과 기교를 버리고, 대자연의 이치를 따릅니다. 그러므로 그는 대자연의 재난도 받지 않고, 외부 사물에 연루됨도 없으며, 다른 사람의 비난도 없고, 귀신의 책망도 받지 않습니다. 그의 삶은 부평초와 같으며, 그의 죽음은 휴식과 같은 겁니다. 이러저런 일에 대해 생각하거나 고려하지도 않고 미리 도모하지도 않습니다. 자신의 빛남을 겉으로 드러내지 않고, 신의가 있지만 기약하지도 않습니다. 그는 잠을 자도 꿈을 꾸지 않고 깨어나선 걱정하는 일도 없습니다. 그의 정신은 순수하며 그의 영혼은 시달리는 법이 없습니다. 마음을 텅 비우고 고요하고 담담하므로 대자연의 덕과 합일하는 겁니다.

故曰: 聖人之生也天行, 其死也物化. 靜而與陰同德, 動而與陽同波. 不爲福先, 不爲禍始. 感而後應, 迫而後動, 不得已而後起. 去知與故, 遁天之理. 故無天災, 無物累, 無人非, 無鬼責. 其生若浮, 其死若休. 不思慮, 不豫謀. 光矣而不耀, 信矣而不期. 其寢不夢, 其覺無憂. 其神純粹, 其魂不罷. 虛無恬淡, 乃合天德.

그러므로 말하길 "슬퍼하고 즐거워하는 것은 덕을 어긋나게 하고, 기뻐하고 노여워하는 것은 도를 그릇되게 하며, 좋아하고 싫어하는 것은 덕을 잃게 하는 것이다"고 했습니다. 그러므로 마음으로 걱정하거나 즐거워하지 않는 것이 덕의 지극함이며, 한결같음으로써 변하지 않는 것이 고요함의 지극함입니다. 마음에 거슬리는 게 없는 것이 텅 비움의 지극함이며, 사물과 교섭하지 않는 것이 담담함의 지극함이고, 대자연의 운행에 역행하지 않는 것이 순수함의 지극함입니다.

故曰: 悲樂者, 德之邪也. 喜怒者, 道之過也. 好惡者, 德之失也. 故心不憂樂, 德之至也. 一而不變, 靜之至也. 無所於忤, 虛之至也. 不與物交, 淡之至也. 無所於逆, 粹之至也.

순수하고 소박한 도만이 오직 정신을 지킬 수 있습니다
제15편 각의(刻意) 3-1

그러므로 말하길 "몸을 고달프게만 하고 쉬지 않으면 쉬 지쳐버리고, 정기를 쓰기만 하고 멈추는 일이 없으면 피로해지며, 피로해지면 고갈된다"고 했습니다. 물의 성질은 잡된 것이 섞이지 않으면 맑고, 움직이지 않으면 잔잔해집니다. 그러나 꽉 막혀 흐르지 않으면 또한 맑을 수가 없습니다. 이것이 대자연의 덕의 모습입니다.

故曰: 形勞而不休則弊, 精用而不已則勞, 勞則竭. 水之性, 不雜則清, 莫動則平. 鬱閉而不流, 亦不能清. 天德之象也.

그러므로 말하길 "순수하면서 잡스러운 것이 섞이지 않고, 고요함이 한결같아 변하지 않으며, 담담히 인위적으로 하는 일이 없는 무위(無爲)하고, 움직이면 대자연의 운행을 따른다"고 했습니다. 이것이 정신력을 기르는 도인 겁니다.

故曰: 純粹而不雜, 靜一而不變, 淡而無爲, 動而以天行, 此養神之道也.

간월(干越: 오나라와 월나라로 보기도 함)에서 만든 명품 보검을 가지고 있는 사람은 보관함에 넣어두고 감히 사용하지 않습니다. 보물로써 지극한 것이기 때문이지요. 사람의 정신은 사방에 도달하고 흘러들지 않은 곳이 없습니다. 위로는 하늘에 닿고, 아래로는 땅속에까지 두루 미치면서 만물을 변화시키고 기르지만 그 형상은 알 수 없습니다. 그래서 그 이름을 천제와 같은 '동제(同帝)'라고 합니다.

夫有干越之劍者, 柙而藏之, 不敢用也, 寶之至也. 精神四達並流, 無所不極, 上際於天, 下蟠於地, 化育萬物, 不可爲象, 其名爲同帝.

순수하고 소박한 도만이 오직 정신을 지킬 수 있습니다. 이 정신을 잘 지켜 잃지 않으면 몸은 정신과 더불어 하나가 됩니다. 하나가 된 정신은 두루두루 통하여 대자연의 이치와 합일하게 됩니다. 세상 속담에 이런 말이 있습니다. "대부분의 사람은 이익을 중히 여기고, 청렴한 사람은 명예를 중히 여기며, 현명한 사람은 지조를 숭상하고, 성인은 정신을 귀히 여긴다"고 말이죠. 그러므로 소박하다는 것은 정신에 아무런 잡것이 섞이지 않은 것을 말하고, 순수하

다는 것은 그 정신이 조금도 일그러짐이 없음을 말하는 겁니다. 이
러한 순수함과 소박함을 체득하고 있는 사람을 일러 참된 사람인
진인(眞人)이라고 합니다.

純素之道, 唯神是守. 守而勿失, 與神爲一. 一之精通, 合於天倫. 野語有
之曰: 「衆人重利, 廉士重名, 賢士尙志, 聖人貴精.」 故素也者, 謂其無所
與雜也. 純也者, 謂其不虧其神也. 能體純素, 謂之眞人.

한자어원풀이

吐故納新(토고납신) 이란 묵은 것을 토해내고 새것을 들이마신다는 호흡법의 일종으로, 낡고 좋지 않은 것을 버리고 새롭고 좋은 것을 받아들이는 기를 수련하는 도인법의 하나입니다. 이 사자성어는 "숨을 깊게 들이쉬고 내쉬는 것, 탁한 기운을 토해내고 신선한 기운을 들이쉬는 것, 곰이 척추를 세우고 새가 날개를 활짝 펼치는 것과 같은 도인법은 장수하려는 것일 따름이다"는 내용에서 유래하였습니다.

토할 吐(토) 는 입 구(口)와 흙 토(土)로 이루어졌습니다. 口(구)는 입 모양을 상형한 것으로 다른 자형에 더해지면 '먹고, 말하다'의 뜻으로 쓰일 뿐만 아니라 입을 통해 할 수 있는 행위적 의미를 담게 됩니다. 土(토)는 갑골문을 살펴보면 흙무더기를 쌓아 놓은 모습이나 인문학적 의미가 더해져 땅(一)에서 초목(十)이 자라나는 모습을 본뜬 글자로도 해석하는데, 즉 무언가를 내부로부터 밀어내는 의미도 담겨 있습니다. 따라서 吐(토)의 전체적인 의미는 먹었던 음식을 입(口)을 통해 다시금 내뱉는(土)다는 데서 '토하다', '게우다'의 뜻을 지니게 되었습니다.

옛 故(고) 는 옛 고(古)와 칠 복(攵)으로 이루어졌습니다. 古(고)는 열 십(十)과 입 구(口)로 구성되었습니다. 갑골문에서는 입에 문 악기를 뜻하기도 하지만, 인문학적인 입장에서 살펴보기로 하죠. 아버지와 자식 간을 보통 1세대(世代)라 하는데, 이때 쓰인 世 자는 열 십(十)에 스물 입(卄)의 합자인 30을 의미합니다. 이에 따라 옛날이라는 의미는 대략 열(十) 세대(10×30=300)인 3백여 년가량 사람들의 입(口)에서 입으로 전해져 온, 즉 3백여 년 전을 뜻합니다.

攵(복)은 오른손(又)에 나무 막대기(卜)를 들고 있는 攴(복)과 같은 뜻을 지니고 있는데, 주로 자형의 우변에 놓여 '때리다', '치다', '다듬다' 등의 의미를 더해 줍니다. 따라서 故(고)의 전체적인 의미는 오래된 옛날(古) 일을 다시 들추어내(攵) 그 까닭을 캔다는 데서 '까닭', '연유'라는 뜻으로 쓰일 뿐만 아니라 古(고)의 뜻을 되살려 '옛날'이라는 의미로도 쓰입니다.

들일 納(납) 은 가는 실 사(糸)와 안 내(內)로 구성되어 있습니다. 糸(사)는 가느다란 실을 감아놓은 실타래를 본뜬 상형글자입니다. 內(내)는 들 입(入)과 먼 데 경(冂)으로 이루어졌는데, 入(입)에 대해 『說文』에서는 "入은 안으로 들어감을 말한다. 밖으로부터 안으로 들어가는 모양을 본떴다"라고 하였습니다. 자형 외곽의 멀 冂(경)은 들 坰(경)의 옛글자인데, 사람들이 거주하는 곳을 邑(고을 읍)이라 하고, 읍 밖을 郊(성 밖 교)라 하며, 郊의 밖을 野(들 야)라 하고, 野의 밖을 林(수풀 림)이라 하며, 林의 밖을 冂(먼 데 경)이라 합니다. 따라서 먼 곳(冂)으로부터 안으로 들어온다(入)는 데서 '안', '들이다'

는 뜻을 지니게 되었습니다. 納(납)의 전체적인 의미는 옷감을 짜기 위한 실타래(糸)를 물감에 넣으면 잘 빨아들인다(內)는 데서 '들이다', '접수하다'는 뜻을 지니게 되었습니다.

새로울 新(신) 은 매울 신(辛)의 생략형인 설 입(立)과 나무 목(木) 그리고 도끼 근(斤)으로 이루어져 있습니다. 소리요소이기도 한 辛(신)은 죄인의 이마나 팔뚝에 먹물로 죄명을 새겨 넣던 문신의 도구를 상형한 것으로 본래 '죄'를 뜻하였으나 묵형(墨刑)을 당할 때의 고초가 몹시도 매서웠기 때문에 '맵다'와 '살상'의 뜻으로까지 확대되었습니다.

木(목)은 나무의 모양을 본뜬 상형글자로 자형상부는 나뭇가지를, 하부는 땅에 뿌리를 내리고 있는 모양을 본뜬 것입니다. 또한 도끼의 모양을 본뜬 斤(근)의 자형에서 가로획(一)은 도끼의 머리와 날을, 세로획(l)은 자루를 본뜬 것이며, 좌변(匚)은 도끼날을 받는 나무와 같은 대상물을 본뜬 상형글자랍니다.

따라서 新(신)의 전체적인 의미는 나무에 따라 다르기는 하지만, 보통 나무(木)에 생채기(辛)를 내거나 도끼(斤)로 자르게 되면 새롭게 새싹이 돋아난다는 점에서 '새롭다'는 뜻을 부여받게 되었습니다. 그러나 본뜻은 도끼 등으로 잘라낸 '땔나무'였는데, '새롭다'는 의미로 쓰이자 풀 초(艹)를 더하여 '섶나무 薪(신)'을 별도로 제작하게 되었습니다.

본성을 닦는 법

선
성

繕   **性**

"옛날 사람들은 혼돈 속에 있으면서도 온 세상 사람들과 함께 담담하니 고요함을 체득하고 있었습니다. 이러한 시대에는 음양이 조화되어 고요하였고, 귀신들도 요란을 떨지 않았습니다. 그리고 사시사철은 절도에 맞았고, 만물은 손상받지 않았으며 모든 생명체가 일찍 죽는 일이 없었습니다. 사람들은 비록 지식을 가졌다 해도 쓸데가 없었습니다. 이것을 일러 지극한 도와 합일된 상태인 지일(至一)이라고 합니다. 이러한 시대에는 인위적으로 무언가를 하는 일도 없었고 언제나 자연스러웠습니다."

덕이 가려지게 되면 만물은 반드시 자기의 본성을 잃게 됩니다

제16편 선성(繕性) 1-1

　세속적인 학문에서 자기의 원초적인 상태로 다시 돌아가길 바라고, 세속적인 생각 속에서 욕망을 다스려 자기의 밝은 지혜를 추구하는 사람들을 일러 '무지몽매한 인간'이라 합니다. 옛날의 도를 다스리던 사람들은 고요함으로써 지혜를 함양했습니다. 그리고 지혜가 생겨도 그것으로 무엇을 하진 않았습니다. 이것을 일러 지혜로써 고요함을 함양한다고 합니다. 지혜와 고요함이 서로 함양해 줌으로써 조화와 이치가 그의 본성에 생겨나는 겁니다. 덕이란 조화를 이루는 것이며, 도란 이치에 맞는 겁니다.

　　繕性於俗學, 以求復其初. 滑欲於俗思, 以求致其明, 謂之蔽蒙之民. 古之

　　治道者, 以恬養知. 生而無以知爲也, 謂之以知養恬. 知與恬交相養, 而和

理出其性. 夫德, 和也. 道, 理也.

덕으로 모든 것을 수용하는 것은 어짊인 인(仁)이라 합니다. 도로 모든 이치에 들어맞게 하는 것을 의로움인 의(義)라고 합니다. 이 의(義)가 밝아져서 다른 사물과 친밀해짐을 충실함인 충(忠)이라고 합니다. 마음속이 순수하고 충실하여 본래의 모습으로 되돌아가는 것을 음악인 악(樂)이라고 합니다. 진실된 행동이 몸에 나타나 자연의 질서에 따르는 것을 예의인 예(禮)라고 합니다. 예의와 음악이 어느 한쪽으로 치우쳐 행해지면 천하 세상이 어지러워집니다. 사람들이 올바르게 행동하고 자기의 덕을 겉으로 드러내지 않으려 하지만, 덕은 가려지지 않는 법입니다. 만약 덕이 가려지게 되면 만물은 반드시 자기의 본성을 잃게 됩니다.

德無不容, 仁也. 道無不理, 義也. 義明而物親, 忠也. 中純實而反乎情, 樂也. 信行容體而順乎文, 禮也. 禮樂偏行, 則天下亂矣. 彼正而蒙己德, 德則不冒. 冒則物必失其性也.

넓은 지식은 사람의 마음을 혼란에 빠지게 했습니다
제16편 선성(繕性) 2-1

옛날 사람들은 혼돈 속에 있으면서도 온 세상 사람들과 함께 담담하니 고요함을 체득하고 있었습니다. 이러한 시대에는 음양이 조화되어 고요하였고, 귀신들도 요란을 떨지 않았습니다. 그리고 사시사철은 절도에 맞았고, 만물은 손상받지 않았으며 모든 생명체가 일찍 죽는 일이 없었습니다. 사람들은 비록 지식을 가졌다 해도 쓸데가 없었습니다. 이것을 일러 지극한 도와 합일된 상태인 지일(至一)이라고 합니다. 이러한 시대에는 인위적으로 무언가를 하는 일도 없었고 언제나 자연스러웠습니다.

古之人, 在混芒之中, 與一世而得澹漠焉. 當是時也, 陰陽和靜, 鬼神不擾, 四時得節, 萬物不傷, 羣生不夭, 人雖有知, 無所用之, 此之謂至一. 當是時也, 莫之爲而常自然.

그러다 세상의 덕이 쇠퇴하자 수인(燧人)과 복희(伏羲)가 비로소 천하를 다스리게 되었습니다. 이 때문에 사람들은 도를 따르기는 했지만 합일되지는 못했습니다. 덕이 더욱 쇠퇴하자 신농(神農)과 황제(黃帝)가 비로소 천하를 다스리게 되었습니다. 이 때문에 사람들은 편안하기는 했지만 대자연의 도를 따르진 않았습니다. 덕이 더더욱 쇠퇴하자 요 임금과 순 임금이 비로소 천하를 다스리게 되었습니다. 그래서 정치와 교화가 유행하면서 순박함이 사라지고 도에서 떠나는 게 좋다고 여겼으며, 덕에서 멀어진 채 행동하게 되었습니다. 그렇게 된 뒤에는 사람으로서의 본성을 버리고 제멋대로 자기 마음만을 따르게 되었죠. 이러한 마음과 마음으로 서로를 인식하다 보니 천하 세상은 안정될 수가 없었습니다. 그런 뒤에는 글을 아름답게 꾸며 덧붙이고 널리 지식을 더하게 되었습니다. 이러한 글들은 본질을 없어지게 하고, 넓은 지식은 사람의 마음을 혼란에 빠지게 했습니다. 그런 뒤부터 백성들은 의혹과 혼란에 빠지기 시작했으니, 자기 본래의 성정으로 되돌아가거나 원래 상태를 회복할 수 없었습니다.

逮德下衰, 及燧人伏羲始爲天下, 是故順而不一. 德又下衰, 及神農黃帝
始爲天下, 是故安而不順. 德又下衰, 及唐, 虞始爲天下, 興治化之流, 澆
淳散朴, 離道以善, 險德以行, 然後去性而從於心. 心與心識知, 而不足以
定天下, 然後附之以文, 益之以博. 文滅質, 博溺心, 然後民始惑亂, 無以
反其性情, 而復其初.

이로 말미암아 본다면 세상은 도를 잃었고, 도는 세상을 잃었습
니다. 세상과 도가 서로를 잃게 된 겁니다. 그러니 도를 닦은 사람
이라도 어떻게 세상을 일으키며, 세상 역시 무슨 수로 도를 일으키
겠습니까? 도는 세상을 일으킬 수가 없고, 세상은 도를 일으킬 수
없으니, 비록 성인이 산속 숲에 살지 않는다 해도 그 덕은 숨겨지
는 법입니다. 그 덕이 숨겨진다는 것은 본래 성인 스스로가 숨기는
것은 아닙니다.

由是觀之, 世喪道矣, 道喪世矣, 世與道交相喪也. 道之人何由興乎世, 世
亦何由興乎道哉? 道無以興乎世, 世無以興乎道, 雖聖人不在山林之中,
其德隱矣. 隱故不自隱.

곤궁하다 해도 세속을 좇지 않아야 합니다
제16편 선성(繕性) 3-1

옛날의 이른바 숨어 지낸 선비인 은사(隱士)는 그의 몸을 감춘 게
아니라 남에게 드러내지 않았을 뿐이고, 자기 말문을 닫은 게 아니

라 말을 하지 않았을 뿐이고, 자기의 지혜를 감춘 게 아니라 발설하지 않았을 뿐입니다. 그것은 시절의 운명이 그와 크게 어긋났기 때문이죠. 시절의 운명이 잘 맞아 천하 세상에 자기의 뜻을 크게 펼쳤다면, 사람들을 지극한 도와 합일된 상태인 지일(至一)로 되돌려 놓고선 자기 자신은 흔적도 남기지 않았을 겁니다. 시절의 운명이 잘 맞지 않아 천하 세상이 크게 곤궁에 빠지게 된다면, 다만 자신의 근본을 깊이 간직하고 궁극의 경지에 편안히 머물면서 때를 기다렸을 겁니다. 이것이 바로 몸을 온전히 보존하는 도랍니다.

古之所謂隱士者, 非伏其身而弗見也, 非閉其言而不出也, 非藏其知而不發也, 時命大謬也. 當時命而大行乎天下, 則反一無迹. 不當時命而大窮乎天下, 則深根寧極而待. 此存身之道也.

옛날의 몸을 잘 보존하던 사람들은 뛰어난 변론으로 자신의 지혜를 꾸미지 않았고, 지혜로 천하 세상을 궁지에 빠지게 하지 않았으며, 지혜로 덕을 곤궁에 들게 하지도 않았습니다. 오롯하게 자기의 자리를 지키면서 그의 본성으로 되돌아갔으니, 몸소 또 무엇을 인위적으로 하였겠습니까? 도란 본디 인위적으로 행하는 작은 행위가 아니며, 덕이란 본디 시비나 가리는 작은 지식이 아닙니다. 작은 지식은 덕을 손상시키는 것이며, 작은 행위는 도를 손상케 하는 겁니다. 그러므로 말하길 "자기를 올바르게 하는 것일 뿐이다" 고 했습니다. 그리고 완전한 즐거움을 얻는데, 이를 일러 뜻을 얻었다는 득지(得志)라고 합니다.

古之存身者, 不以辯飾知, 不以知窮天下, 不以知窮德, 危然處其所而反其性, 己又何爲哉? 道固不小行, 德固不小識. 小識傷德, 小行傷道. 故曰: 正己而已矣. 樂全之謂得志.

옛날의 이른바 뜻을 얻었다는 사람들이란 높은 벼슬자리에 오른 것을 말하는 건 아닙니다. 그것은 그의 즐거움을 더해 줄 것이 더 이상은 없다는 뜻일 뿐입니다. 그런데 오늘날 이른바 뜻을 얻었다는 사람들이란 높은 벼슬자리에 오른 것을 말합니다. 몸이 높은 벼슬자리에 있다는 것은 자연스런 본래의 본성이나 운명이 아니고 사물이 우연히 찾아와 잠시 머무는 것과 같습니다. 그러므로 그것이 잠시 머문다고 막을 수도 없고, 떠난다 해도 붙들어 둘 수 없는 겁니다. 따라서 높은 벼슬자리에 올랐다 하여 뜻을 방자하게 굴지 않아야 하며, 곤궁하다 해도 세속을 좇지 않아야 합니다. 그 즐거움은 저나나 이러나 같기 때문입니다. 그러므로 다만 걱정이 없을 뿐이었습니다. 그러나 요즘 사람은 잠시 머물다 가버리면 즐거워하지 않습니다. 이러한 관점에서 본다면 비록 즐거워한다 해도 마음은 항상 메말라 있을 겁니다. 그러므로 이르길 "사물에 눈이 어두워 자기를 잃고, 세속을 좇다가 자기의 본성을 잃은 자를 일러 본말을 거꾸로 바꾸어 행하는 백성들"이라고 합니다.

古之所謂得志者, 非軒冕之謂也, 謂其無以益其樂而已矣. 今之所謂得志者, 軒冕之謂也. 軒冕在身, 非性命也, 物之儻來, 寄者也. 寄之, 其來不可圉, 其去不可止. 故不爲軒冕肆志, 不爲窮約趨俗, 其樂彼與此同, 故無憂而已矣! 今寄去則不樂. 由是觀之, 雖樂, 未嘗不荒也. 故曰: 喪己於物, 失性於俗者, 謂之倒置之民.

한자어원풀이

深根寧極(심근녕극) 이란 "자신의 본성인 근본을 깊이 간직하고 궁극의 경지에서 편안히 머물며 때를 기다린다"는 뜻으로, "시절의 운명이 잘 맞아 천하 세상에 자기의 뜻을 크게 펼쳤다면, 사람들을 지극한 도와 합일된 상태인 지일(至一)로 되돌려 놓고선 자기 자신은 흔적도 남기지 않았을 겁니다. 시절의 운명이 잘 맞지 않아 천하 세상이 크게 곤궁에 빠지게 된다면, 다만 자신의 근본을 깊이 간직하고 궁극의 경지에 편안히 머물면서 때를 기다렸을 겁니다. 이것이 바로 몸을 온전히 보존하는 도랍니다"라는 내용에서 유래하였습니다.

깊을 深(심) 은 물줄기가 흩어지고 모이는 강을 상형한 물 수(水)의 간략형인 수(氵)와 깊을 삼(㴱)으로 이루어졌습니다. 㴱(삼)의 본래 자형은 청동기 문화를 반영한 금문에 보이는데, 횃불(火)을 들고 깊은 갱도(穴)에 들어가 광물을 채굴하는 모양(㴱, '깊을 심'의 옛글자)이었으나 현재 자형으로 간략화 되었습니다. 즉 어두운 동굴(穴)의 깊이를 가늠하기 위해 긴 나뭇가지(木)로 측정한다는 행위적 요소가 새롭게 가미되었죠. 따라서 深(심)의 전체적인 의미는 깊이를 알 수 없는 동굴(穴)과도 같은 물속(氵)은 긴 나뭇가지(木)를 넣어보아야 알 수 있다는 데서 '깊다'는 뜻을 지니게 되었습니다.

뿌리 根(근) 은 나무의 외양을 본뜬 나무 목(木)과 그칠 간(艮)으로 이루어졌습니다. 艮(간)은 눈 목(目)의 간략형과 사람의 모습이 변화됨을 뜻하는 '匕(화)'가 어우러져 만들어진 회의글자입니다. 즉 눈(目)을 뒤로 되돌아보는 사람(匕)의 모습을 담은 글자로, 앞에 산이나 언덕(阝=阜)이 나타나면 오던 길을 되돌아본다(艮)는, 더 이상 어쩔 수 없는 한계(限界)나 한정(限定)의 뜻을 내포하고 있습니다. 따라서 根(근)의 전체적인 의미는 나무(木)의 가지는 하늘을 향해서는 거침없이 자랄 수 있지만 땅속으로 자라야 하는 뿌리는 돌과 같은 장애물을 만나면 그쳐야(艮) 된다는 점을 강조하여 '뿌리'라는 의미를 지니게 되었습니다.

편안할 寧(녕) 은 본래 자형인 편안할 寍(녕)과 장정 정(丁)으로 구성되었습니다. 寍(녕)은 벽면을 길게 늘어뜨린 모습과 지붕을 본뜬 집면(宀)과 사람의 마음이 담겨 있는 심장을 상형한 마음 심(心) 그리고 음식물을 담은 그릇을 상형한 그릇 명(皿)으로 구성되었습니다. 이는 제사와 관련한 글자입니다. 즉 종묘나 사당(宀)에 그릇(皿) 가득 제물을 차려 올리니 마음(心)이 놓여 '편안하다'는 뜻이 발생했습니다. 여기에 보다 사실적인 의미를 드러내기 위해 우뚝한 제단 모양의 丁(정)을 첨가하였습니다.

다할 極(극) 은 나무 목(木)과 빠를 극(亟)으로 구성되었습니다. 亟(극)

은 하늘과 땅을 의미하는 두 이(二)와 사람 인(亻) 그리고 입 구(口)와 오른손을 의미하는 또 우(又)로 구성되어 있습니다. 그 뜻은 금문에 나타난 자형처럼 하늘(一)과 땅(一), 혹은 아래위가 꽉 막힌 광물을 채굴하는 갱도에서 일을 하는 사람(亻)이 입(口)으로 소리치고 손에 든(又) 곡괭이와 같은 도구를 다급하게 움직이는 모양을 본떠 '빨리', '자주(亟)'라는 뜻을 지니게 되었습니다. 따라서 極(극)의 전체적인 의미는 갱도에서 광물을 채굴(亟)하기 위해 천정을 떠받치는 들보(木)를 세우거나, 기둥을 세워 집을 지을 때 중추적인 역할과 정점이기도 한 대들보(木)를 올리는 작업은 정성스러움과 함께 재빨리(亟)해야 한다는 뜻을 담아 '지극', '정점'과 같은 의미로 쓰이고 있습니다. 그래서 우리가 사는 지구의 극점을 남극(南極)과 북극(北極)으로 표현할 뿐만 아니라 우주의 극점 또한 남극성(南極星)과 북극성(北極星)을 한 축으로 보고 있습니다.

가을 홍수 철이 되면

秋   水

"남쪽 지방에 새가 사는데, 그 이름을 봉황의 일종인 원추(鵷鶵)라 한다네. 자넨 알고 있는가? 그 원추라는 새는 남쪽 바다에서 출발해 북쪽 바다까지 날아가는데, 오동나무가 아니면 머물지 않고, 대나무 열매가 아니면 먹지도 않으며, 달디단 샘물인 예천(醴泉)이 아니면 마시지도 않지. 그런데 말이지. 때마침 썩은 쥐를 물고 있던 솔개가 원추라는 봉황이 날아가자, 자기 먹잇감을 빼앗길까봐 그를 올려다보며 '꽥'하고 성을 냈다네. 지금 자네도 내게 양나라의 재상자리를 빼앗길까봐 '꽥'하고 소릴 지르며 성을 내고 있는 겐가?"

秋　水

우물 안 개구리에게 바다에 대해 말해도 이해할 수 없는 것은

제17편 추수(秋水) 1-1

가을 홍수 철이 되면 모든 강물이 황하로 흘러듭니다. 이때는 물줄기의 흐름이 너무나 커서 양쪽 강둑에서 노니는 소나 말을 분별할 수 없을 정도로 강폭이 넓어집니다. 이에 황하의 신인 하백(河伯)은 기뻐 좋아하며 천하의 아름다움이 모두 자기에게 모여들었다고 생각합니다. 그는 물길을 따라 동쪽으로 가서 북쪽 바다인 북해(北海)에 이르러 동쪽을 바라보았으나 너무 넓어 물 끝이 보이지 않았습니다.

秋水時至, 百川灌河. 涇流之大, 兩涘渚崖之間不辯牛馬. 於是焉河伯欣然自喜, 以天下之美爲盡在己. 順流而東行, 至於北海, 東面而視, 不見水端.

이에 하백은 비로소 얼굴을 돌려 북해의 신인 약(若)을 올려다보며 탄식하듯 말합니다.

"속담에 '백 가지의 도를 들으면 저보다 나은 자가 없다고 생각하는 사람이 있다'고 했는데, 저 같은 자를 두고 한 말인 것 같습니다. 또한 저는 일찍이 공자의 학문을 낮게 평가하고 백이의 절의를 가볍게 여기는 것을 듣고서 처음에는 그 말을 믿지 않았습니다. 그런데 지금 저는 선생님의 지혜로움에 끝이 없음을 보고서야 그 사실을 믿게 되었습니다. 만약 제가 선생님의 문하로 들어오지 않았다면 위태로울 뻔했습니다. 제가 오랫동안 위대한 도를 체득한 사람들에게 웃음거리가 될 뻔했네요."

於是焉河伯始旋其面目, 望洋向若而嘆曰:「野語有之曰:『聞道百, 以爲莫己若者.』我之謂也. 且夫我嘗聞少仲尼之聞, 而輕伯夷之義者, 始吾弗信. 今我睹子之難窮也, 吾非至於子之門則殆矣, 吾長見笑於大方之家.」

이에 북해의 신 약(若)이 말합니다.

"우물 안 개구리에게 바다에 대해 말해도 이해할 수 없는 것은 그놈이 살고 있는 공간에서 제약을 받기 때문이라네. 여름 벌레에게 겨울철 얼음에 대해 말해도 이해할 수 없는 것은 그놈이 시간의 제약을 받고 있기 때문이지. 옹졸한 선비에게 도에 대해 말해도 이해할 수 없는 것은 그가 받은 교육에만 얽매어 있기 때문이라네. 지금 자네가 황하를 벗어나 큰 바다를 보고서야 자네 소견이 좁았음을 알게 되었지. 자네는 이제야 위대한 대도의 이치를 얘기하면 이해할 수 있게 되었네. 천하의 물 중에 바다보다 큰 것이란 없는 법. 모든 강물이 바다로 흘러들어 한시도 멈춘 적이 없는데도 넘치는 일이 없지. 미려라는 곳에서는 바닷물이 한시도 쉼 없이 새어나가는데도 마르는 법이 없다네. 봄이나 가을에도 변함이 없고, 홍수가 나든 가뭄이 들든 상관없지. 이 바다가 양자강이나 황하의 물길보다 얼마나 방대한지 그 수량을 잴 수가 없다네. 그러나 나는 이런 것 자체가 많다고 한 적이 없지. 내 자신은 하늘과 땅으로부터 형체를 물려받았고, 음기와 양기를 받는다네. 내가 하늘과 땅 사이에 있는 것은 마치 작은 돌멩이나 작은 나무가 큰 산에 있는 거나 같지. 바로 나의 존재를 작게 보고 있는데, 어찌 내 자신을 크다고 하겠나!

北海若曰:「井䳓不可以語於海者, 拘於虛也. 夏蟲不可以語於冰者, 篤於時也. 曲士不可以語於道者, 束於教也. 今爾出於崖涘, 觀於大海, 乃知爾醜, 爾將可與語大理矣. 天下之水, 莫大於海. 萬川歸之, 不知何時止而不盈. 尾閭泄之, 不知何時已而不虛. 春秋不變, 水旱不知. 此其過江河之流, 不可爲量數. 而吾未嘗以此自多者, 自以比形於天地, 而受氣於陰陽, 吾在於天地之間, 猶小石小木之在大山也. 方存乎見少, 又奚以自多?

알고 있는 걸 헤아려보면 알지 못하는 것이 훨씬 많을 것
제17편 추수(秋水) 1-2

사방의 바다인 사해(四海)가 하늘과 땅 사이에 존재하는 크기를 헤아려보면 큰 연못에 나 있는 작은 구멍과 같지 않겠는가? 또 사해 내에 존재하는 중국의 크기를 헤아려보면 큰 창고 속에 있는

한 알의 좁쌀과도 같지 않겠는가? 이 세상의 사물의 수를 일러 만물이라 하는데, 사람은 그중 하나일 뿐이라네. 사람은 중국의 아홉 개 주의 곡식이 생산되는 곳과 배나 수레가 다니는 곳에 살고 있는데, 개인은 그 많은 가운데 한 사람일 뿐이지. 그러니 이와 같은 사람을 만물에 견주어보면 말의 몸에 난 한 가닥 털과 같지 않겠는가? 옛날 오제가 차례로 왕위를 물려준 것이나, 삼왕이 전쟁을 일으킨 것이나, 어진 사람이 세상을 걱정한 것이나, 재능 있는 사람이 힘쓴 것이나 모두가 이와 같이 인간 세상의 작은 일에 불과하지. 백이는 왕위를 사양하여 명성을 얻었고, 공자는 많은 말을 함으로써 박학다식하다고 여겨진다네. 그러나 그들 자신이 스스로를 뛰어나다고 한 것은 조금 전까지 자네가 강이나 바다의 물보다 뛰어나다고 생각한 것과 비슷하지 않겠나?"

計四海之在天地之間也, 不似礨空之在大澤乎? 計中國之在海內, 不似稊米之在太倉乎? 號物之數謂之萬, 人處一焉. 人卒九州, 穀食之所生, 舟車之所通. 此其比萬物也. 不似豪末之在於馬體乎? 五帝之所連, 三王之所爭, 仁人之所憂, 任士之所勞, 盡此矣. 伯夷辭之以爲名, 仲尼語之以爲博. 此其自多也, 不似爾向之自多於水乎?」

듣고 있던 황하의 신 하백이 묻습니다.
"그렇다면 제가 하늘과 땅을 크다 하고 털끝을 작다 해도 괜찮겠습니까?"

河伯曰:「然則吾大天地而小豪末, 可乎?」

그러자 북해의 신 약이 손을 저으며 말합니다.

"아니라네. 사물의 수량은 헤아릴 수 없이 많고, 시간은 멈추지 않고, 각자의 분수도 늘 변하여 일정함이 없고, 일의 시작과 끝도 옛것을 지님이 없이 늘 변한다네. 이렇기 때문에 크게 지혜로운 사람은 멀고 가까운 것을 두루 관찰하기에 작은 것을 하찮게 여기지 않으며 크다고 뛰어나다 여기진 않지. 그건 사물의 수량이 무궁하다는 것을 알기 때문이라네. 또 그는 과거와 현재를 분명히 알고 있기 때문에 먼 과거라 해서 고민하지 않고 요즘의 일이라 해도 허둥대지 않지. 시간이란 멈추지 않는다는 걸 알고 있기 때문이라네. 또 그는 모든 것이 차고 빔을 살펴 알기 때문에 무언가를 얻었다고 기뻐하지 않고 무언가를 잃었다고 걱정하지 않지. 바로 각자의 분수가 일정하지 않음을 알기 때문이라네. 또 그는 인생길이 평탄하다는 것을 분명히 알고 있기 때문에 태어남을 기뻐하지도 않고 죽음을 재앙이라 여기지도 않지. 일의 시작과 끝도 옛것을 지님이 없이 늘 변한다는 것을 알고 있기 때문이라네.

北海若曰:「否. 夫物, 量無窮, 時無止, 分無常, 終始無故. 是故大知觀於遠近, 故小而不寡, 大而不多. 知量無窮. 證曏今故, 故遙而不悶, 掇而不跂. 知時無止. 察乎盈虛, 故得而不喜, 失而不憂. 知分之無常也. 明乎坦塗, 故生而不說, 死而不禍. 知終始之不可故也.

사람들이 알고 있는 것을 헤아려보면 알지 못하는 것이 훨씬 많을 거네. 사람이 사는 시간보다 그가 아직 태어나기 전의 시간이 훨씬 많을 거야. 그러한 지극히 작은 존재이면서 지극히 큰 영역을 궁구하려 들기 때문에 미혹되고 혼란스러워 스스로 체득할 수 없는 것이지. 이러한 관점에서 볼 때, 어찌 가느다란 털끝이 지극히 미세한 것이라고 단정 지어 알 수 있으며, 또 어찌 하늘과 땅이 지극히 큰 영역이라고 궁구해서 알 수 있겠는가!"

計人之所知, 不若其所不知. 其生之時, 不若未生之時. 以其至小, 求窮其
至大之域, 是故迷亂而不能自得也. 由此觀之, 又何以知毫末之足以定至
細之倪, 又何以知天地之足以窮至大之域!」

도를 체득한 사람은 명성을 들으려 하지 않는다
제17편 추수(秋水) 1-3

듣고 있던 황하의 신 하백이 다시 묻습니다.

"세상의 논객들은 하나같이 모두가 말합니다. '지극히 정미한 것은 형체가 없고, 지극히 큰 것은 감쌀 수가 없다'고 말입니다. 이게 정말로 믿을 만한 겁니까?"

河伯曰:「世之議者皆曰:『至精無形, 至大不可圍.』是信情乎?」

그러자 북해의 신인 약이 말합니다.

"작은 것으로부터 큰 것을 보면 그 전체를 볼 수가 없고, 큰 것으로부터 작은 것을 보면 분명하게 볼 수가 없지. 정미하다는 것은 작은 것 중에서도 아주 미미하고, 지극히 크다는 것은 큰 것 중에서도 더욱 큰 것을 뜻한다네. 그러므로 형편에 따라 다르게 보이는 차이가 있는 것은 각자의 형세가 있기 때문이지. 지극히 정미하고 크다 하는 것도 형체가 있는 것에서만 예상할 수 있다네. 형체가 없는 것은 수량으로 분별할 수 없고, 감쌀 수 없이 큰 것은 수량으로 그 크기를 궁구할 수도 없지. 말로써 논할 수 있는 것은 만물 중의 큰 것이고, 생각으로만 헤아릴 수 있는 것은 만물 중의 지극히 정미한 것이라네. 말로써 논할 수 없고, 생각으로써도 헤아릴 수 없는 것은 지극히 정미하다거나 크다는 것을 예상할 수도 없지.

北海若曰:「夫自細視大者不盡, 自大視細者不明. 夫精, 小之微也. 垺, 大之殷也. 故異便. 此勢之有也. 夫精粗者, 期於有形者也. 無形者, 數之所不能分也. 不可圍者, 數之所不能窮也. 可以言論者, 物之粗也. 可以意致者, 物之精也. 言之所不能論, 意之所不能察致者, 不期精粗焉.

이 때문에 위대한 사람의 행위는 다른 사람을 해치지도 않지만 어짊이나 은혜 베풂을 뛰어난 것이라 생각하지도 않지. 그의 행동은 이익을 위하지도 않지만 이익을 추구하는 문지기나 노예를 천박하다고 여기진 않는다네. 재화를 얻기 위해 다투지 않지만 그걸 사양하는 것을 훌륭하다 여기지도 않지. 일을 처리하는 데 다른 사람의 힘을 빌리지는 않지만, 스스로의 힘으로 먹고사는 것을 훌륭하게 여기지도 않고 탐욕을 천박한 것으로 여기지도 않는다네. 그의 행동은 세속 사람들과 다르지만 편벽되고 기이한 행동을 훌륭하다고 여기진 않지. 그의 행위는 일반대중을 따르지만 아첨하는 것을 천박하다 여기진 않는다네. 세상의 벼슬이나 녹봉으로도 그를 힘쓰게 할 수 없으며, 형벌이나 모욕으로도 그를 욕되게 할 순 없지. 그는 옳고 그름은 분별할 수 없는 것이고, 작고 큰 것 역시 구분할 수 없다는 것을 잘 알고 있다네. 내 듣자니 '도를 체득한 사람은 명성을 들으려 하지 않고, 지극한 덕을 지니고 있는 사람은 이익을 얻으려 하지 않으며, 위대한 사람은 자기를 앞세우지 않는다'고 하였는데, 이게 바로 자기의 분수를 잘 지키는 지극한 경지라네."

是故大人之行, 不出乎害人, 不多仁恩. 動不爲利, 不賤門隷. 貨財弗爭, 不多辭讓. 事焉不借人, 不多食乎力, 不賤貪汚. 行殊乎俗, 不多辟異. 爲在從衆, 不賤佞諂. 世之爵祿不足以爲勸, 戮恥不足以爲辱. 知是非之不可爲分, 細大之不可爲倪. 聞曰:『道人不聞, 至德不得, 大人無己.』約分之至也.」

천리마는 천 리를 달릴 수 있지만 쥐를 잡는 데는 족제비만 못하지
제17편 추수(秋水) 1-4

듣고 있던 황하의 신 하백이 또다시 묻습니다.

"그렇다면 만물의 외형 또는 만물의 내면 중 어느 곳을 기준으로 귀중하고 천박한 구분이 생기고, 무엇을 기준으로 작고 큰 분별이 생기는 겁니까?"

河伯曰:「若物之外, 若物之內, 惡至而倪貴賤, 惡至而倪小大?」

그러자 북해의 신 약이 대답합니다.

"도의 관점에서 보자면 만물에는 본디 귀하고 천한 것이 없고, 만물 그 자체의 관점에서 보자면 자기는 귀하고 상대는 천하게 보이는 법이지. 세속적인 관점에서 보자면 귀하고 천한 것은 모두가 남이 정해 주는 것이지 자기에겐 그런 것 자체가 있지 않다네. 차등이라는 관점에서 보자면 사물이 크다는 측면에 따라 크게 인식하면 만물은 크지 않은 게 없게 되며, 사물이 작다는 측면에 따라 작게 인식하면 만물은 작지 않은 게 없게 되지. 하늘과 땅도 한 알의 좁쌀만 하게 여겨질 수 있음을 알고, 털끝도 큰 산으로 여겨질 수 있음을 안다면, 그것은 곧 상대적인 분별에서 온 것임을 알 수 있지.

北海若曰:「以道觀之, 物無貴賤. 以物觀之, 自貴而相賤. 以俗觀之, 貴賤不在己. 以差觀之, 因其所大而大之, 則萬物莫不大. 因其所小而小之, 則萬物莫不小. 知天地之爲稊米也, 知毫末之爲丘山也, 則差數覩矣.

공효의 관점에서 보자면, 만물에 그 쓰임이 있다는 입장에서는 그 쓰임이 있지 않은 것이 없게 되며, 그 쓰임이 없다는 입장에서 보면 만물은 쓸모 있는 것이란 없게 된다네. 동쪽과 서쪽은 서로 반대이면서도 서로 어느 한쪽이 없어서는 안 됨을 안다면, 만물의 공효와 분량도 확정할 수가 있지. 취향이라는 관점에서 보자면 그러하다고 하는 것을 그러하다고 하면 만물은 모두가 그렇게 되고, 그렇지 않은 것을 그렇지 않다고 하면 만물은 그렇지 않은 것이 없게 된다네. 요 임금이나 걸왕이 각자 스스로는 옳다고 하면서 서로를 비난하였다는 것을 안다면 만물의 취향과 내세우고자 함을 알 수 있지.

以功觀之, 因其所有而有之, 則萬物莫不有. 因其所無而無之, 則萬物莫不無. 知東西之相反而不可以相無, 則功分定矣. 以趣觀之, 因其所然而

然之, 則萬物莫不然. 因其所非而非之, 則萬物莫不非. 知堯, 桀之自然而

相非, 則趣操覩矣.

옛날에 순 임금은 요 임금의 평화적인 선양으로 황제가 되었지
만, 연나라 임금 쾌(噲)는 재상 지(之)에게 선양했으나 나라의 대통
이 끊겨버렸다네. 은나라 탕왕과 주나라 무왕은 전쟁을 통해 왕이
되었지만, 초나라의 백공(白公)은 전쟁을 하다 나라가 멸망하였지.
이러한 관점에서 볼 때, 다툼이나 선양의 예절과 성군인 요 임금이
나 폭군인 걸왕의 행위는 때에 따라 귀하게도 되고 천하게도 되는
것이니 일정한 기준이 있다고는 생각할 수 없다네.

昔者堯舜讓而帝, 之噲讓而絶. 湯武爭而王, 白公爭而滅. 由此觀之, 爭讓

之禮, 堯桀之行, 貴賤有時, 未可以爲常也.

들보와 마룻대와 같은 큰 나무는 성벽을 무너뜨리는 데는 유용
하지만 작은 구멍을 막는 데는 유용치 않으니, 그것은 기구의 쓰임
이 다르기 때문이라네. 천리마와 준마는 하루에 천 리를 달릴 수
있지만 쥐를 잡는 데는 살쾡이나 족제비만 못하니, 그것은 재주가
다르기 때문이지. 솔개와 부엉이는 밤중에 벼룩을 잡고 털끝도 볼
수 있지만 낮에는 눈을 부릅뜨고도 언덕이나 산을 볼 수 없으니,
그것은 성질이 다름을 말한 것이라네. 그러므로 말하길 '옳은 것은
스승처럼 높이고 그른 것은 무시하고, 다스림은 존중하고 혼란은
무시하겠는가?'라고 했네. 그것은 하늘과 땅의 이치나 만물의 정황
을 잘 모르기 때문이지. 이는 마치 하늘은 존중하면서 땅은 무시하

고, 음은 존중하고 양은 무시하는 것과 같으니, 그것이 행해질 수 없음은 분명한 일이네. 그런데도 여전히 그걸 버리지 않고 주장한다면 어리석은 게 아니라면 사기꾼이지.

梁麗可以衝城而不可以窒穴, 言殊器也. 騏驥驊騮, 一日而馳千里, 捕鼠不如狸狌, 言殊技也. 鴟鵂夜撮蚤, 察毫末, 晝出瞋目而不見丘山, 言殊性也. 故曰: 蓋師是而無非, 師治而無亂乎? 是未明天地之理, 萬物之情者也. 是猶師天而無地, 師陰而無陽, 其不可行明矣. 然且語而不舍, 非愚則誣也.

옛 제왕들의 선양 방법이 각기 달랐고, 하·은·주 삼대의 왕위 계승 방법도 서로 달랐다네. 그 시대에 어긋나게 하고 그 사회의 풍속에 역행하는 자를 찬탈자라 부르고, 그 시대에 맞게 하고 그 사회의 풍속에 따르는 사람을 두고선 정의로운 사람이라 부르지. 부디 잠자코 있게나, 하백이여! 자네가 어찌 귀하고 천함이 나오는 문과 크고 작은 구별을 알겠는가!"

帝王殊禪, 三代殊繼. 差其時, 逆其俗者, 謂之簒夫. 當其時, 順其俗者, 謂之義之徒. 默默乎河伯, 女惡知貴賤之門, 小大之家!」

만물은 본디 대자연의 순리에 따라 저절로 변화된다네
제17편 추수(秋水) 1-5

계속 경청하던 황하의 신 하백이 하소연하듯 다시 묻습니다.

"그렇다면 저는 무엇을 해야 하고, 무엇을 하지 않아야 합니까?

또 제가 무엇을 사양해야 하고, 무엇을 받아들여야 하며, 무엇을 가져야 하고, 무엇을 버려야 하는지, 저는 대체 어찌해야 합니까?”

河伯曰:「然則我何爲乎? 何不爲乎? 吾辭受趣舍, 吾終奈何?」

그러자 북해의 신 약이 대답합니다.

“도의 관점에서 본다면, 무엇을 귀하다 하고 무엇을 천하다고 하겠는가? 이를 일러 끝없이 반복 순환하는 것을 뜻하는 반연(反衍)이라 한다네. 귀천의 차별로써 자기의 뜻에 얽매어서는 안 되지. 그러면 도와는 크게 어긋나기 때문이라네. 또 무엇을 적다 하고 무엇을 많다 하겠는가? 이를 일러 서로 교대로 변환함을 뜻하는 사시(謝施)라 한다네. 많고 적음에 따라 한쪽으로 치우쳐서 행동하면 안 되지. 그러면 이 또한 도와는 어긋나기 때문이라네. 자신에게 엄격하기가 마치 한 나라의 군주와 같이 사사로이 은덕을 베푸는 일이 없어야 한다네. 또 초연하기는 마치 제사를 받는 토지 신과 같이 사사로이 복을 내리는 일이 없어야 하지. 관대하기는 마치 사방이 무궁무진하게 펼쳐진 듯 이것과 저것이라는 경계도 없어야 한다네.

北海若曰:「以道觀之, 何貴何賤? 是謂反衍. 無拘而志, 與道大蹇. 何少何多? 是謂謝施. 無一而行, 與道參差. 嚴乎若國之有君, 其無私德. 繇繇乎若祭之有社, 其無私福. 泛泛乎其若四方之無窮, 其無所畛域.

만물을 두루두루 품어 안았으니, 그 누구만을 도와주겠는가? 이를 일러 편향됨이 없다는 뜻의 무방(無方)이라 하지. 만물은 일체

가 평등한 것이니, 어느 것이 짧고 어느 것이 길다 하겠는가? 대도
는 시작도 끝도 없지만, 각각의 사물에는 삶과 죽음이라는 변화가
있지. 그래서 사물이란 일시적으로 이루어진 것이니 믿을 만한 게
아니라네. 만물은 때에 따라 텅 비었다가도 때에 따라선 가득 차게
마련이어서 그 형체가 일정하진 않지. 가는 세월은 막을 수가 없
고, 흐르는 시간도 멈추게 할 순 없는 법. 쇠했다 성하고 가득 찼다
가 텅 비곤 하여 끝났다 싶으면 또 시작된다네. 이것이 내가 대도
의 참뜻을 말하고 만물의 이치를 논하는 이유이지. 만물의 생성은
말이 뛰고 달리듯이 그 변화가 빨라서, 움직여서 변화하지 않는 것
이 없고, 때에 따라 바뀌지 않는 것이 없다네. 그런데 무엇을 하고,
무엇을 하지 않겠는가? 만물은 본디 대자연의 순리에 따라 저절로
변화된다네."

兼懷萬物, 其孰承翼? 是謂無方. 萬物一齊, 孰短孰長? 道無終始, 物有

死生, 不恃其成. 一虛一滿, 不位乎其形. 年不可舉, 時不可止. 消息盈虛,

終則有始. 是所以語大義之方, 論萬物之理也. 物之生也, 若驟若馳. 無動

而不變, 無時而不移. 何爲乎, 何不爲乎? 夫固將自化.」

자연과 성명 그리고 명예를 잃지 않는 걸 반진(反眞)이라 하지
제17편 추수(秋水) 1-6

황하의 신 하백이 다시 묻습니다.

"그렇다면 어째서 도가 귀하다는 겁니까?"

河伯曰:「然則何貴於道邪?」

이에 북해의 신 약이 대답합니다.

"도를 아는 사람은 반드시 이치에 통달해 있고, 이치에 통달한 사람은 사물의 변화에 따른 임기응변에 밝으며, 임기응변에 밝은 사람은 외부사물로써 자신을 해치지 않는다네. 지극한 덕을 지닌 사람에겐 불로도 그를 뜨겁게 할 수 없고 물로도 그를 빠뜨릴 수 없으며, 추위나 더위로도 그를 해칠 수 없고, 새나 짐승들도 그를 상하게 할 수 없지. 그렇다고 그것들을 가볍게 여긴다는 게 아니라네. 안전과 위험을 잘 살피고 재난이나 행복한 상황에서도 마음을 편안히 하며, 나아가고 물러남에 신중하기 때문에 그 무엇도 해칠 수 없다는 말이네. 그러므로 말하길 '대자연의 이치를 마음속에 존재케 하고, 인위적인 것은 몸 밖으로 내보내어, 지극한 덕이 자연스러움을 잃지 않게 해야 한다'고 한 거지. 대자연과 사람의 운행에 대하여 알고 대자연을 근본으로 하면, 스스로 얻은 경지에 서게 될 것이네. 그리하면 때에 맞게 나아가고 물러나며 때에 맞게 굽히고 펼치면서 근본으로 되돌아가 대도의 극치를 말할 수 있게 된다네."

北海若曰:「知道者必達於理, 達於理者必明於權, 明於權者不以物害己. 至德者, 火弗能熱, 水弗能溺, 寒暑弗能害, 禽獸弗能賊. 非謂其薄之也, 言察乎安危, 寧於禍福, 謹於去就, 莫之能害也. 故曰:『天在內, 人在外, 德在乎天.』知天人之行, 本乎天, 位乎得, 蹢躅而屈伸, 反要而語極.」

그러자 황하의 신 하백이 다시 질문합니다.

"무엇을 자연이라 하고, 무엇을 인위라 하는 겁니까?"

曰:「何謂天, 何謂人?」

이에 북해의 신 약이 대답합니다.

"소나 말이 네 발을 지니고 있는 것을 일러 자연이라 하고, 말 머리에 고삐를 매거나 소의 코를 뚫는 것을 사람의 뜻에 따라 하는 인위(人爲)라 하지. 그러므로 말하길 '인위로 자연을 훼손시키지 말고, 고의(故意)적인 생각으로 천연의 성명(性命)을 손상시키지 말며, 탐욕으로 명예를 실추시키면 안 된다. 이 세 가지를 지켜 잃어버리지 않는 것을 일러 참된 도로 되돌아가는 반진(反眞)'이라 한다네."

北海若曰:「牛馬四足, 是謂天. 落馬首, 穿牛鼻, 是謂人. 故曰:『無以人滅天, 無以故滅命, 無以得徇名. 謹守而勿失, 是謂反其眞.』」

뱀은 모습이 없이도 움직이는 '바람'을 부러워하고

제17편 추수(秋水) 2-1

발이 하나밖에 없는 '기'라는 짐승은 발이 많은 '노래기'를 부러워하고, 노래기는 발이 없이도 움직이는 '뱀'을 부러워하고, 뱀은 모습이 없이도 움직이는 '바람'을 부러워하고, 바람은 움직이지도 않고 어디든 갈 수 있는 '눈'을 부러워하고, 눈은 바라봄도 없이 무엇이든 상상하고 어디든 갈 수 있는 '마음'을 부러워했습니다. 그래서 기가 노래기에게 말합니다.

"나는 한 발로써 껑충껑충 뛰어보지만 갈 수가 없고, 내 맘 같지가 않습니다. 그런데 지금 당신은 수많은 발을 쓰고 있으니 얼마나 좋을까요?"

夔憐蚿, 蚿憐蛇, 蛇憐風, 風憐目, 目憐心. 夔謂蚿曰:「吾以一足趻踔而不行, 予無如矣. 今子之使萬足, 獨奈何?」

그러자 노래기가 기에게 대답합니다.

"에이, 그렇지 않습니다. 당신은 사람들이 침 튀기는 것을 보지 못했습니까? 침을 분출하면 큰 놈은 구슬과 같고 작은 것들은 안개와도 같은데, 그것들이 뒤섞여 떨어지는 숫자는 이루 헤아릴 수도 없습니다. 지금 나는 내 자연스러운 기능으로 움직이면서도 그렇게 좋은 줄은 알지 못합니다."

蚿曰:「不然. 子不見夫唾者乎? 噴則大者如珠, 小者如霧, 雜而下者不可勝數也. 今予動吾天機, 而不知其所以然.」

이제 노래기는 뱀에게 묻습니다.

"나는 많은 발을 사용해 가는데도 당신의 발 없는 것에도 미치지 못하니, 무엇 때문일까요?"

그러자 뱀이 대답합니다.

"자연스러운 기능으로 움직이는 것을 어떻게 바꿀 수 있겠습니까? 그러니 내 어찌 발을 쓸 필요가 있겠습니까?"

蚿謂蛇曰:「吾以衆足行, 而不及子之無足, 何也?」蛇曰:「夫天機之所動, 何可易邪? 吾安用足哉?」

이제는 뱀이 바람에게 묻습니다.

"나는 내 척추와 갈비뼈를 움직여 다니고 있으니, 곧 다리가 있는 거나 비슷합니다. 그런데 지금 당신은 윙윙거리며 북쪽 바다에

서 일어나 씽씽거리며 남쪽 바다로 불어 가는데도 어떠한 형상도
없는 것 같은데 어떻게 그렇습니까?"

蛇謂風曰:「予動吾脊脅而行, 則有似也. 今子蓬蓬然起於北海, 蓬蓬然入
於南海, 而似無有, 何也?」

그러자 바람이 대답합니다.

"그렇습니다. 나는 윙윙거리며 북쪽 바다에서 일어나 씽씽거리
며 남쪽 바다로 불어 갑니다. 그러나 손가락으로 막으면 나를 이길
수 있고, 나에게 발길질을 하면 역시 나를 이길 수 있습니다. 비록
그렇긴 하지만, 큰 나무를 꺾고 큰 집의 지붕을 날려버릴 수 있는
것은 오직 나만의 능력이랍니다. 그러므로 여러 소소한 것은 이기
지 못하면서도 아주 크게 이기는 겁니다. 큰 것을 이겨낼 수 있는
자는 오직 성인만이 할 수 있는 일이랍니다."

風曰:「然, 予蓬蓬然起於北海而入於南海也, 然而指我則勝我, 鰌我亦勝
我. 雖然, 夫折大木, 蜚大屋者, 唯我能也.」故以衆小不勝爲大勝也. 爲大
勝者, 唯聖人能之.

▌나는 내 운명에 따라 제약을 받고 있을 뿐이란다
제17편 추수(秋水) 3-1

공자가 위나라 광이라는 지방을 여행했을 때 송나라 사람들에게
여러 겹으로 포위되었지만, 공자는 멈추지 않고 거문고를 타며 노
래를 불렀습니다. 이를 본 제자 자로(子路)가 방으로 들어가 뵙고는

물었습니다.

"선생님께선 무엇이 그리 즐거우십니까?"

孔子遊於匡, 宋人圍之數匝, 而弦歌不輟. 子路入見, 曰:「何夫子之瘻
也?」

이에 스승 공자가 대답합니다.

"어서 오너라. 내 너에게 말해 주마. 나는 궁핍한 것을 싫어한 지 오래되었지만, 그것을 면치 못하고 있는 것은 아마도 내 운명일 거야. 또 도를 통달하길 바란 지가 오래되었건만 아직 체득하지 못하고 있으니 이는 아마도 시운(時運) 때문일 테지. 요 임금과 순 임금 때는 천하 세상에 궁핍한 사람은 없었는데, 그것은 사람들이 지혜를 갖추었기 때문만은 아니란다. 걸왕과 주왕 때는 천하 세상에 도에 통달한 사람이 아무도 없었는데, 그것은 사람들이 지혜가 없어서 그렇게 된 건 아니란다. 시운의 기세가 때마침 그러했을 뿐이지.

孔子曰:「來, 吾語汝. 我諱窮久矣, 而不免, 命也. 求通久矣, 而不得, 時也. 當堯舜而天下無窮人, 非知得也. 當桀, 紂而天下無通人, 非知失也. 時勢適然.

물길을 다니면서도 교룡을 피하지 않는 것은 어부들의 용기란다. 육지를 다니면서도 외뿔소나 호랑이를 피하지 않는 것은 사냥꾼들의 용기지. 번쩍이는 칼날이 눈앞에서 부딪치고 있어도 죽음을 삶처럼 여기는 것은 열사들의 용기란다. 그리고 궁핍한 것도 운명임을 알고, 도에 통달하는 것도 시운에 달려 있음을 알고서 큰 어려움이 닥쳐도 두려워하지 않는 것은 성인의 용기지. 자로야, 넌 가서 편히 쉬어라. 나는 내 운명에 따라 제약을 받고 있을 뿐이란다."

夫水行不避蛟龍者, 漁父之勇也. 陸行不避兕虎者, 獵夫之勇也. 白刃交於前, 視死若生者, 烈士之勇也. 知窮之有命, 知通之有時, 臨大難而不懼者, 聖人之勇也. 由, 處矣. 吾命有所制矣!」

얼마 지나지 않아 갑옷을 입은 장수가 공자가 머물고 있는 방 안으로 들어와 사과를 합니다.

"우리 병사들이 선생님이 폭력꾼 양호(陽虎)인 줄 알고 포위를 했었습니다. 이제 양호가 아닌 줄 알았으니, 사과를 드리고 물러가겠습니다."

無幾何, 將甲者進, 辭曰:「以爲陽虎也, 故圍之. 今非也, 請辭而退.」

자네는 저 우물 안 개구리의 이야기를 듣지 못했는가
제17편 추수(秋水) 4-1

명가(名家)의 궤변론자 공손룡(公孫龍)이 위나라 공자인 모(牟)에게 물었습니다.

"저는 어릴 적에는 옛 임금들의 도를 배웠고, 커서는 어짊과 의로움의 행위를 밝혔습니다. 같고 다른 것을 하나로 통합하였고, 같은 돌에서 단단하고 희다는 개념을 둘로 분리시켰습니다. 또 그렇지 않은 것을 그렇다 하고, 불가능한 것을 가능하다고 했습니다.

그래서 제자백가의 지식을 곤경으로 빠지게 했고, 많은 사람들의 변론을 궁지로 몰아넣었습니다. 결국 나 스스로 지극한 경지를 통달했다고 생각하고 있었습니다. 그런데 지금 저는 장자의 말을 듣고는 정신이 아득하고 이상해졌습니다. 제 변론이 그에게 미치지 못한 것인지, 아니면 제 지혜가 그만 못한 것일까요? 지금 저는 제 입도 뗼 수가 없습니다. 감히 장자의 도가 어떤 것인지 묻고자 합니다."

公孫龍問於魏牟曰：「龍少學先王之, 長而明仁義之行. 合同異, 離堅白. 然不然, 可不可. 困百家之知, 窮衆口之辯. 吾自以爲至達已. 今吾聞莊子之言, 茫然異之. 不知論之不及與? 知之弗若與. 今吾無所開吾喙, 敢問其方.」

공자 모는 책상에 기댄 채 크게 숨을 내쉬고는 하늘을 우러러 웃으면서 말을 합니다.

"자네는 저 우물 안 개구리의 이야기를 듣지 못했는가? 개구리가 동쪽 바다에 사는 자라에게 말했다네. '나는 즐겁다네. 나는 바깥으로 나와선 우물 난간 위에서 놀기도 하고, 우물 안으로 들어가선 깨어진 벽 틈에서 휴식을 취한다네. 물로 들어가서는 겨드랑이를 수면에 대고선 턱을 받치고, 진흙 속을 차고 걸어도 발등까지밖에 빠지지 않지. 장구벌레와 게나 올챙이를 둘러보아도 나만 한 것이 없다네. 게다가 한 우물의 물을 나 혼자 차지하고서 우물을 지배하는 즐거움, 이 또한 최고일세. 자네도 가끔 찾아와 우물로 들어와보는 건 어떻겠는가?'

公子牟隱机大息, 仰天而笑曰:「子獨不聞夫埳井之鼃乎? 謂東海之鱉曰:

『吾樂與. 吾跳梁乎井幹之上, 入休乎缺甃之崖. 赴水則接腋持頤, 蹶泥則

沒足滅跗. 還虷蟹與科斗, 莫吾能若也. 且夫擅一壑之水, 而跨跱埳井之

樂, 此亦至矣. 夫子奚不時來入觀乎?』

그 말을 듣고선 동해의 자라가 들어가려고 왼쪽 발을 넣기도 전
에 오른쪽 무릎이 우물에 꽉 끼어버렸지. 그래서 뒷걸음질 치며 물
러나와 바다 이야기를 해주었다네.

'천 리의 먼 거리로도 바다의 크기를 열거하기엔 부족하고, 천 길
높이로도 바다의 깊이를 설명하기엔 부족하다네. 우 임금 때 10년
동안 아홉 번이나 홍수가 났지만 바닷물은 불어나지 않았고, 탕 임
금 땐 팔 년 동안 일곱 번이나 가뭄이 들었지만 바닷물이 줄어들지
않았다네. 시간이 짧든 길든 변화하는 법이 없으며, 홍수가 나든
가뭄이 들든 바닷물은 늘거나 줄어드는 일이 없지. 이 또한 동해의
큰 즐거움이라네.'

우물 안 개구리는 그 이야기를 듣고 나서 소스라치게 놀라 그만
당황해선 얼이 빠져버렸다네.

東海之鱉左足未入, 而右膝已縶矣. 於是逡巡而卻, 告之海曰:『夫千里之
遠, 不足以舉其大. 千仞之高, 不足以極其深. 禹之時, 十年九潦, 而水弗
爲加益. 湯之時, 八年七旱, 而崖不爲加損. 夫不爲頃久推移, 不以多少進
退者, 此亦東海之大樂也.』於是埳井之鼃聞之, 適適然驚, 規規然自失也.

또한 자네의 지식으론 옳고 그름의 경계도 알지 못하면서 장자

의 말을 꿰뚫어보려 하고 있으니, 이는 마치 모기에게 산을 짊어지게 하고, 노래기에게 황하를 건너게 하는 것과 같으니, 결코 자넨 감당하지 못할 거야. 또한 자네의 지식으론 지극히 오묘한 말을 설명할 줄도 모르면서 일시적인 말장난의 승리에 스스로 만족한다는 건, 우물 안의 개구리가 아니겠는가? 또 장자의 도는 아래로는 땅속 황천을 밟고 위로는 하늘에 올라 남쪽도 없고 북쪽도 없이 사방 어디에나 두루 미쳐서 헤아릴 수 없을 만큼 깊다네. 또 동쪽 서쪽도 없이 우주의 근본인 현명(玄冥)에서 시작하여 통하지 않을 곳이 없는 대도로 되돌아갔다네. 그런데도 자네는 황당하게도 관찰을 통해 이해를 구하고 변론으로써 그를 찾고 있지. 이는 곧 붓 대롱으로 하늘을 살피고 송곳으로 땅을 가리키며 그 넓이를 재려는 것과 같다네, 이 또한 비좁은 소견 아니겠나? 자네는 돌아가게나.

且夫知不知是非之竟, 而猶欲觀於莊子之言, 是猶使蚊負山, 商蚷馳河也, 必不勝任矣. 且夫知不知論極妙之言, 而自適一時之利者, 是非埳井之蛙與? 且彼方跐黃泉而登大皇, 無南無北, 奭然四解, 淪於不測. 無東無西, 始於玄冥, 反於大通. 子乃規規然而求之以察, 索之以辯, 是直用管闚天, 用錐指地也, 不亦小乎? 子往矣.

또한 자네는 연나라의 수릉에 사는 젊은이가 조나라의 한단으로 가서 걸음걸이를 배웠던 이야기를 듣지 못했나? 그는 그 나라의 걸음걸이를 미처 배우기도 전에 그만 예전의 걸음걸이도 잊어버려 엉금엉금 기어서 돌아올 수밖에 없었다네. 지금 자네가 돌아가지 않으면 자네의 알량한 옛 지식도 잊어버리고, 자네의 직업마저 잃어버릴 거네."

且子獨不聞夫壽陵餘子之學於邯鄲與? 未得國能, 又失其故行矣, 直匍匐
而歸耳. 今子不去, 將忘子之故, 失子之業.」

이 말을 들은 공손룡은 입을 벌린 채 다물지도 못하고 혀가 말려
내려오지도 않았습니다. 이내 줄행랑을 쳐 달아나버렸죠.

公孫龍口呿而不合, 舌擧而不下, 乃逸而走.

▍나도 진흙 속에서 꼬리를 끌며 살아가겠소이다
제17편 추수(秋水) 5-1

장자가 황하의 지류인 복수에서 낚시를 하고 있는데, 초나라 왕
이 대부 두 사람을 보내 먼저 왕의 뜻을 전하게 했습니다. 그래서
그들이 다가와 장자에게 말합니다.

"번거롭겠지만 부디 우리나라의 정치를 맡기고 싶습니다."

장자는 낚싯대를 잡은 채 돌아보지도 않고 말합니다.

"내 듣자니 초나라에는 신령스러운 거북이가 있는데, 죽은 지 이
미 삼천 년이나 되었다면서요. 당신네 임금은 그 거북이를 비단으
로 싸서 대나무 상자에 넣어 묘당 위에 보관한다지요. 그렇다면 이
거북이는 죽어서 뼈만 남긴 채 소중하게 받들어지기를 바랄까요,
아니면 차라리 살아남아 진흙 속에서 꼬리를 끌며 다니기를 원했
을까요?"

莊子釣於濮水. 楚王使大夫二人往先焉, 曰:「願以境內累矣.」莊子持竿

不顧, 曰:「吾聞楚有神龜, 死已三千歲矣. 王巾笥而藏之廟堂之上. 此龜者, 寧其死爲留骨而貴乎, 寧其生而曳尾於塗中乎?」

초나라의 두 대부는 말이 끝나기가 무섭게 대답합니다.

"아, 그야! 살아서 진흙 속에서 꼬리를 끌고 다니려 할 겁니다."

그러자 장자가 말합니다.

"그럼 돌아가시오. 나도 진흙 속에서 꼬리를 끌며 살아가겠소이다."

二大夫曰:「寧生而曳尾塗中.」莊子曰:「往矣. 吾將曳尾於塗中.」

자넨 재상 자리를 빼앗길까봐 '꽥'하고 소릴 지르며 성을 내고 있는 겐가

제17편 추수(秋水) 6-1

장자의 벗 혜자(惠子)가 양나라의 재상으로 있을 때 장자가 그를 만나러 갔습니다. 그러자 어떤 사람이 혜자에게 슬며시 귀띔을 합니다.

"장자가 오는 건 당신을 대신해 양나라의 재상이 되려는 겁니다."

惠子相梁, 莊子往見之. 或謂惠子曰:「莊子來, 欲代子相.」

이에 혜자는 두려운 나머지 온 나라 안에 사람을 풀어 사흘 밤낮 동안 장자의 행방을 찾게 했습니다. 이 사실을 눈치 챈 장자가 혜자를 찾아가 말합니다.

"남쪽 지방에 새가 사는데, 그 이름을 봉황의 일종인 원추(鵷鶵)라 한다네. 자넨 알고 있는가? 그 원추라는 새는 남쪽 바다에서 출발해 북쪽 바다까지 날아가는데, 오동나무가 아니면 머물지 않고, 대나무 열매가 아니면 먹지도 않으며, 달디단 샘물인 예천(醴泉)이 아니면 마시지도 않지. 그런데 말이지. 때마침 썩은 쥐를 물고 있던 솔개가 원추라는 봉황이 날아가자, 자기 먹잇감을 빼앗길까봐 그를 올려다 보며 '꽥'하고 성을 냈다네. 지금 자네도 내게 양나라의 재상 자리를 빼앗길까봐 '꽥'하고 소릴 지르며 성을 내고 있는 겐가?"

於是惠子恐, 搜於國中, 三日三夜. 莊子往見之, 曰:「南方有鳥, 其名爲鵷鶵, 子知之乎? 夫鵷鶵發於南海而飛於北海, 非梧桐不止, 非練實不食, 非醴泉不飮. 於是鴟得腐鼠, 鵷鶵過之, 仰而視之曰:『嚇』今子欲以子之梁國而嚇我邪?」

어떻게 자네가 물고기의 즐거움을 알겠는가
제17편 추수(秋水) 7-1

장자가 혜자와 함께 호(濠)라는 강가에 놓인 다리 위를 건너고 있었습니다. 장자가 물고기들을 바라보며 말합니다.

"저 검푸른 물고기들이 한가롭게 헤엄치고 있군. 이게 바로 물고기들의 즐거움일 거야."

그러자 혜자가 대뜸 대꾸합니다.

"자네는 물고기도 아니면서, 어찌 물고기의 즐거움을 안단 말인가?"

莊子與惠子遊於濠梁之上. 莊子曰:「儵魚出遊從容, 是魚之樂也.」惠子
曰:「子非魚, 安知魚之樂?」

이에 장자가 받아칩니다.

"그럼 자네는 내가 아니면서, 어떻게 내가 물고기의 즐거움을 알
지 못한다는 것을 안단 말인가?"

그러자 혜자가 확신에 찬 목소리로 말합니다.

"나는 자네가 아니라서 정말로 자넬 알지 못하지. 자네도 정말로
물고기가 아니니, 자네가 물고기의 즐거움을 알지 못한다는 것은
틀림없는 사실일 거야."

莊子曰:「子非我, 安知我不知魚之樂?」惠子曰:「我非子, 固不知子矣.
子固非魚也, 子之不知魚之樂, 全矣?」

장자가 미소를 지으며 말합니다.

"자, 처음으로 돌아가 말해 보세. 자네가 '어떻게 자네가 물고기
의 즐거움을 알겠는가?'라고 물었지만, 그건 이미 내가 물고기의
즐거움을 알고 있음을 알았기 때문에 자네가 내게 묻게 된 거지.
그러므로 나는 호(濠)라는 강가에 놓인 다리 위에서 이미 물고기의
즐거움을 알고 있었던 게지."

莊子曰:「請循其本. 子曰『汝安知魚樂』云者, 既已知吾知之而問我. 我
知之濠上也.」

한자어원풀이

泥塗曳尾(니도예미) 란 "차라리 진흙탕 속에서라도 꼬리를 끌며 살아가겠다"는 뜻으로, 헛된 욕망을 버린다는 의미가 담겨 있습니다. "그렇다면 '이 거북이는 죽어서 뼈만 남긴 채 소중하게 받들어지기를 바랄까요, 아니면 차라리 살아남아 진흙 속에서 꼬리를 끌며 다니기를 원했을까요?' 초나라의 두 대부는 말이 끝나기가 무섭게 대답합니다. '아, 그야! 살아서 진흙 속에서 꼬리를 끌고 다니려 할 겁니다.' 그러자 장자가 말합니다. '그럼 돌아가시오. 나도 진흙 속에서 꼬리를 끌며 살아가겠소이다'"라는 내용에서 유래하였습니다.

진흙 泥(니)는 물길을 뜻하는 수(水)의 간략형인 물 수(氵)와 그치다는 뜻을 지닌 니(尼)로 이루어졌습니다. 尼(니)는 살아 있던 사람이 어느 날 갑자기 주검(尸)으로 변화(匕)했다는 데서 '그치다', '정지하다'는 뜻을 지니게 되었습니다. 이에 따라 泥(니)는 그쳐(尼) 괸 물(氵)에 가라앉은 흙이라는 데서 '진흙'을 뜻하게 되었습니다.

진흙 塗(도)는 도랑 도(涂)와 흙 토(土)로 구성되어 있습니다. 涂(도)는 물 수(氵)와 나 여(余)로 구성되었습니다. 余(여)는 나무(木)로 지붕(亼)을 인 작은 집을 의미하는 상형글자인데, 홀로 들어가 있으니 여유롭기도 하였을 겁니다. 그래서 '나'를 의미하기도 하고 '남다'라는 뜻도 지니게 되었습니다. 이에 따라 땅 위 일정한 부분들이 여유롭게(余) 패인 곳이 줄지어 이어지니 물(氵)이 흐를 수 있다는 데서 '도랑', '개천'이란 뜻을 지니게 되었습니다. 따라서 塗(도)의 전체적인 의미는 늘 물이 흐르는 도랑(涂) 밑의 흙(土)은 진흙탕이 될 수밖에 없다는 데서 '진흙'이란 뜻을 부여받게 되었습니다.

끌 曳(예) 는 가로 왈(曰)과 벨 예(乂)로 구성되었습니다. 曰(왈)은 입의 모양을 본뜬 구(口)와 입에서 나오는 말을 추상적으로 표현한 것이 바로 一(일)의 형태랍니다. 그래서 '가로되', '말하다', '이르다' 등의 뜻을 나타낸 지사글자랍니다.

乂(예)는 낫을 이용하여 풀을 좌우로 베는 모양을 그려낸 자형으로 풀을 베는 행위는 곧 은유적으로 '다스림'을 뜻하기도 했습니다. 따라서 曳(예)의 의미는 노예나 포로를 낫과 같은 날카로운 무기(乂)와 위협적인 말(曰)로써 폭행을 가하며 어디론가 끌고 간다는 데서 '끌다', '끌고 가다'는 뜻을 지니게 되었습니다.

꼬리 尾(미) 는 주검 시(尸)와 사람의 머리털이나 짐승의 털 모양을 본뜬 털 모(毛)로 이루어졌습니다. 尸(시)의 갑골문에 표현된 자형은 사람의 옆 모양을 그려 놓았지만 다리 부분이 구부러져 있어, 무릎을 굽히고 웅크리고 있는 모양입니다. 죽은 사람과 흡사하기도 해 '주검'이라는 의미를 부여하기도 했지만 여기서는 동물의 엉덩이 부분을 뜻합니다. 이에 따라 尾(미)의 의미는 동물의 엉덩이 부분(尸)에 나 있는 털(毛)이라는 데서 '꼬리'를 뜻하게 되었습니다.

지극한 즐거움이란

지
락

至   樂

"그렇지 않다네. 아내가 막 죽었을 때 나라고 어찌 슬픈 마음이 없었겠는가? 그러나 아내가 태어나기 이전을 살펴보면 본디 그 삶이란 없었던 것이었고, 삶이 없었을 뿐만 아니라 본디 형체도 없었다네. 형체가 없었을 뿐만 아니라 본디 기(氣)조차도 없었지. 흐릿하고 황홀한 사이에 섞여 있다가 변화하여 기(氣)가 있게 되었고, 그 기가 변화하여 형체가 있게 되었으며, 그 형체가 변화하여 삶이 있게 되었다네. 지금은 또 아내가 변화하여 죽어간 거지. 이것은 봄·여름·가을·겨울이라는 사시 사철이 운행하는 것과 같은 변화일세. 아내는 지금 하늘과 땅이라는 커다란 방 속에 편안히 잠들어 있는 거지. 그런데 내가 아내의 죽음을 따라 울부짖으며 곡을 한다면 내 스스로 하늘의 운명을 모르는 거라 생각되었기 때문에 곡소리를 그쳤던 것이네."

부자들은 몸을 괴롭히면서까지 재물을 쌓아놓고 다 쓰지도 못합니다

제18편 지락(至樂) 1-1

천하 세상에 지극한 즐거움이란 게 있는 걸까요, 없는 걸까요? 자기 몸을 활기차게 해 줄 수 있는 방법이 있는 걸까요, 없는 걸까요? 지금 우리는 무엇을 해야 하고, 무엇에 의지해야 할까요? 그리고 또 무엇을 피하고, 어디에 머물러야 할까요? 무엇을 따르고, 무엇을 떠나야 할까요? 무엇을 즐기고, 무엇을 싫어해야 할까요?

天下有至樂無有哉? 有可以活身者無有哉? 今奚爲奚據? 奚避奚處? 奚就奚去? 奚樂奚惡?

대체로 보아 천하 세상 사람들이 존귀하게 여기는 것은 부유함·

귀함·장수·명예일 겁니다. 사람들이 즐거워하는 것은 몸의 안락·풍성한 음식·아름다운 옷·좋은 빛깔·음악과 소리 등입니다. 싫어하는 것들로는 가난·천함·요절·악명일 겁니다. 괴로워하는 것들로는 몸이 편치 않은 것과 맛있는 음식을 먹지 못하는 것, 그리고 몸에 아름다운 옷을 입지 못한 것과 눈으로 아름다운 빛깔을 보지 못하는 것과 귀로 음악이나 소리를 듣지 못하는 것일 겁니다. 만약 이런 것들을 얻지 못하면 사람들은 크게 걱정하고 두려워합니다. 이렇듯 사람들이 육체만을 위해 하는 일이란 얼마나 어리석은 것인가요!

夫天下之所尊者, 富貴壽善也. 所樂者, 身安厚味美服好色音聲也. 所下者, 貧賤夭惡也. 所苦者, 身不得安逸, 口不得厚味, 形不得美服, 目不得好色, 耳不得音聲. 若不得者, 則大憂以懼, 其爲形也亦愚哉!

대체로 보아 부자인 사람들은 몸을 괴롭히면서까지 서둘러 일하여 많은 재물을 쌓아 놓고 다 쓰지도 못합니다. 이것은 그 육신만을 위한 것이니 지극한 즐거움의 도에선 벗어난 겁니다. 또 신분이 존귀한 사람들은 밤낮으로 계속해서 자신의 명성이 좋아지고 나빠짐을 생각하고 또 생각하게 됩니다. 이것 역시 육신을 위한 것이니 즐거움의 도에선 소원해진 겁니다. 사람의 일생은 근심걱정과 더불어 살아가기 마련입니다. 그런데 장수하는 사람들이란 늙어서 정신이 흐릿해진 채 오래토록 근심걱정으로 연명하며 죽지 않는 것이니, 이 얼마나 괴로운 일입니까? 이것 또한 자기의 육신만을 위한 것이니 지극한 즐거움인 지락에서는 멀어진 겁니다.

夫富者, 苦身疾作, 多積財而不得盡用, 其爲形也亦外矣. 夫貴者, 夜以繼日, 思慮善否, 其爲形也亦疏矣! 人之生也, 與憂俱生. 壽者惛惛, 久憂不死, 何苦也? 其爲形也亦遠矣!

열사들은 천하 사람들로부터 칭송을 듣지만 그의 몸을 활기차게 하진 못합니다. 나는 그들의 훌륭함이 정말 훌륭한 건지 정말 훌륭하지 않은 건지 알지 못합니다. 만약 그것을 훌륭하다고 한다면 자기 몸이 활기차게 살기엔 부족하고, 훌륭하지 않다고 한다면 다른 사람을 활기차게 살도록 하는 것이 됩니다.

烈士爲天下見善矣, 未足以活身. 吾未知善之誠善邪. 誠不善邪. 若以爲善矣, 不足活身. 以爲不善矣, 足以活人.

그러므로 말하길 "충성심으로 간언하여도 들어주지 않으면 순순히 물러나야지 언쟁을 벌여선 안 된다"고 한 겁니다. 그래서 오나라의 대부 오자서는 임금과 언쟁을 벌이다 그의 몸을 잃게 되었던 겁니다. 그러나 언쟁을 벌이지 않았다면 그의 명성은 드높지 못했을 겁니다. 그러니 정말로 훌륭함이란 있는 걸까요, 없는 것일까요?

故曰: 「忠諫不聽, 蹲循勿爭」故夫子胥爭之, 以殘其形. 不爭, 名亦不成. 誠有善無有哉?

지극한 즐거움은 세속의 즐거움을 초월하는 데 있다
제18편 지락(至樂) 1-2

지금 세속에서 하는 일이나 즐기는 것을 볼 때, 나는 그 즐거움이

과연 즐거움인지 즐거움이 아닌지 잘 모르겠습니다. 내가 세속 사람들이 즐기는 것을 관찰해 볼 때, 떼거리로 몰려가면서 죽더라도 그만둘 순 없다며 모두가 즐거운 일이라며 말하고 있지만 나는 그것이 즐거운 일인지 즐겁지 않은 일인지 잘 모르겠습니다. 과연 즐거움이란 있는 걸까요, 없는 걸까요? 나는 인위적으로 하는 일이 없는 무위(無爲)야말로 참된 즐거움이라 여기고 있지만, 세속 사람들은 그것을 큰 고통으로 생각하는 것 같습니다. 그러므로 말하길 "지극한 즐거움은 세속의 즐거움을 초월하는 데 있고, 지극한 명예는 세속의 명예를 초월하는 데 있다"고 한 겁니다.

今俗之所爲與其所樂, 吾又未知樂之果樂邪. 果不樂邪. 吾觀夫俗之所樂, 擧群趣者, 誙誙然如將不得已, 而皆曰樂者, 吾未之樂也, 亦未之不樂也. 果有樂無有哉? 吾以無爲誠樂矣, 又俗之所大苦也. 故曰:「至樂無樂, 至譽無譽.」

천하 세상의 옳고 그름은 정말로 쉽게 단정할 수는 없습니다. 비록 그렇긴 하지만 인위적으로 하는 일이 없는 무위(無爲)라면 옳고 그름을 단정할 수가 있습니다. 지극한 즐거움과 몸을 활기차게 하는 길은 오직 무위일 때만 그 가능성이 존재합니다. 어디 시험 삼아 말해 볼까요! 하늘은 인위적으로 하는 일이 없는 무위(無爲)로써 맑고, 땅은 무위로써 평안한 겁니다. 그러므로 이 두 가지 무위가 서로 합일하여 만물 모두가 생성변화하는 거랍니다. 아득하고 황홀하여 그것들이 어디로부터 나오는지 알 수가 없고, 아득하고 황홀하여 그 형상을 알 수가 없습니다. 만물이 번성하고 있는데, 모두가 무위를 따라 번식하고 있는 겁니다. 그러므로 말하길 "하늘과 땅은 인위적으로 하는 일이 없는 무위(無爲)이지만 하지 않는 일이 없다"고 했습니다. 세속 사람들 중 그 누가 무위의 경지를 체득하겠습니까?

天下是非果未可定也. 雖然, 無爲可以定是非. 至樂活身, 唯無爲幾存. 請嘗試言之. 天無爲以之淸, 地無爲以之寧. 故兩無爲相合, 萬物皆化生. 芒乎芴乎, 而無從出乎. 芴乎芒乎, 而無有象乎. 萬物職職, 皆從無爲殖. 故曰:「天地無爲也而無不爲也」人也孰能得無爲哉?

아내는 지금 하늘과 땅이라는 커다란 방 속에 편안히 잠들어 있는 거지

제18편 지락(至樂) 2-1

장자의 아내가 죽자 벗인 혜자(惠子)가 조문을 하러 갔습니다. 장자는 마침 곡식을 까부는데 쓰는 키를 깔고 앉아 곡식을 넣어둔 동이를 두드리며 노래를 하고 있었습니다. 그걸 본 혜자가 깜짝 놀라며 말합니다.

"자네 부인은 함께 살아오며 자식들을 기르다가 이제 늙어 죽었는데, 곡은 못할망정 동이를 두드리며 노래를 해! 이거 너무 심하지 않은가!"

莊子妻死, 惠子弔之, 莊子則方箕踞鼓盆而歌. 惠子曰:「與人居, 長子老身死, 不哭, 亦足矣, 又鼓盆而歌, 不亦甚乎!」

그러자 장자는 초연하게 말합니다.

"그렇지 않다네. 아내가 막 죽었을 때 나라고 어찌 슬픈 마음이 없었겠는가? 그러나 아내가 태어나기 이전을 살펴보면 본디 그 삶이란 없었던 것이었고, 삶이 없었을 뿐만 아니라 본디 형체도 없었다네. 형체가 없었을 뿐만 아니라 본디 기(氣)조차도 없었지. 흐릿하고 황홀한 사이에 섞여 있다가 변화하여 기(氣)가 있게 되었고, 그 기가 변화하여 형체가 있게 되었으며, 그 형체가 변화하여 삶이 있게 되었다네. 지금은 또 아내가 변화하여 죽어간 거지. 이것은 봄·여름·가을·겨울이라는 사시사철이 운행하는 것과 같은 변화일세. 아내는 지금 하늘과 땅이라는 커다란 방 속에 편안히 잠들어 있는 거지. 그런데 내가 아내의 죽음을 따라 울부짖으며 곡을 한다면 내 스스로 하늘의 운명을 모르는 거라 생각되었기 때문에 곡소리를 그쳤던 것이네."

莊子曰:「不然. 是其始死也, 我獨何能無槪? 然察其始而本無生. 非徒無生也, 而本無形. 非徒無形也, 而本無氣. 雜乎芒芴之間, 變而有氣, 氣變而有形, 形變而有生. 今又變而之死. 是相與爲春秋冬夏四時行也. 人且偃然寢於巨室, 而我噭噭然隨而哭之, 自以爲不通乎命, 故止也.」

우리가 살아 있는 것은 천지의 기를 잠시 빌린 거지
제18편 지락(至樂) 3-1

지리숙(支離叔)과 골개숙(滑介叔)이 한때 황제가 휴식을 취했던 명백의 언덕과 곤륜산으로 유람을 떠났습니다. 그런데 갑자기 골개

숙의 왼쪽 팔꿈치에 혹이 생기자 마음속으로 깜짝 놀라며 싫어하는 것 같았습니다. 그걸 지켜본 지리숙이 말합니다.

"자넨 그게 싫은가?"

支離叔與滑介叔觀於冥伯之丘, 崑崙之虛, 黃帝之所休. 俄而柳生其左肘, 其意蹶蹶然惡之. 支離叔曰:「子惡之乎?」

그러자 골개숙이 대답합니다.

"아닐세. 내 어찌 싫어하겠는가! 우리가 살아 있는 것은 천지의 기를 잠시 빌린 거지. 그러니 잠시 빌려 생겨난 것은 먼지나 때가 묻은 것과 같지. 죽음과 삶이란 것은 낮과 밤과 같은 걸세. 또 나는 자네와 더불어 그러한 변화를 보고 있었는데, 그 변화가 나에게 미친 거지. 그러니 내가 또 어찌 싫어하겠는가!"

滑介叔曰:「亡, 予何惡! 生者, 假借也. 假之而生, 生者塵垢也. 死生爲晝夜. 且吾與子觀化而化及我, 我又何惡焉!」

내 어찌 즐거움을 버리고 다시 인간 세상의 괴로움을 겪겠는가
제18편 지락(至樂) 4-1

장자가 초나라로 가다가 속이 빈 해골을 보았는데, 바짝 마른 채 형상만 남아 있었습니다. 장자가 해골을 말채찍으로 치면서 물었습니다.

"그대는 살아 있음을 탐내다가 이치를 잃고 이 모양이 되었는가? 혹은 나라를 망치는 일을 하다가 처형을 받아 이리 되었는가?

그렇지 않으면 못된 짓을 하다가 부모와 처자식에게 치욕스러움을 남겨주기 싫어 목숨을 끊고 이리 되었는가? 그도 아니면 춥고 배가 고파서 병들어 죽어 이리 되었는가? 그렇지 않으면 그댄 수명이 다해 이리 되었는가?"

莊子之楚, 見空髑髏, 髐然有形. 撽以馬捶, 因而問之, 曰:「夫子貪生失理, 而爲此乎? 將子有亡國之事, 斧鉞之誅而爲此乎? 將子有不善之行, 愧遺父母妻子之醜而爲此乎? 將子有凍餒之患, 而爲此乎? 將子之春秋故及此乎?」

이렇게 말을 마치고는 해골을 끌어다 베고는 누워 잠을 잤습니다. 한밤중에 해골이 꿈에 나타나 말을 합니다.

"그대의 말투는 마치 변사와 같더군. 그대가 말한 모든 것은 살아 있는 사람의 괴로움이지. 죽어버리면 그런 걱정 따윈 없다네. 그대는 죽음에 대한 이야기를 들어보고 싶은가?"

장자가 얼른 대답합니다.

"그래, 들어보세나."

그러자 해골이 말합니다.

"죽음의 세계에선 위로 군주도 없고, 아래로는 신하도 없다네. 또한 사시사철의 변화도 없지. 그래서 그저 천지와 함께 수명을 누린다네. 비록 인간 세상에서 임금 노릇하는 것이 즐겁다 하지만 이엔 미치지도 못할 걸세."

於是語卒, 援髑髏, 枕而臥. 夜半, 髑髏見夢曰:「子之談者似辯士, 諸子所言, 皆生人之累也, 死則無此矣. 子欲聞死之說乎?」莊子曰:「然.」髑髏曰: 「死, 無君於上, 無臣於下, 亦無四時之事, 從然以天地爲春秋, 雖南面王樂, 不能過也.」

장자는 믿기지가 않아서 물었습니다.

"내가 생명을 관장하는 신에게 부탁하여 그대의 형체를 다시 살려내게 하고 그대의 뼈와 살과 피부를 만들게 하여, 그대의 부모와 처자 그리고 마을사람들과 아는 사람들에게 돌아가게 한다면, 그대는 그렇게 하겠는가?"

그러자 해골은 이맛살을 깊게 찌푸리면서 말합니다.

"내 어찌 임금보다도 더한 즐거움을 버리고 다시 인간 세상의 괴로움을 겪겠는가?"

莊子不信, 曰: 「吾使司命復生子形, 爲子骨肉肌膚, 反子父母妻閭里知識, 子欲之乎?」髑髏深矉蹙頞曰: 「吾安能棄南面王樂而復爲人間之勞乎?」

조리에 통달해서 행복을 지속시키는 방법
제18편 지락(至樂) 5-1

제자 안연이 동쪽 제나라로 가게 되자 스승 공자는 걱정스러운 얼굴을 하고 있었습니다. 이에 제자 자공이 자리에서 내려앉으면서 물었습니다.

"소생이 감히 여쭤보고자 합니다. 안회가 동쪽 제나라로 가려 하는데, 스승님께선 걱정스러운 얼굴을 하고 계시니 어찌된 일입니까?"

顏淵東之齊, 孔子有憂色. 子貢下席而問曰:「小子敢問. 回東之齊, 夫子
有憂色, 何邪?」

그러자 스승 공자가 대답합니다.

"그래, 좋은 질문이다. 옛날 관자(管子)께서 한 말 중에 내가 아
주 좋아하는 구절이 있단다. 즉 '주머니가 작으면 큰 물건을 넣어
둘 수가 없고, 두레박줄이 짧으면 깊은 우물물을 길을 수가 없다'
는 것이란다. 이 같은 말로 보건대, 성명(性命)은 각기 이루어진 도
리가 있고, 형체는 각기 알맞은 것들이 있어서 줄이거나 늘일 수
가 없다는 뜻이지. 내가 우려하는 것은 안연이 제나라 임금에게 요
임금과 순 임금 그리고 황제의 도를 말하고, 나아가 수인과 신농
의 말까지도 강조할 것이다. 그런데 제나라 임금은 자기 마음속으
로 헤아려보겠지만 이해할 수 없을 것이다. 이해를 못하면 의혹을
품게 되고, 의혹이 더 깊어지면 결국엔 안연을 죽이게 되지 않을까
걱정된단 말이다.

孔子曰:「善哉汝問. 昔者管子有言, 丘甚善之, 曰:『褚小者不可以懷大,
綆短者不可以汲深.』夫若是者, 以爲命有所成, 而形有所適也, 夫不可損
益. 吾恐回與齊侯言堯舜黃帝之道, 而重以燧人神農之言. 彼將內求於己
而不得, 不得則惑, 人惑則死.

너는 또 이런 이야기를 듣지 못했느냐? 옛날에 바다 새가 노나
라 교외로 날아와 내려앉았단다. 노나라 임금은 이 새를 맞이하여
종묘에서 술을 마시게 하고 구소(九韶)의 음악을 연주하게 하는가

하면 소고기와 돼지고기, 양고기를 안주로 내주었지. 바다 새는 곧 눈이 어지럽고 걱정과 슬픔이 앞서 한 점의 고기도 먹지 않고 한 잔의 술도 마시지 않은 채 사흘 만에 죽어버렸단다. 이것은 사람인 자기가 먹던 방법으로 새를 양육하려 했기 때문이란다. 노나라 임금은 새를 기르는 방법으로 새를 양육하지 않았던 거지. 새를 양육하는 방법으로 새를 기르려면 마땅히 깊은 숲속에서 살게 하고, 뜰이나 언덕에서 노닐게 하며, 강이나 호수에서 헤엄치게 하고, 미꾸라지나 피라미를 먹게 하며, 제 무리를 따라 줄지어 날거나 내려앉고 자유롭게 살게 해야 하는 것이지. 새는 사람의 말조차 싫어하는데, 어찌 저 시끄러운 음악을 견뎌내겠느냐!

且女獨不聞邪? 昔者海鳥止於魯郊, 魯侯御而觴之於廟, 奏九韶以爲樂, 具太牢以爲膳. 鳥乃眩視憂悲, 不敢食一臠, 不敢飮一杯, 三日而死. 此以己養養鳥也, 非以鳥養養鳥也. 夫以鳥養養鳥者, 宜棲之深林, 遊之壇陸, 浮之江湖, 食之鰌鰷, 隨行列而止. 委蛇而處. 彼唯人言之惡聞, 奚以夫譊譊爲乎!

만약 함지나 구소의 음악을 동정의 들판에서 연주한다면, 새들은 이를 듣고 날아가버리고, 짐승들은 이를 듣고 달아나버리고, 물고기들은 이를 듣고 물속 깊이 들어가버릴 것이다. 사람들만 이를 듣고는 흥에 겨워 서로 둘러싼 채 구경을 하지. 물고기는 물속에서 살지만 사람이 물속에 있으면 죽게 되지. 이렇듯 물고기와 사람은 각기 본성이 다르니 좋고 싫어함도 다른 것이란다. 그래서 옛 성인들은 각자의 재능을 획일적으로 보지 않고, 각자의 할 일도 다르게 여겼지. 이름은 실제에 근거하고, 각자의 성정에 적합한 길을 제시했단다. 이를 일러 조리에 통달하여 행복을 지속시키는 방법이라고 한단다."

咸池九韶之樂, 張之洞庭之野, 鳥聞之而飛, 獸聞之而走, 魚聞之而下入, 人卒聞之, 相與還而觀之. 魚處水而生, 人處水而死. 彼必相與異, 其好惡故異也. 故先聖不一其能, 不同其事. 名止於實, 義設於適, 是之謂條達而福持.」

죽은 그대가 슬픈 것인가, 살아 있는 내가 기쁜 것인가
제18편 지락(至樂) 6-1

열자가 여행을 하다가 길가에서 밥을 먹었습니다. 그때 언뜻 보아 백 년은 되었음직한 해골을 발견하고는, 쑥대를 뽑아 해골을 가리키면서 말합니다.

"오직 나와 그대만이 죽음도 없고 삶도 없다는 것을 알고 있지. 과연 죽은 그대가 슬픈 것인가, 살아 있는 내가 기쁜 것인가?"

列子行食於道從, 見百歲髑髏, 攓蓬而指之曰:「唯予與汝知而未嘗死未嘗生也. 若果養乎? 予果歡乎?」

사람은 또다시 돌아가 만물을 낳는 조화의 기틀로 들어갑니다
제18편 지락(至樂) 7-1

만물은 저마다 타고난 기틀이 있습니다. 물을 만나면 물때가 되고, 물 먹은 흙 사이에서는 와빈의 옷이라는 푸른 이끼가 되며, 언덕에서 자라면 질경이가 됩니다. 질경이가 거름더미에서 자라면 오족이라는 풀이 되며, 이 오족의 뿌리는 굼벵이가 되고 그 잎은 나비가 됩니다. 나비는 변화를 거쳐 벌레가 되는데, 부뚜막 아래서 자라면 그 모양이 탈피하는 것과 같아 그 이름을 귀뚜라미의 일종인 구철이라 합니다. 이 구철이 천 일이 지나면 새가 되는데, 그 이름을 비둘기의 일종인 건여골이라 합니다. 이 건여골의 침은 사미라는 벌레가 되고, 이 사미는 식혜 속의 벌레가 됩니다. 이로라는 벌레는 식혜에서 생겨나며, 황황이라는 벌레는 구유라는 벌레에서 생겨나고, 무예라는 벌레는 부권이라는 벌레에서 생겨납니다. 양혜라는 풀은 죽순이 나지 않는 오래된 대나무와 교합하여 청령이라는 벌레를 낳고, 청령은 표범의 일종인 정을 낳으며, 정은 말을 낳고, 말은 사람을 낳습니다. 사람은 또다시 돌아가 만물을 낳는 조화의 기틀로 들어갑니다. 만물은 모두 이 조화의 기틀에서 나오고, 모두가 다시 이 조화의 기틀로 돌아갑니다.

種有幾, 得水則爲繼, 得水土之際則爲黿蠙之衣, 生於陵屯則爲陵舃, 陵舃得鬱棲則爲烏足, 烏足之根爲蠐螬, 其葉爲胡蝶. 胡蝶胥也化而爲蟲, 生於竈下, 其狀若脫, 其名爲鴝掇. 鴝掇千日爲鳥, 其名爲乾餘骨. 乾餘骨之沫爲斯彌, 斯彌爲食醯. 頤輅生乎食醯, 黃軦生乎九猷, 瞀芮生乎腐蠸, 羊奚比乎不箰, 久竹生青寧, 青寧生程, 程生馬, 馬生人, 人又反入於機. 萬物皆出於機, 皆入於機.」

한자어원풀이

鼓盆而歌(고분이가) 란 "동이를 두드리며 노래를 한다"는 뜻으로, 장자의 벗 혜자가 아내의 주검을 앞에 두고 노래를 하고 있는 장자에게 "자네 부인은 함께 살아오며 자식들을 기르다가 이제 늙어 죽었는데, 곡은 못할망정 동이를 두드리며 노래를 해! 이거 너무 심하지 않은가!"라는 데서 연유하였습니다.

북 鼓(고) 는 악기 이름 주(壴)와 가를 지(支)로 구성되어 있습니다. 壴(주)에 대해 허신은 『說文』에서 "壴는 악기를 진열해 놓고 서서 위에서 본 모양이다. 屮(철)과 豆(두)로 구성되었다"라고 하였습니다. 나무 받침대(丩) 위에 놓인 북(口)을 본뜬 것인데, 자형의 상부(士)는 북을 장식한 모양입니다. 고대에는 壴(주)가 북을 의미하였지만 후에 북의 종류를 총괄하여 북 鼓(고)로 통일하였습니다. 즉 손(又)에 막대(十)를 쥐고서 북(壴)을 두드린다는 데서 '북'을 뜻할 뿐 아니라 '두드리다'는 뜻도 지니게 되었습니다.

동이 盆(분) 은 나눌 분(分)과 그릇 명(皿)으로 구성되어 있습니다. 分(분)은 나눈다는 뜻을 지닌 여덟 팔(八)과 칼날과 칼등을 본떠 만든 칼 도(刀)로 이루어졌습니다. 그 의미는 칼(刀)로 무언가를 나눈다

(八)는 데서 '나누다'란 뜻을 갖게 되었습니다.

皿(명)은 밥이나 음식을 담는 그릇을 본뜬 상형글자랍니다. 다른 부수에 더해져 새로운 글자를 형성할 때는 대부분 자형의 하부에 놓여 그릇과 관련한 의미를 지니게 됩니다. 따라서 盆(분)은 어떤 물건을 칼로 잘게 나누어(分) 보관할 수 있는 그릇(皿)이라는 데서 '동이'라는 뜻을 지니게 되었습니다.

말 이을 而(이) 는 갑골문이나 금문에도 보이는 자형으로 사람의 옆얼굴에 난 구레나룻을 의미하기도 하였지만 코밑과 턱에 난 수염을 뜻하게 되었습니다. 그러나 본뜻인 '수염'보다는 말을 이어주는 어조사로써 널리 쓰이고 있습니다. 즉 위아래의 수염처럼 말을 '머뭇거리다'가도 다음 문장으로 '이어줌'을 뜻해 '말 이을 이'로 확장되었습니다.

노래 歌(가) 는 노래 가(哥)와 하품 흠(欠)으로 구성되었습니다. 哥(가)는 두 개의 '옳을 가(可)'로 이루어졌는데, 可(가)에 대한 해석은 두 가지로 나뉩니다. 'ㄱ' 자 모양의 농기구로 땅을 일구면서 입(口)으로 노래를 부른다는 것과 누군가 무언가를 요청했을 때 잠시의 주저함도 없이(ㄱ) 입(口)에서 나오는 소리는 곧 '옳다'거나 '허락'한다는 뜻을 의미한다고 보는 견해입니다. 중요한 것은 可(가)의 의미요소는 입을 상형한 口(구)에 있습니다. 그래서 可(가)를 겹쳐 쓴 哥(가)는 목소리를 길게 늘어 뽑아 노래함을 뜻하는데, 보다 그 의미를 확실하게 나타내기 위해 크게 입을 벌린 모양을 본뜬 欠(흠) 자를 더하여 '노래 歌(가)'를 만들었습니다.

참된 삶에 통달하는 길

달
생

達   生

"발이 있다는 것을 잊는 것은 신발이 꼭 들어맞기 때문이고, 허리가 있다는 것을 잊는 것은 허리띠가 알맞기 때문입니다. 옳고 그름을 잊을 줄 아는 것은 마음이 자연스레 알맞기 때문이랍니다. 안으로 마음이 변화하지 않고 밖으로 다른 사물에 이끌리지 않는 것은 하는 일마다 경우에 알맞기 때문입니다. 알맞음에서 시작해서 알맞지 않은 일이 없게 되면, 알맞음이 알맞다는 것도 잊어버리게 됩니다."

몸이 온전해지고 정신이 회복되면 대자연과 합일됩니다

제19편 달생(達生) 1-1

삶의 실정에 통달한 사람은 삶을 사는 데 불필요한 일에는 힘쓰지 않으며, 운명의 실정에 통달한 사람은 어찌할 수 없는 일을 알려고 힘쓰지 않습니다. 몸을 보양하려면 반드시 먼저 합당한 물건이 있어야 하는데, 물건이 남아돌도록 가지고 있으면서도 육체를 보양하지 못하는 사람들도 있습니다. 건강한 삶을 유지하기 위해서는 반드시 먼저 몸을 손상시키지 않아야 하는데, 몸을 손상시키지 않았는데도 삶을 망치는 사람들도 있습니다. 생명이 태어나는 것은 물리칠 수 없으며 그 죽음 또한 누구도 막을 수 없습니다. 참슬픈 일이지요.

達生之情者, 不務生之所無以爲. 達命之情者, 不務知之所無奈何. 養形

必先之以物, 物有餘而形不養者有之矣. 有生必先無離形, 形不離而生亡
者有之矣. 生之來不能卻, 其去不能止. 悲夫!

세상 사람들은 몸만 잘 보양하면 충분히 삶을 보존할 수 있다고
생각하고 있습니다. 그러나 몸을 보양하는 것만으로는 끝내 삶을
보존할 수 없다면, 이 세속의 일로 무엇을 해야 하겠습니까! 비록
할 만한 일이 아닌데도 하지 않을 수가 없는 것은 몸을 잘 보양하
려는 생각에서 벗어나지 못했기 때문입니다. 몸을 보양하려는 생
각에서 벗어나고자 한다면 세속의 일들을 내버려두는 게 가장 좋
습니다. 세속의 일들을 내버려두면 얽매임이 없어지고, 얽매임이
없어지면 마음이 바르고 기운이 화평해집니다. 마음이 바르고 기
운이 화평해지면 대자연과 함께 변화하면서 삶이 날로 새로워질
겁니다. 삶이 날로 새로워지면 거의 도에 가까워졌다고 할 수 있습
니다.

世之人以爲養形足以存生, 而養形果不足以存生, 則世奚足爲哉. 雖不足
爲而不可不爲者, 其爲不免矣. 夫欲免爲形者, 莫如棄世. 棄世則無累, 無
累則正平, 正平則與彼更生, 更生則幾矣!

어찌하여 세속적인 일을 버려야 하고, 세속적인 삶을 잊어야 하
겠습니까? 세속적인 일을 버리면 몸이 수고롭지 않고, 세속적인 삶
을 잊으면 정신이 손상받지 않기 때문입니다. 몸이 온전해지고 정
신이 회복되면 대자연과 합일됩니다. 하늘과 땅은 만물을 낳는 부
모입니다. 하늘과 땅의 기운이 합쳐지면 형체가 이루어지고, 흩어

지면 본래의 처음 상태로 돌아갑니다. 몸과 정신이 손상되지 않는 것, 이를 일러 대자연의 변화에 따라 날로 새로워지는 것을 뜻한 능이(能移)라고 합니다. 그래서 정미해지고 또 정미해지면 근본으로 돌아가 대자연의 운행을 돕게 됩니다.

事奚足棄, 而生奚足遺? 棄事則形不勞, 遺生則精不虧. 夫形全精復, 與天爲一. 天地者, 萬物之父母也. 合則成體, 散則成始. 形精不虧, 是謂能移. 精而又精, 反以相天.

지인은 만물이 생겨나는 조화의 근원과 소통하게 되지
제19편 달생(達生) 2-1

열자(列子)가 함곡관의 수령을 지낸 관윤(關尹)에게 물었습니다.

"지극한 사람인 지인(至人)은 물에 들어가도 숨이 막히지 않고, 불길을 밟아도 뜨거움을 모르며, 만물의 위를 내달려도 두려워하지 않는다고 들었습니다. 어떻게 하여 그러한 경지에 도달했는지 여쭙고자 합니다."

子列子問關尹曰:「至人潛行不窒, 蹈火不熱, 行乎萬物之上而不慄. 請問何以至於此?」

이에 관윤이 대답합니다.

"그것은 순수하고도 순수한 순일(純一)의 기운을 잘 지켰기 때문이니, 지식이나 기교와 과단성이나 용기만으로 될 수 있는 것은 아니라네. 자! 여기 앉게나. 내 자네에게 얘기해 줌세. 대체로 보아 모

습이나 형상과 소리나 색채를 지니고 있는 것은 모두가 물건 중에
서도 사람이지. 그러니 사람과 사이에 어찌 큰 차별이 있겠는가?
그리고 어찌 그 가운데 어느 것이 앞서 이른다고 할 수 있겠나? 다
만 그것은 색채가 다를 뿐이지. 그러나 물건 가운데 형체를 지니지
않은 조화상태에서 어떠한 변화도 없는 경지에 머무는 경우도 있
지. 이러한 경지를 체득하여 궁구해나가는 사람이라면 어떤 물건
이 그를 제지할 수 있겠는가?

關尹曰: 「是純氣之守也, 非知巧果敢之列. 居, 予語汝. 凡有貌象聲色者,
皆物也, 物與物何以相遠? 夫奚足以至乎先? 是色而已. 則物之造乎不形,
而止乎無所化. 夫得是而窮之者, 物焉得而止焉?

그러한 지극한 사람인 지인(至人)은 자기 분수에서 벗어나지 않
게 처신하며, 끝없이 변화하는 자연의 법도에 깃든 채 만물이 끝
나고 시작되는 곳에서 노닌다네. 그의 본성을 순일하게 하고, 그의
정기를 보양하고, 그의 덕을 자연에 합일시켜, 만물이 생겨나는 조
화의 근원과 소통하게 되지. 이러한 사람은 자기의 천성을 온전하
게 지키며, 또 그 정신에 빈틈이 없으니 다른 사물이 어찌 끼어들
수 있겠는가?

彼將處乎不淫之度, 而藏乎無端之紀, 遊乎萬物之所終始. 壹其性, 養其
氣, 合其德, 以通乎物之所造. 夫若是者, 其天守全, 其神無郤, 物奚自入
焉?

백성들은 거의가 자신들의 천진스러움으로 돌아갈 걸세

제19편 달생(達生) 2-2

대체로 보아 술에 취한 사람은 수레에서 떨어져도 비록 다치기는 해도 죽지는 않는다네. 뼈 관절은 일반 사람들과 같지만 상해를 입는 것이 일반 사람들과 다른 점은, 술 취한 사람의 무의식의 정신이 온전하기 때문이라네. 그는 수레를 탔다는 것도 모르고, 떨어졌다는 것 역시도 알지 못하지. 죽고 사는 문제나 놀람이나 두려움이 그의 마음속에 들어오지 못하기 때문에 어떤 물건에 부딪친다 하더라도 두려워하지 않는 걸세. 그가 술로 인하여 무의식의 온전한 정신 상태를 얻었을지라도 이와 같은데, 하물며 대자연으로부터 온전한 정신 상태를 얻은 사람은 어떻겠는가?

夫醉者之墜車, 雖疾不死. 骨節與人同而犯害與人異, 其神全也. 乘亦不知也, 墜亦不知也, 死生驚懼不入乎其胸中, 是故遻物而不慴. 彼得全於酒而猶若是, 而況得全於天乎?

성인은 대자연의 순리에 몸을 맞기고 있으므로 그 어떤 것도 그를 해칠 수 없다네. 원수를 갚는 사람도 원수가 지닌 막야(鏌鋣)와 간장(干將)과 같은 명검은 부러뜨리지 않으며, 비록 사나운 마음을 지니고 있는 자일지라도 매서운 바람에 날아온 기왓장을 원망하지 않는 법이지. 이와 같이 사람들이 무심해지면 천하 세상은 평화롭고 균등해질 거야. 그래서 남을 공격하고 싸우는 난리가 없어지고, 사람을 죽이는 형벌이 없어지는 것은 바로 이 도로부터 연유된 것이라네. 그러자면 인위적으로 자연을 개발하지 말고 자연스럽게 대자연의 순리를 따라 개발해야 할 걸세. 자연을 따라 개발한 사람은 덕이 생겨날 것이고, 인위적으로 개발한 자는 해로움만 생길 거야. 그러니 그 자연스러움을 싫어하지 않고 인위마저도 홀대하지 않는다면, 백성들은 거의가 자신들의 천진스러움으로 돌아갈 걸세."

聖人藏於天, 故莫之能傷也. 復讐者, 不折鏌干. 雖有忮心者, 不怨飄瓦, 是以天下平均. 故無攻戰之亂, 無殺戮之刑者, 由此道也. 不開人之天, 而開天之天. 開天者德生, 開人者賊生. 不厭其天, 不忽於人, 民幾乎以其眞.」

마음 씀을 분산하지 않으면 곧 정신이 한곳으로 응결된다
제19편 달생(達生) 3-1

공자가 초나라로 가는 길에 숲속을 지나 나오는데, 한 꼽추가 매미를 잡는 것을 보니 마치 줍는 것처럼 하고 있었습니다. 그래서 공자가 다가가 물었습니다.

"그대는 정말 기묘하군요. 무슨 도라도 있는 겁니까?"

仲尼適楚, 出於林中, 見痀僂者承蜩, 猶掇之也. 仲尼曰:「子巧乎, 有道邪?」

그러자 꼽추가 말합니다.

"물론 내게도 도가 있지요. 대여섯 달 동안 장대 끝에 공 두 개를 포개어 놓고서도 떨어뜨리지 않으면, 매미를 잡을 때 실패율은 적어집니다. 공 세 개를 포개어 놓고도 떨어뜨리지 않으면 실패율은 열 번에 한 번 정도였습니다. 공 다섯 개를 포개어 놓고도 떨어뜨리지 않게 되자 마치 매미를 줍듯이 잡게 되었습니다. 나의 몸가짐은 마치 말뚝이나 그루터기와 같이 꼼짝 않고, 팔로써 장대를 잡을 땐 마치 마른나무의 가지와도 같습니다. 비록 천지가 넓고 만물이 많다고는 하지만 나는 오직 매미의 날개만을 알고 있을 뿐이랍니다. 나는 몸과 마음을 되돌리거나 기울이지도 않으며, 만물 중 어떤 것에도 매미 날개에 대한 집념을 빼앗기지 않습니다. 그러니 어찌 잡지 못할 리가 있겠습니까?"

日:「我有道也. 五六月累丸二而不墜, 則失者錙銖. 累三而不墜, 則失者十一. 累五而不墜, 猶掇之也. 吾處身也, 若厥株拘. 吾執臂也, 若槁木之枝. 雖天地之大, 萬物之多, 而唯蜩翼之知. 吾不反不側, 不以萬物易蜩之翼, 何爲而不得?」

이 말을 들은 공자는 제자들을 돌아다보며 말합니다.
"마음 씀을 분산하지 않으면 곧 정신이 한곳으로 응결된다 했는데, 그것은 저 꼽추 노인을 두고 한 말일 게다."

孔子顧謂弟子曰:「用志不分, 乃凝於神. 其痀僂丈人之謂乎.」

손 밖의 것이 소중하게 여겨지면 자기 마음속은 더욱 옹졸해진다
제19편 달생(達生) 4-1

안연이 스승 공자에게 물었습니다.
"제가 일찍이 상심이라는 연못을 건넌 적이 있었는데, 사공의 배

모는 솜씨가 신기에 가까웠습니다. 그래서 제가 물었죠. '배 모는 법을 배울 수 있습니까?'라고 했더니, 그는 '배울 수 있지. 헤엄을 잘 치는 사람은 몇 번 연습하면 배울 수 있다네. 그러나 잠수를 잘 하는 사람이라면 배를 본 일이 없어도 손쉽게 몰 수 있지'라고 했습니다. 그래서 제가 어찌 그런지 물었으나 더 이상 제게 알려주지 않았습니다. 감히 어째서 그랬는지 여쭙고 싶습니다."

顏淵問仲尼曰：「吾嘗濟乎觴深之淵, 津人操舟若神. 吾問焉曰：『操舟可學邪?』曰：『可. 善游者數能. 若乃夫沒人, 則未嘗見舟而便操之也.』吾問焉而不吾告, 敢問何謂也?」

이에 스승 공자가 대답합니다.

"헤엄을 잘 치는 사람이 몇 번 연습하면 쉽게 배울 수 있는 것은 물을 잊을 수 있기 때문이란다. 잠수를 잘하는 사람이라면 배를 본 일이 없어도 손쉽게 몰 수 있다는 것은, 그가 연못을 육지의 언덕처럼 보고 배가 뒤집혀도 마치 수레가 뒤로 물러나는 것 정도로 생각하기 때문이지. 배가 뒤집히고 수레가 뒤로 물러나는 등 온갖 사태가 눈앞에서 벌어진다 하더라도 어떤 두려움도 그의 마음속에 들어오지 못한단다. 그러니 어디를 간들 여유가 있지 않겠느냐? 값싼 기왓장을 내걸고 활쏘기를 하면 잘 쏠 수 있지만, 조금 값나가는 띠쇠를 걸고 활을 쏘면 마음이 떨리게 되고, 값나가는 황금을 내걸고 활쏘기를 하면 마음이 더욱 혼란에 빠질 것이다. 그의 활쏘기 기술은 변함이 없지만 아끼고 갖고 싶은 것이 있다면 내 손 밖의 것이 더욱 소중하게 다가오는 법. 그러니 내 손 밖의 것이 소중하게 여겨지면 자기 마음속은 더욱 옹졸해진단다."

仲尼曰:「善游者數能, 忘水也. 若乃夫沒人之未嘗見舟而便操之也, 彼視淵若陵, 視舟若覆, 猶其車卻也. 覆卻萬方陳乎前而不得入其舍, 惡往而不暇? 以瓦注者巧, 以鉤注者憚, 以黃金注者殙. 其巧一也, 而有所矜, 則重外也. 凡外重者內拙.」

사람이 가장 두려워해야 할 것은 밤중에 잠자리에서 먹고 마시는 일

제19편 달생(達生) 5-1

주나라의 현인 전개지(田開之)가 주나라 위공(威公)을 찾아가자, 위공이 물었습니다.

"내 듣기론 축현(祝腎)이 양생법을 배웠다던데, 선생께선 축현과 친분이 있으니 뭐 좀 들은 게 있습니까?"

이에 전개지가 손사래를 치며 말합니다.

"저는 빗자루를 들고서 대문과 뜰 앞을 쓸며 시중을 들었을 뿐인데 그분께 뭘 들었겠습니까?"

田開之見周威公, 威公曰:「吾聞祝腎學生, 吾子與祝腎遊, 亦何聞焉?」

田開之曰:「開之操拔篲以侍門庭, 亦何聞於夫子?」

그러자 위공이 다시 재촉하여 말합니다.

"선생께선 너무 겸손하시오. 나는 정말로 듣고 싶소이다."

마지못해 전개지가 대답합니다.

"스승님께 들은 걸 말씀드리자면, '양생을 잘한다는 것은 양떼를 치는 것과 같아서, 무리에서 뒤처진 놈을 보면 채찍으로 다스려라' 라고 하였습니다."

위공이 다시 묻습니다.

"그게 무슨 뜻이지요?"

威公曰: 「田子無讓, 寡人願聞之.」 開之曰: 「聞之夫子曰: 『善養生者, 若牧羊然, 視其後者而鞭之.』」 威公曰: 「何謂也?」

이에 전개지가 말을 잇습니다.

"노나라에 선표(單豹)라는 사람이 있었는데, 산속 바위굴에 살며 돌 틈에서 나오는 석간수만을 마시며 지냈습니다. 세상 사람들과는 이익을 다투지 않고, 나이 칠십이 되었는데도 어린아이와 같은 얼굴빛을 하고 있었습니다. 그러나 불행하게도 굶주린 호랑이를 만났는데, 그 굶주린 호랑이가 그를 잡아먹어버렸습니다. 또 장의(張毅)라는 사람이 있었는데, 부잣집이나 가난한 집을 가리지 않고 분주히 뛰어다니며 사귀었습니다. 그러나 나이 사십에 그만 몸속 열병에 걸려 죽어버렸습니다. 선표는 자기의 내면을 양생했지만 호랑이가 그의 외면인 몸을 잡아먹어버렸습니다. 장의는 자기의 외양을 잘 길렀지만 자신의 내부에서 열병이 일어나 죽었습니다. 이 두 사람은 모두가 자기들의 뒤처진 부분을 채찍질하지 못한 겁니다."

田開之曰: 「魯有單豹者, 巖居而水飮, 不與民共利, 行年七十而猶有嬰兒之色, 不幸遇餓虎, 餓虎殺而食之. 有張毅者, 高門縣薄, 無不走也, 行年

四十而有內熱之病以死. 豹養其內而虎食其外, 毅養其外而病攻其內. 此
二子者, 皆不鞭其後者也.」

공자께서도 말씀하셨습니다. 즉 '내면만을 닦는다며 안으로 들
어가 숨지 말며, 외양만을 닦는다며 너무 돌출시키지 말고, 무심
한 마른나무처럼 안팎의 중간에 서 있어야 한다. 안팎과 중간이라
는 세 가지를 모두 얻게 되면 그 명성은 반드시 지극한 경지에 이
를 것이다'고 말이죠. 대개 위험한 길을 열 사람이 가다 한 사람이
라도 도적에게 죽임을 당하면 부자 형제들은 서로 경계를 하며, 다
음부터는 반드시 많은 하인들을 데리고 나서야 길을 나설 겁니다.
이 또한 지혜가 아니겠습니까? 그러나 사람이 가장 두려워해야 할
것은 밤중에 잠자리 위에서 먹고 마시는 일일 겁니다. 이러한 일을
경계할 줄 모르는 사람은 양생의 도에서 벗어난 겁니다.

仲尼曰:「無入而藏, 無出而陽, 柴立其中央. 三者若得, 其名必極. 夫畏塗
者, 十殺一人, 則父子兄弟相戒也, 必盛卒徒而後敢出焉, 不亦知乎? 人
之所取畏者, 衽席之上, 飮食之間, 而不知爲之戒者, 過也.」

진정한 마음으로 상대방을 배려한 적이 있는가

제19편 달생(達生) 6-1

제사를 주관하는 관리가 제례 복을 입고서 돼지우리로 가서는
돼지에게 말했습니다.

"너는 어찌하여 죽음을 싫어하느냐? 나는 석 달 동안 너를 잘 먹

여주고, 열흘 동안 부정한 일을 경계했으며, 사흘 동안 몸과 마음을 깨끗이 하고, 흰 띠풀을 깔고서 너를 잡아 너의 어깨와 엉덩이 살을 아름다운 무늬가 새겨진 제기 위에 올리려 한다. 너도 그렇게 하고 싶겠지?"

祝宗人玄端以臨牢筴, 說彘曰: 「汝奚惡死? 吾將三月豢汝, 十日戒, 三日齊, 藉白茅, 加汝肩尻乎雕俎之上, 則汝爲之乎?」

그러나 돼지를 위한다는 사람은 이렇게 말할 겁니다.

"겨나 술지게미를 먹으면서라도 돼지우리 속에 있는 것만 못할 겁니다."

그런데 그 사람도 자신을 위해 생각할 땐, 적어도 살아서는 높은 벼슬자리에 앉고 죽어서는 상여 위 잘 꾸며진 관 속에 놓이게 된다면 그렇게 하려 들 겁니다. 돼지를 위한답시고 생각할 때는 그러한 것을 물리치면서도 자신을 위해 생각할 때는 그러한 부귀를 얻으려 하고 있으니, 그 사람이 돼지와 다른 건 무얼까요?

爲彘謀曰: 「不如食以糠糟而錯之牢筴之中.」 自爲謀, 則苟生有軒冕之尊, 死得於豚楯之上, 聚僂之中則爲之. 爲彘謀則去之, 自爲謀則取之, 所異彘者何也?

그건 그렇고 도대체 귀신이란 게 있냔 말이오
제19편 달생(達生) 7-1

제나라 환공(桓公)이 연못가에서 사냥을 할 때 관중(管仲)이 마차

를 몰았는데, 환공이 귀신을 본 모양입니다. 두려운 나머지 환공은
관중의 손을 붙잡으며 다급하게 묻습니다.

"중부(仲父)께서도 무언가를 보았소?"

그러자 의아한 듯 관중이 대답합니다.

"전 아무것도 보지 못했는데요."

桓公田於澤, 管仲御, 見鬼焉. 公撫管仲之手曰:「仲父何見?」對曰:「臣
無所見.」

서둘러 황궁으로 돌아온 환공은 실성한 듯 헛소리를 하는 병에
걸려 여러 날 동안 침소를 벗어나지 못했습니다. 이를 지켜본 제나
라의 선비 황자고오(皇子告敖)가 환공에게 말합니다.

"전하 스스로 병을 초래한 것이지, 귀신이 어찌 임금님을 앓게
할 수 있겠습니까? 마음속에 쌓인 울분의 기운이 흩어지기만 하고
되돌아오지 않으면 정신의 기운이 부족하여 불안하게 됩니다. 기
운이 올라가기만 하고 내려오지 않으면 그 사람을 곧잘 성내게 만
들고, 내려가기만 하고 올라오지 못하면 곧잘 건망증에 빠지게 만
들게 되죠. 기운이 올라가지도 않고 내려가지도 않은 채 몸 중심부
인 심장에 머물게 되면 병을 일으키게 됩니다."

公反, 誒詒爲病, 數日不出. 齊士有皇子告敖者, 曰:「公則自傷, 鬼惡能傷
公? 夫忿滀之氣, 散而不反, 則爲不足. 上而不下, 則使人善怒. 下而不上,
則使人善忘. 不上不下, 中身當心, 則爲病.」

답답한 듯 환공이 묻습니다.

"그건 그렇고 도대체 귀신이란 게 있냔 말이오?"

그러자 황자고오가 서둘러 대답합니다.

"물론 있습니다. 진흙 웅덩이에는 리(履)라는 귀신이 있고, 부엌에는 결(髻)이라는 귀신이 삽니다. 집 안의 지저분한 곳에는 뇌정(雷霆)이라는 귀신이 머물고, 집 동북쪽 모퉁이에는 배아(倍阿)와 해롱(鮭蠪)이라는 귀신이 날뛰어 다니며, 서북쪽 모퉁이에는 일양(洪陽)이라는 귀신이 삽니다. 물에는 망상(罔象)이라는 귀신이, 언덕에는 신(峷)이라는 귀신이, 산에는 기(夔)라는 귀신이, 들판에는 방황(彷徨)이라는 귀신이, 연못에는 위사(委蛇)라는 귀신이 살고 있지요."

桓公曰:「然則有鬼乎?」曰:「有. 沈有履. 竈有髻. 戶內之煩壤, 雷霆處之. 東北方之下者倍阿, 鮭蠪躍之. 西北方之下者, 則洪陽處之. 水有罔象, 丘有峷, 山有夔, 野有彷徨, 澤有委蛇.」

이에 환공은 뭔가를 떠올리며 묻습니다.

"연못에 산다는 위사라는 귀신의 모양은 어떻게 생겼는고?"

황자고오가 뭔가를 눈치 챈 듯 얼른 대답합니다.

"위사라는 놈은 몸통 크기는 수레바퀴통만 하고, 그 길이는 수레의 끌채만 한데, 자주색 옷에 붉은 관을 쓰고 있습니다. 그놈 성질은 요란한 마차 달리는 소리를 싫어해서 그 소리만 들리면 머리를 치켜들고 다가섰습니다. 이놈을 본 사람은 거의가 한 나라의 임금이 된다고들 합니다."

公曰:「請問, 委蛇之伏狀何如?」皇子曰:「委蛇, 其大如轂, 其長如轅, 紫衣而朱冠. 其爲物也. 惡聞雷車之聲, 則捧其首而立. 見之者殆乎霸.」

이 말을 들은 환공은 껄껄껄 웃으며 말합니다.

"내가 본 것이 바로 그놈이라네."

그러고는 의관을 바로잡고 황자고오와 앉아 담소를 나누었는데, 채 하루도 되기 전에 병은 쥐도 새도 모르게 사라져버렸습니다.

桓公囅然而笑曰:「此寡人之所見者也.」於是正衣冠與之坐, 不終日而不知病之去也.

이젠 그놈을 보기만 해도 슬그머니 뒤돌아 꽁무니를 내빼버립니다

제19편 달생(達生) 8-1

기성자(紀渻子)라는 사람이 주나라 선왕을 위해 싸움닭을 기르고 있었습니다. 열흘이 지나자 선왕이 물었습니다.

"이제 그 닭이 싸울 수 있겠는가?"

그러자 기성자가 대답합니다.

"아직은 안 됩니다. 지금은 허세를 부리며 교만하여 제 기운만을 믿고 있습니다."

열흘이 지나 선왕이 또다시 묻자 기성자가 대답합니다.

"아직도 안 됩니다. 지금도 역시 상대를 죽일 듯 노려보며 기운만 성할 뿐입니다."

紀渻子爲王養鬪雞. 十日而問:「雞已乎?」曰:「未也, 方虛憍而恃氣.」十日又問, 曰:「未也, 猶應嚮景.」 十日又問, 曰:「未也, 猶疾視而盛氣.」

열흘이 더 지나 왕이 또다시 묻자 기성자가 대답합니다.

"이제는 거의 된 것 같습니다. 상대 닭이 사납게 울어대도 어떤 내색도 보이지 않습니다. 그놈을 바라보면 나무를 깎아 만든 닭처럼 미동도 하지 않습니다. 내면의 덕이 다 갖추어진 겁니다. 그러니 다른 닭들이 감히 덤벼들지 못하고, 그놈을 보기만 해도 슬그머니 뒤돌아 꽁무니를 내빼버립니다."

十日又問, 曰:「幾矣, 雞雖有鳴者, 已無變矣, 望之似木雞矣, 其德全矣. 異雞無敢應者, 見者反走矣.」

평소의 습관은 성격이 되고 그 성격은 운명을 만드는 법입니다
제19편 달생(達生) 9-1

공자가 여량이라는 곳으로 나들이를 갔습니다. 그곳에는 서른 길 높이의 폭포수가 쏟아져 내리고, 포말을 일으키며 장장 사십여 리나 급류가 흐르고 있어 자라나 악어, 물고기도 헤엄치기가 어려웠습니다. 그런데 그런 급류에서 한 남자가 헤엄치는 것을 본 공자는 아마도 괴로움이 있어 죽으려는 사람인가 보다 생각하고는, 제자를 시켜 물길을 따라 내려가 그를 구해 주라고 하였습니다. 그러나 그 사람은 수백 보 거리를 헤엄치고 뭍으로 나와서는 머리를 풀어헤친 채 노래를 흥얼거리며 언덕 아래를 거닐고 있었습니다. 깜짝 놀란 공자는 그를 쫓아가 물었습니다.

"나는 그대가 귀신인 줄 알았는데, 자세히 살펴보니 사람이군요. 내 한 가지 묻고 싶소만, 물에서 헤엄치는 데도 뭔가 특별한 도(道)가 있는 겁니까?"

> 孔子觀於呂梁, 縣水三十仞, 流沫四十里, 黿鼉魚鱉之所不能游也. 見一
> 丈夫游之, 以爲有苦而欲死也. 使弟子竝流而拯之. 數百步而出, 被髮行
> 歌而遊於塘下. 孔子從而問焉, 曰:「吾以子爲鬼, 察子則人也. 請問: 蹈水
> 有道乎?」

그러자 손사래를 치며 헤엄을 쳤던 남자가 말합니다.

"에이, 그런 거 없습니다. 내게 특별한 도가 있는 건 아니랍니다. 다만 나는 옛 습관대로 헤엄을 치기 시작했고, 그것이 성격으로 자라났으며, 결국엔 제 운명이 되었습니다. 그저 나는 소용돌이를 따라 물속으로 들어갔다가 솟아오르는 물길과 함께 물위로 떠오를 뿐이지요. 자연스런 물길을 따를 뿐 사사로운 마음은 쓰지 않습니다. 이것이 내가 이와 같은 급류에서도 헤엄을 칠 수 있는 방법이랍니다."

> 曰:「亡, 吾無道. 吾始乎故, 長乎性, 成乎命. 與齊俱入, 與汨偕出, 從水
> 之道, 而不爲私焉. 此吾所以蹈之也.」

그러자 공자가 다시 묻습니다.

"무엇을 일러 옛 습관대로 헤엄을 치기 시작했고, 그것이 성격으로 자라났으며, 결국엔 운명이 되었다는 겁니까?"

이에 그 사내가 말합니다.

"내가 육지에서 태어나 뭍에서 편안히 지내고 있는 것이 옛 습관이고, 물속에서 자라나서 그곳에서 편안히 지내고 있는 것이 성격이며, 나도 그렇게 되는 이유를 알지 못하면서도 그렇게 헤엄치는 것을 운명이라 합니다."

孔子曰:「何謂始乎故, 長乎性, 成乎命?」曰:「吾生於陵而安於陵, 故也. 長於水而安於水, 性也. 不知吾所以然而然, 命也.」

제가 만든 기물들이 귀신같은 솜씨에 가깝다는 까닭이 여기에 있는 것이죠

제19편 달생(達生) 10-1

노나라의 유명한 목수 재경(梓慶)이라는 사람이 나무를 깎아 악기걸이 틀을 만들었습니다. 다 만들어진 틀을 본 사람들은 그 솜씨가 귀신같다며 깜짝 놀랍니다. 노나라 임금이 그 틀을 보고선 묻습니다.

"자네는 무슨 비술(秘術)로써 이걸 만들었는가?"

梓慶削木爲鐻, 鐻成, 見者驚猶鬼神. 魯侯見而問焉, 曰:「子何術以爲焉?」

그러자 그 목수가 대답합니다.

"저는 그저 목수일 뿐인데, 무슨 비술이 있겠습니까? 그렇긴 하지만 한 가지 원칙은 있습니다. 저는 악기걸이 틀을 만들려 할 때는 결코 정기를 소모시키지 않고, 반드시 재계(齋戒)를 하여 마음을 고요히 합니다. 사흘 동안 재계를 하면 감히 누구에게 상을 받거나

벼슬자리를 바라는 것 같은 생각을 품지 않게 됩니다. 닷새 동안
재계를 하면 감히 남의 비난이나 칭찬과 잘되고 못 되는 따위의 생
각을 하지 않게 됩니다. 이레 동안 재계를 하면 돌연 제가 손발과
육신을 지녔다는 것조차도 잊게 됩니다.

　이렇게 되었을 때는 벼슬이나 조정도 안중에 없고, 오로지 내심
으로 기교에 힘쓰다 보면 자연스럽게 밖의 혼란 같은 것은 사라져
버립니다. 그렇게 된 후에야 산속 숲으로 들어가 나무 본래의 성질
이나 형체가 틀에 적합한 것을 살핍니다. 그런 후 마음속으로 완성
된 악기걸이 틀을 그려본 후에야 그 나무에 손을 댑니다. 만약 그
렇지 않으면 그만둡니다. 이는 곧 저의 본성과 나무의 본성을 합일
시키는 겁니다. 제가 만든 기물들이 귀신같은 솜씨에 가깝다는 까
닭이 여기에 있는 것이죠."

　對曰:「臣工人, 何術之有? 雖然, 有一焉. 臣將爲鐻, 未嘗敢以耗氣也, 必
齊以靜心. 齊三日, 而不敢懷慶賞爵祿. 齊五日, 不敢懷非譽巧拙. 齊七
日, 輒然忘吾有四枝形體也. 當是時也, 無公朝. 其巧專而外滑消, 然後入
山林, 觀天性, 形軀至矣, 然後成見鐻, 然後加手焉, 不然則已. 則以天合
天, 器之所以疑神者, 其是與.」

동야직의 말은 곧 쓰러지고 말 겁니다

제19편 달생(達生) 11-1

　동야직(東野稷)이라는 사람이 말 부리는 솜씨를 장공(莊公)에게
선보였습니다. 나아가고 물러나는 것이 먹줄에 꼭 들어맞는 것처

럼 정확했고, 좌우로 선회할 때는 그림쇠로 그린 듯이 둥글었습니다. 이를 지켜본 장공은 옷감의 무늬도 이만큼 정교하지는 못하리라 생각하고선 동야직에게 멀리 밭둑길을 돌아오게 하였습니다. 장공의 신하 안합(顔闔)이 동야직을 만나고 들어와 장공을 뵙고는 말합니다.

"동야직의 말은 곧 쓰러지고 말 겁니다."

東野稷以御見莊公, 進退中繩, 左右旋中規. 莊公以爲文弗過也. 使之鉤百而反. 顔闔遇之, 入見曰:「稷之馬將敗.」

장공은 잠자코 아무 말을 하지 않았습니다. 그런데 얼마 지나지 않아 정말로 말은 쓰러지고 동야직은 홀로 되돌아왔습니다. 그러자 장공이 안합에게 묻습니다.

"그대는 어찌 이리될 줄 알았는가?"

이에 안합이 대답합니다.

"그 말이 힘이 다했는데도, 계속해서 달리게 했기 때문에 쓰러질 거라 말한 겁니다."

公密而不應. 少焉, 果敗而反. 公曰:「子何以知之?」曰:「其馬力竭矣而猶求焉, 故曰敗.」

발이 있다는 것을 잊는 것은 신발이 꼭 들어맞기 때문

제19편 달생(達生) 12-1

요 임금 때의 유명한 장인 공수(工倕)가 손수 도면을 그리면 그림

쇠나 곱자를 쓴 것처럼 정확했습니다. 그의 손가락이 사물과 동화
되어 마음으로 헤아릴 필요가 없었습니다. 그러므로 그의 정신은
하나로 모아져 아무런 구속도 받지 않았죠.

工倕旋而蓋規矩, 指與物化而不以心稽, 故其靈臺一而不桎.

발이 있다는 것을 잊는 것은 신발이 꼭 들어맞기 때문이고, 허리
가 있다는 것을 잊는 것은 허리띠가 알맞기 때문입니다. 옳고 그름
을 잊을 줄 아는 것은 마음이 자연스레 알맞기 때문이랍니다. 안으
로 마음이 변화하지 않고 밖으로 다른 사물에 이끌리지 않는 것은
하는 일마다 경우에 알맞기 때문입니다. 알맞음에서 시작해서 알
맞지 않은 일이 없게 되면, 알맞음이 알맞다는 것도 잊어버리게 됩
니다.

忘足, 履之適也. 忘要, 帶之適也. 知忘是非, 心之適也. 不內變, 不外從,
事會之適也. 始乎適, 而未嘗不適者, 忘適之適也.

만약 새를 기르던 방법으로 새를 양육하려 했다면

제19편 달생(達生) 13-1

손휴(孫休)라는 사람이 있었는데, 편경자(扁慶子)의 집을 방문하여
서는 자신의 넋두리를 풀어놓았습니다.

"저는 고향에 살면서 수양이 되지 않았다는 말을 듣질 못했고,
어려운 일을 당해서는 용기가 없다는 말도 들어본 적이 없습니다.
그런데 농사를 지으면서 풍년이 든 적도 없고, 임금을 섬겼어도 등

용되지도 않았습니다. 더구나 고향에서는 배척을 당하고, 살고 있던 고을에서는 추방까지 당했는데, 대체 하늘에 무슨 죄를 지은 겁니까? 제가 어찌하여 이러한 운명을 겪어야 합니까?"

有孫休者, 踵門而詫子扁慶子曰:「休居鄕不見謂不修, 臨難不見謂不勇. 然而田原不遇歲, 事君不遇世, 賓於鄕里, 逐於州部, 則胡罪乎天哉? 休惡遇此命也?」

그러자 편경자가 말해 줍니다.

"자네는 지극한 사람인 지인(至人)의 자연스런 행실에 대해 듣질 못했는가? 그는 자신의 간과 쓸개와 같은 몸도 잊고 총명함도 저버린 채 망연히 세속을 벗어나 노닐며, 할 일 없는 것을 업으로 삼고 그저 소요하고 있을 뿐이지. 이를 일러 일을 하고서도 공로를 내세우지 않고, 만물을 자라나게 하였으면서도 주재하려 하지 않는다고 하지. 그런데 지금 자네는 알량한 지식으로 자신을 과대포장하고선 어리석은 이들을 놀라게 하고, 심신을 수양했답시고 남의 잘못을 밝혀내고선 자신은 해와 달같이 밝게 빛난 듯 행동하고 있잖은가. 그런 자네가 온전한 육체를 지니고 이목구비와 대소변을 보는 아홉 구멍을 갖추고서, 중도에 귀머거리나 장님 혹은 절름발이가 되어 요절하지 않고 여러 사람들과 살고 있는 것만도 행복한 일이지. 그런데 또 어느 겨를에 하늘을 원망한단 말인가! 자넨 어서 물러가게나!"

扁子曰:「子獨不聞夫至人之自行邪? 忘其肝膽, 遺其耳目, 芒然彷徨乎塵垢之外, 逍遙乎無事之業, 是謂爲而不恃, 長而不宰. 今汝飾知以驚愚, 修

身以明汚, 昭昭乎若揭日月而行也. 汝得全而形軀, 具而九竅, 無中道夭
於聾盲跛蹇而比於人數, 亦幸矣, 又何暇乎天之怨哉! 子往矣!」

손휴가 나가자 편경자는 방으로 들어와 앉아 있다가는 하늘을
우러르며 탄식을 해댔습니다. 이를 지켜본 제자가 물었습니다.

"스승님께선 어찌 그리 탄식을 하십니까?"

이에 스승 편경자가 말합니다.

"방금 전 손휴가 왔었을 때 나는 그에게 지극한 사람의 덕에 대
해 말해 주었지. 나는 그가 놀래서 결국엔 더욱더 의혹되진 않았는
지 걱정이 되는구나."

孫子出, 扁子入. 坐有間, 仰天而歎. 弟子問曰:「先生何爲嘆乎?」扁子曰:
「向者休來, 吾告之以至人之德, 吾恐其驚而遂至於惑也.」

"그렇지 않습니다, 스승님! 손휴의 말이 옳고 스승님의 말씀이
그릇되었다면, 본디 그릇된 것이 옳은 것을 의혹되게는 할 수 없을
겁니다. 손휴의 말이 그릇되었고 스승님 말씀이 옳다면, 손휴는 본
디 의혹된 상태로 왔으니, 또 어찌 스승님의 허물이겠습니까?"

弟子曰:「不然. 孫子之所言是邪, 先生之所言非邪, 非固不能惑是. 孫子
所言非邪, 先生所言是邪, 彼固惑而來矣, 又奚罪焉?」

듣고 있던 편경자가 말합니다.

"그렇지 않단다. 옛날에 아름다운 한 마리 새가 날아와 노나라
교외에 머물렀단다. 노나라 임금은 너무 기쁜 나머지 소와 돼지와

양을 잡아 향응을 베풀고 구소의 음악을 연주케 하여 새를 즐겁게
해주었지. 그러나 새는 곧 걱정과 슬픔에 휩싸이고 눈마저 어지러
워 아무것도 먹거나 마시지도 못했단다. 이것은 사람인 자기가 먹
던 방법으로 새를 양육하려 했기 때문이지. 만약 새를 기르던 방법
으로 새를 양육하려 했다면, 마땅히 깊은 숲속에 살게 하고 강이나
호수에서 헤엄치게 하고선 미꾸라지를 잡아먹게 하여 넓은 땅에서
편안히 지내게 하는 것뿐이란다. 아까 손휴라는 사람은 식견이 좁
고 견문이 부족한 사람인데도 내가 지극한 사람의 덕을 말해 준 것
은, 비유하자면 마치 생쥐를 수레나 말에 태워주고 작은 메추라기
를 즐겁게 해주려고 음악을 연주하는 것과 같은 일이었을 것이다.
그러니 그가 어찌 놀라지 않을 수 있었겠느냐?"

扁子曰:「不然. 昔者有鳥止於魯郊, 魯君說之, 爲具太牢以饗之, 奏九韶
以樂之. 鳥乃始憂悲眩視, 不敢飮食. 此之謂以己養養鳥也. 若夫以鳥養
養鳥者, 宜棲之深林, 浮之江湖, 食之以鰌鰷, 委蛇而處, 則安平陸而已
矣. 今休, 款啓寡聞之民也, 吾告以至人之德, 譬之若載鼷以車馬, 樂鴳以
鐘鼓也, 彼又惡能無驚乎哉?」

한자어원풀이

履適忘足(이적망족) 이란 "신발이 꼭 들어맞으면 발이 있다는 것도 잊어버린다"는 뜻으로, "발이 있다는 것을 잊는 것은 신발이 꼭 들어맞기 때문이고, 허리가 있다는 것을 잊는 것은 허리띠가 알맞기 때문이다. 옳고 그름을 잊을 줄 아는 것은 마음이 자연스레 알맞기 때문이고, 안으로 마음이 변화하지 않고 밖으로 다른 사물에 이끌리지 않는 것은 하는 일마다 경우에 알맞기 때문이다"는 대목에서 유래하였습니다.

밟을 履(이, 리) 는 주검 시(尸)와 다시 부(復, 되돌아올 복)로 이루어졌습니다. 尸(시)에 대해 허신은 『說文』에서 "尸는 늘어져 있다는 뜻이다. 엎드려 있는 모양을 본떴다"라고 하였습니다. 갑골문에 표현된 자형은 사람의 옆모양을 그려 놓았지만 다리 부분이 구부러져 있어, 무릎을 굽히고 웅크리고 있는 모양이랍니다. 죽은 사람을 뜻해 '주검'이라는 의미를 부여했습니다. 여기에서는 허리를 굽히고 신발을 신으려는 사람을 나타냅니다.

復(복, 다시 부)는 조금 걸을 척(彳)과 돌아올 복(夏=复)으로 구성되어 있습니다. 彳(척)은 여기서는 사람들이 분주히 오가는 '네 거리'를 본뜬 行(행)의 생략형으로 보아야 그 의미가 살아납니다. 复(복)

은 갑골문에 나타난 자형을 참조할 때 대장간에서 불을 지피는 도구인 '풀무'와 발을 뜻하는 止(지)가 더해진 모양이었으나 현재 자형에서는 알아볼 수 없을 만큼 변해 버렸습니다. 여기서 말한 풀무는 발을 사용하여 바람을 일으키는 것으로, 발로 밟을 때마다 통속의 칸막이가 왕복으로 오가며 바람을 일으킵니다. 이에 따라 復(복)의 의미는 풀무(复)와 같이 오고가다(行)가 본뜻이었으나 '돌아오다'는 의미로 더 쓰였고, 또한 '회복하다', '다시'라는 뜻으로도 확장되었습니다.

따라서 履(이)의 전체적인 의미는 사람이 허리를 굽히고(尸) 길을 오가기(復) 위해 신발을 신는 모습을 그려내 '신', '신다', '밟다'라는 뜻을 지니게 되었습니다.

맞을 適(적) 은 쉬엄쉬엄 갈 착(辶)과 밑동 적(啇)으로 이루어졌습니다. 辶(착)의 본래 자형은 辵(착)으로 가다(彳) 서다(止)를 반복하며 쉬엄쉬엄 가다는 뜻을 지닙니다.

啇(적)은 임금 제(帝)와 입 구(口)로 구성되었는데, 帝(제)는 꽃봉오리를 연결해 주는 꽃대를 상형한 것이었습니다. 그런데 帝(제)가 임금이란 뜻으로 쓰이자 본뜻을 보존하기 위하여 '꼭지 체(蒂, 蔕와 뜻이 같음)'를 별도로 제작하였습니다. 여기서 帝(제) 아래에 더해진 '口' 모양은 열매를 뜻합니다. 그래서 啇(적)의 의미는 꽃이 핀 후 맺힌 열매의 배꼽에 해당하는 '밑동'을 뜻하게 되었습니다. 따라서 適(적)의 전체적인 의미는 나뭇가지의 꼭지에 매달린 열매(啇)가 알맞게 익어감(辶)을 그려내 '맞다', '마땅하다'는 뜻을 지니게 되었습니다.

`잊을 忘(망)`은 망할 망(亡)과 마음 심(心)으로 구성되어 있습니다. 亡
(망)에 대해 허신은 『說文』에서 "亡은 도망간다는 뜻이다. 入(입)과
乚(은)으로 구성되었다"라고 하였습니다. 즉 사람이 으슥한 데로
숨어(乚)든다(入) 해서 '도망하다', '없어지다'의 뜻을 지니게 되었
으며, 사람(亠)이 땅에 영구히 묻히기(乚) 때문에 '죽다'라는 뜻으
로 보기도 합니다. 또한 속자로 𠃊(망)으로 쓰기도 하는데, 사람이
언덕에서 굴러 떨어져 죽는 것을 뜻하기도 합니다.

心(심)은 우리의 몸 가운데 마음이 머무는 곳으로 생각했던 심장
을 본떠 만든 상형글자인데, 여기서는 생각을 하는 주체로서의 마
음입니다. 따라서 忘(망)의 전체적인 의미는 우리 몸의 주체인 마음
(心)에서 없어져버렸다(亡)는 데서 '잊다'의 뜻을 갖게 되었습니다.

`발 足(족)`은 사람의 다리를 본뜬 상형글자입니다. 足(족)에 대해 『說
文』에서는 "足은 사람의 발을 뜻하며 몸의 아래쪽에 위치해 있다.
口(구)와 止(지)로 짜여 있다"라고 하였습니다. 발 모양을 본뜬 止
(지)의 갑골문을 보면 자형 우측의 옆으로 뻗는 모양(-)은 앞으로
향한 엄지발가락이며 중앙의 세로(丨)와 좌측의 작은 세로(丨)는 각
각 발등과 나머지 발가락을, 자형 하부의 가로(一)는 발뒤꿈치를 나
타내며 앞으로 향한 좌측 발의 모습을 그려내고 있습니다.

산속 나무가 주는 교훈

산목

山   木

"배를 나란히 하고서 황하를 건널 적에 아무도 없는 빈 배가 와서 자기 배에게 부딪쳤다면, 비록 마음이 비좁은 사람이라 할지라도 화를 내진 않을 겁니다. 그러나 그 배 위에 한 사람이라도 타고 있다면 곧장 소리치며 피하거나 물러가라고 할 겁니다. 한 번 소리쳐 듣지 못하면 다시 소리치고, 그래도 듣지 못하면 세 번 소리치면서 반드시 험악한 욕설이 뒤따르게 될 겁니다. 아까는 화를 내지 않았는데, 지금 화를 내는 것은 아까는 빈 배였고 지금은 사람이 타고 있기 때문입니다. 이처럼 사람도 자기의 마음을 텅 비우고서 세상에 노닌다면 그 누가 그에게 해를 끼칠 수 있겠습니까?"

이 나무는 재목감이 못됨으로써 타고난 수명을 누릴 수 있구나

제20편 산목(山木) 1-1

장자가 산속을 가다가 가지와 잎이 무성한 큰 나무를 보았습니다. 그런데 벌목꾼이 그 나무 곁에 있으면서도 벨 생각을 하지 않았습니다. 그래서 그 까닭을 물었습니다. 그러자 벌목꾼은 시큰둥하게 말합니다.

"어디에도 쓸모가 없습니다."

그러자 장자가 혼잣말로 중얼거렸습니다.

"이 나무는 재목감이 못됨으로써 타고난 수명을 누릴 수 있구나!"

莊子行於山中, 見大木, 枝葉盛茂. 伐木者止其旁而不取也. 問其故, 曰:
「無所可用.」莊子曰:「此木以不材得終其天年.」

장자는 산을 내려와 옛 친구 집에 머물게 되었습니다. 친구는 기뻐하면서 하인에게 명하여 거위를 잡아 삶게 하였습니다. 이에 하인은 주인에게 묻습니다.

"한 놈은 울 줄 알고, 다른 한 놈은 울 줄을 모르는데, 어느 놈을 잡을까요?"

그러자 주인은 말합니다.

"울지도 못하는 놈을 잡거라."

다음 날 제자가 스승 장자에게 물었습니다.

"어제 산속의 나무는 재목감이 되지 못해서 타고난 수명을 다 누릴 수가 있었는데, 지금 집주인의 거위는 쓸모가 없어서 죽었습니다. 스승님께서는 어느 입장에 서겠습니까?"

夫子出於山, 舍於故人之家. 故人喜, 命豎子殺雁而烹之. 豎子請曰:「其一能鳴, 其一不能鳴, 請奚殺?」主人曰:「殺不能鳴者.」明日, 弟子問於莊子曰:「昨日山中之木, 以不材得終其天年. 今主人之雁, 以不材死. 先生將何處?」

그러자 스승 장자가 빙긋 미소 지으며 말합니다.

"나는 재목감과 재목감이 못되는 중간에 머물고 싶구나. 그러나 재목감과 재목감이 못되는 중간이란 도와 비슷하면서도 참된 도가 아니므로 재앙을 면할 수가 없을 테지. 만약 자연의 도와 덕을 지니고서 유유히 노닌다면 그렇진 않을 것이다. 즉 그렇게 되면 칭찬도 없고 비난도 없을 것이며, 한 번은 용이 되었다가 한 번은 뱀이 되듯이 시간과 더불어 변화하면서, 한 가지 일에만 집착하진 않을 것이다. 한 번은 올라갔다 한 번은 내려갔다 하면서 모든 것과 조화로써 자기의 도량을 삼고 만물의 근원인 도에 노닐게 되지. 그러면 물건을 물건으로써 부리되 다른 물건으로부터 물건으로써 부림을 당하지 않으니, 어찌 재앙 같은 것이 있겠느냐? 이것이 신농과 황제의 법칙이란다.

莊子笑曰:「周將處乎材與不材之間. 材與不材之間, 似之而非也, 故未免乎累. 若夫乘道德而浮遊則不然, 無譽無訾, 一龍一蛇, 與時俱化, 而無肯專爲. 一上一下, 以和爲量, 浮遊乎萬物之祖. 物物而不物於物, 則胡可得而累邪? 此神農黃帝之法則也.

그러나 만물의 실정이나 인간 윤리의 변화란 그렇지가 않단다. 만나면 헤어지게 되고, 이루어지면 파괴되고, 모가 나면 꺾이게 되고, 신분이 높아지면 비평을 받게 되며, 어떤 일을 해놓으면 어딘가에 결점이 생기고, 현명하면 모함을 받게 되고, 못나면 속게 되니, 어찌 재앙을 면할 수 있겠느냐? 슬픈 일이로다. 제자들아, 이걸 꼭 기억하거라. 오직 자연의 도와 덕이 행해지는 곳에서만 재앙을 면할 수 있음을."

若夫萬物之情, 人倫之傳則不然. 合則離, 成則毁, 廉則挫, 尊則議, 有爲則虧, 賢則謀, 不肖則欺. 胡可得而必乎哉? 悲夫, 弟子志之, 其唯道德之鄕乎.」

속된 일들을 버리고 자연의 도와 더불어 벗이 되십시오
제20편 산목(山木) 2-1

도시 남쪽에 사는 의료(宜僚)라는 사람이 노나라 임금을 찾았을
때, 노나라 임금의 얼굴엔 뭔가 근심하는 듯한 빛이 있었습니다.
그래서 조심스레 의료가 물었습니다.

"임금께선 근심스러운 얼굴을 하고 계시니 어찌된 일입니까?"

市南宜僚見魯侯, 魯侯有憂色. 市南子曰:「君有憂色, 何也?」

이에 노나라 임금이 대답합니다.

"나는 옛 임금의 도를 배웠고, 옛 임금들이 하신 일들을 수양했
다네. 나는 귀신을 공경하고 현명한 사람을 존중하며 그들과 친하
게 지내면서 행동하되 잠시도 그걸 멈추지 않았지. 그런데도 환난
을 면치 못하고 있으니 나는 이 때문에 근심하고 있다네."

魯侯曰:「吾學先王之道, 修先君之業. 吾敬鬼尊賢, 親而行之, 無須臾離
居. 然不免於患, 吾是以憂.」

그러자 다시 의료가 말합니다.

"임금님께서 환난을 없애려는 방법이 시원찮습니다. 살찐 여우
와 아름다운 무늬를 지닌 표범이 산 숲속에 살면서 바위굴에 숨어
있는 것은 고요함을 유지하기 위함입니다. 밤에만 활동하고 낮엔
숨어 지내는 것은 경계하기 위함이죠. 비록 배고프고 목이 말라도
경솔하게 행동하지 않으며 사람이 드문 강이나 호숫가로 가서 먹
잇감을 구하는 것은 자신의 안정을 위해섭니다. 그런데도 그물이

나 덫의 걱정을 면하지 못하는 것은 그들에게 무슨 잘못이 있어서이겠습니까? 그들의 가죽이 재앙을 불러일으킨 겁니다. 지금 노나라는 임금님께 그들의 가죽과 같은 것이 아니겠습니까? 제가 바라는 건 임금님께서 몸을 도려내고 가죽을 제거하고, 마음을 씻어내어 욕심을 없애버리고서 아무도 없는 들판에서 노닐도록 하십시오.

市南子曰:「君之除患之術淺矣. 夫豊狐文豹, 棲於山林, 伏於巖穴, 靜也. 夜行晝居, 戒也. 雖飢渴隱約, 猶且胥疏於江湖之上而求食焉, 定也. 然且不免於罔羅機辟之患, 是何罪之有哉? 其皮爲之災也. 今魯國獨非君之皮邪? 吾願君刳形去皮, 洒心去欲, 而遊於無人之野.

남월의 땅에 한 고을이 있는데 건덕의 나라라고 부릅니다. 그곳 백성들은 우매하지만 소박하며 사사로움이 적고 욕심도 적습니다. 곡식을 경작할 줄만 알았지 저장할 줄 모르며, 남에게 주기만 할 뿐 그 보답을 바라지도 않습니다. 어떤 것이 정의에 알맞은지도 모르고 어떻게 하는 것이 예의인지도 모릅니다. 제멋대로 망령되게 행동하는 것 같지만 위대한 자연의 도를 실천하고 있는 겁니다. 그들의 삶은 즐겁고 죽으면 편안히 묻힙니다. 제가 바라건대 임금님께서도 나라를 떠나 속된 일들을 버리고 자연의 도와 더불어 벗이 되어 그런 곳으로 가십시오."

南越有邑焉, 名爲建德之國. 其民愚而樸, 少私而寡欲. 知作而不知藏, 與而不求其報. 不知義之所適, 不知禮之所將. 猖狂妄行, 乃蹈乎大方. 其生可樂, 其死可葬. 吾願君去國捐俗, 與道相輔而行.」

자기의 마음을 텅 비우고 세상을 노닌다면 그 누가 해를 끼치겠나

제20편 산목(山木) 2-2

그러자 임금이 말합니다.

"그곳으로 가는 길은 멀고도 험한 데다 강과 산으로 막혀 있다네. 나는 배도 수레도 없는데 어찌하면 좋겠는가?"

이에 의료가 말합니다.

"임금님께선 육체적인 오만함을 없애고, 지금의 높은 지위에 편안히 머물겠다는 마음을 없애고, 그러한 태도를 배나 수레로 삼으십시오."

그러자 임금이 하소연하며 말합니다.

"그곳으로 가는 길은 아득히 멀고 아는 사람도 없는데, 나는 누구와 더불어 이웃하며 지낸단 말인가? 나에겐 양식도 없고 먹을 것도 없는데, 어떻게 거기까지 갈 수가 있겠는가?"

君曰:「彼其道遠而險, 又有江山, 我無舟車, 奈何?」市南子曰:「君無形倨, 無留居, 以爲君車.」君曰:「彼其道幽遠而無人, 吾誰與爲鄰? 吾無糧, 我無食, 安得而至焉?」

이에 의료가 말합니다.

"임금님의 경비를 줄이고 욕망을 적게 하면 비록 식량이 없다 하더라도 풍족하게 될 겁니다. 임금님께선 강을 건너고 배를 타고 바다에 이르게 되면 바라보아도 그 끝이 보이지 않고, 가면 갈수록 끝나는 곳을 알지 못하게 될 겁니다. 임금님을 전송하는 사람들 모두가 강기슭으로부터 돌아가버리면 임금님께서 이때부터 세속의 속박으로부터 멀어질 겁니다. 그러므로 사람들을 다스리는 사람에 겐 환난이 있게 되고, 사람들에게 부려지는 사람은 걱정이 있는 겁 니다. 그러므로 요 임금께선 사람을 다스리려 하지 않았고, 사람들 에게 부려지려고도 하지 않았던 겁니다. 제가 바라는 건 임금님의 환난을 버리시고, 임금님의 근심도 없애고서 홀로 도와 더불어 허 무의 경지인 광막한 나라에서 노니시라는 겁니다.

市南子曰: 「少君之費, 寡君之欲, 雖無糧而乃足. 君其涉於江而浮於海, 望之而不見其崖, 愈往而不知其所窮. 送君者皆自崖而反. 君自此遠矣. 故有人者累, 見有於人者憂. 故堯非有人, 非見有於人也. 吾願去君之累, 除君之憂, 而獨與道遊於大莫之國.

배를 나란히 하고서 황하를 건널 적에 아무도 없는 빈 배가 와서 자기 배에게 부딪쳤다면, 비록 마음이 비좁은 사람이라 할지라도 화를 내진 않을 겁니다. 그러나 그 배 위에 한 사람이라도 타고 있 다면 곧장 소리치며 피하거나 물러가라고 할 겁니다. 한 번 소리쳐 듣지 못하면 다시 소리치고, 그래도 듣지 못하면 세 번 소리치면서 반드시 험악한 욕설이 뒤따르게 될 겁니다. 아까는 화를 내지 않았 는데, 지금 화를 내는 것은 아까는 빈 배였고 지금은 사람이 타고 있기 때문입니다. 이처럼 사람도 자기의 마음을 텅 비우고서 세상 에 노닌다면 그 누가 그에게 해를 끼칠 수 있겠습니까?"

方舟而濟於河, 有虛船來觸舟, 雖有偏心之人不怒. 有一人在其上, 則呼 張歙之. 一呼而不聞, 再呼而不聞, 於是三呼邪, 則必以惡聲隨之. 向也不 怒而今也怒, 向也虛而今也實. 人能虛己以遊世, 其孰能害之?」

저도 이런데 하물며 대도를 체득한 사람은 어떠하겠습니까

제20편 산목(山木) 3-1

북쪽 궁궐에 사는 사(奢)라는 대부가 위나라의 영공을 위해 백성들로부터 세금을 거두어들여 종을 만들게 되었습니다. 그는 성곽 문밖에 제단을 만들고서는 불과 석 달 만에 위아래로 종을 매달 수 있는 들보를 만들었습니다. 왕자 경기(慶忌)가 그걸 지켜보고선 물었습니다.

"그대는 무슨 기술을 써서 이리 빨리 만들었는가?"

北宮奢爲衛靈公賦斂以爲鐘, 爲壇乎郭門之外. 三月而成上下之縣. 王子慶忌見而問焉, 曰:「子何術之設?」

이에 대부 사가 대답합니다.

"저는 순일한 마음을 유지했을 뿐 감히 어떤 방법도 쓰지 않았습니다. 제가 듣기론, '옥은 깎고 쪼아냄으로써 자연의 순박함으로 돌아간다'고 했습니다. 저는 그저 멍하니 무언가를 의식하지 않고, 아무런 생각이 없는 것처럼 의심도 품지 않았지요. 멍하고도 망연하게, 가는 것은 보내주고 오는 것은 맞아주었습니다. 오는 것은 막지 않았고 가는 것 또한 붙잡지 않았습니다. 들보같이 강포한 사람들에게도 따르고 유순한 사람들에게도 내가 따라 각자가 스스로의 힘을 다하도록 내버려둔 겁니다. 이 때문에 아침저녁으로 세금을 거둬들였지만 터럭 끝만큼도 백성들은 폐를 입지 않았습니다. 저도 이런데, 하물며 대도를 체득한 사람은 어떠하겠습니까?"

奢曰:「一之間無敢設也. 奢聞之:『既雕既琢, 復歸於樸.』侗乎其無識, 儻

乎其怠疑. 萃乎芒乎, 其送往而迎來. 來者勿禁, 往者勿止. 從其彊梁, 隨
其曲傳, 因其自窮. 故朝夕賦斂而毫毛不挫, 而況有大塗者乎?」

곧은 나무는 먼저 잘리고 단 샘물은 먼저 마르는 법입니다
제20편 산목(山木) 4-1

공자가 진나라와 채나라 국경에서 사람들에게 포위당하여 칠 일
동안이나 익힌 음식을 먹지 못하였습니다. 그때 대부 임(任)이라는
사람이 공자를 찾아가 위로의 말을 했습니다.

"선생께선 거의 굶어 죽을 것 같습니까?"

공자가 힘없이 대답합니다.

"그럴 것 같소."

이에 대부 임이 말합니다.

"선생께선 죽는 것이 싫습니까?"

그러자 공자가 고개를 떨구며 말합니다.

"물론 그러하다오."

孔子圍於陳蔡之間, 七日不火食. 大公任往弔之, 曰:「子幾死乎?」曰:
「然.」「子惡死乎?」曰:「然.」

그러자 대부 임이 바짝 다가서며 말합니다.

"내 어디 시험 삼아 죽지 않는 도에 대해 말해 보겠습니다. 동쪽
바다에 새가 살았는데, 그 이름은 의태(意怠)라고 합니다. 그 새의
특징은 느릿느릿 천천히 날아다녀 아무 능력도 없는 것 같아 보입

니다. 다른 새들이 이끌어주어야 날며, 다른 새들 속에 있어야 쉴 수 있었습니다. 앞으로 나아갈 적에는 감히 다른 새들보다 앞서지 않았고, 물러설 때에도 감히 뒤에 서지 않았습니다. 먹이를 먹을 때에도 감히 다른 새보다 먼저 먹지 않고 반드시 먹다 남은 것만을 먹었습니다. 이러했기 때문에 그 새는 다른 새들에게 배척당하지 않았고 사람들도 해치지 않았죠. 이러한 이유로 환난을 면할 수 있었습니다.

任曰:「予嘗言不死之道. 東海有鳥焉, 其名曰意怠. 其爲鳥也, 翂翂翐翐, 而似無能. 引援而飛, 迫脅而棲. 進不敢爲前, 退不敢爲後. 食不敢先嘗, 必取其緖. 是故其行列不斥, 而外人卒不得害, 是以免於患.

곧은 나무는 먼저 잘리고 단 샘물은 먼저 마르는 법입니다. 그런데 선생께서는 의도적으로 지식을 잘 포장하여 우매한 사람들을 놀라게 하고, 몸을 수양한답시고 남의 추잡함을 들춰내면서도 자신은 해와 달같이 밝게 빛난 듯이 행동을 하고 있습니다. 그러므로 환난을 면치 못하는 겁니다. 옛날에 제가 들었던 크게 성공한 사람들의 말씀은 '스스로를 자랑하는 사람은 오히려 공로를 잃게 되고, 공로를 이룬 뒤 물러나지 않는 자는 반드시 추락하게 되며, 명성을 이룬 뒤에도 거기에 안주하는 자는 결국 명예가 훼손된다'고 하였습니다. 어느 누가 자기의 공로와 명성을 버리고 보통 사람들에게 돌려줄 수 있겠습니까? 그러한 도가 세상 널리 유행해도 그 공로에 머물지 않고, 체득한 덕이 널리 유행해도 그 명성에 안주하지 않을 겁니다. 마음이 늘 순진무구하니 마치 미친 사람에 비유될 수도 있습니다. 그는 자기의 행적을 지우고 권세를 버릴 뿐만 아니라 공로나 명성을 추구하지도 않습니다. 이 때문에 남을 책망하는 법도 없으며, 사람들 역시 그를 책망하는 일이 없게 됩니다. 도와 덕이 지극한 지인(至人)은 공명 따위는 안중에도 없는데, 어찌하여 선생께서는 공명을 즐겨 추구한단 말이오?"

直木先伐, 甘井先竭. 子其意者, 飾知以驚愚, 修身以明汚, 昭昭乎如揭日月而行, 故不免也. 昔吾聞之大成之人曰: 『自伐者無功, 功成者墮, 名成者虧.』 孰能去功與名而還與衆人? 道流而不明居, 得行而不名處. 純純常常, 乃比於狂. 削迹捐勢, 不爲功名. 是故無責於人, 人亦無責焉. 至人不聞, 子何喜哉?」

머쓱한 듯 고개를 숙인 공자는 말합니다.

"훌륭한 말씀입니다."

이윽고 사람들과 교류를 끊고 제자들도 제 갈 길로 돌려보냈습니다. 그러고는 큰 연못가에 은거하며 가죽옷과 베옷을 입고 도토리와 밤과 같은 열매들을 주식으로 삼았습니다. 그랬더니 그가 짐승들 사이로 들어가도 무리들은 놀라지 않았고, 새들 사이로 들어가도 새들은 자연스럽게 행동했습니다. 새와 짐승들도 그를 싫어하지 않는데, 하물며 사람들은 어떠했겠습니까?

孔子曰: 「善哉.」 辭其交遊, 去其弟子, 逃於大澤, 衣裘褐, 食杼栗, 入獸不亂群, 入鳥不亂行. 鳥獸不惡, 而況人乎?

군자의 사귐은 담담하기가 물과 같고, 소인들의 사귐이란 달콤하기가 단술과 같다

제20편 산목(山木) 5-1

공자가 노나라의 은자인 자상호(子桑雽)에게 물었습니다.

"나는 두 번이나 노나라에서 쫓겨났고, 송나라에서는 예(禮)를 강의하다 벤 나무에 깔릴 뻔했으며, 위나라에서는 머무는 것 자체를 금지당했고, 상나라와 주나라에서는 궁지에 몰렸으며, 진나라와 채나라 국경에서는 포위까지 당했었습니다. 내가 이렇게 수차례에 걸쳐 환난을 당하는 사이 친밀하게 교류하던 사람들과는 더욱 소원해졌고, 제자들과 벗들도 뿔뿔이 흩어져버렸습니다. 대체 무엇 때문이었을까요?"

孔子問子桑雽曰:「吾再逐於魯, 伐樹於宋, 削迹於衛, 窮於商周, 圍於陳蔡之間. 吾犯此數患, 親交益疏, 徒友益散, 何與?」

이에 자상호가 되묻습니다.

"선생께서는 가(假)나라 사람들이 나라를 버리고 도망친 일에 대해 듣지 못했습니까? 임회(林回)라는 사람은 천금의 구슬을 버린 채 어린아이만을 업고서 달아났습니다. 이를 지켜본 어떤 사람이 임회에게 물었습니다. '값어치로 따진다면 어린아이가 훨씬 덜 나가고, 짐스럽기로 따지더라도 어린아이가 훨씬 거추장스러웠을 거요. 그런데 천금의 구슬을 버리고 어린아이만을 업고서 달아난 건 무엇 때문이랍니까?' 이 질문을 받은 임회는 거침없이 말합니다. '그 구슬은 이익으로써 나와 맺어졌지만, 이 아이는 천륜으로 맺어졌기 때문이라오'라고 말이죠.

子桑雽曰:「子獨不聞假人之亡與? 林回棄千金之璧, 負赤子而趨. 或曰:
『爲其布與. 赤子之布寡矣. 爲其累與? 赤子之累多矣. 棄千金之璧, 負赤
子而趨, 何也?』林回曰:『彼以利合, 此以天屬也.』

대체로 보아 이익으로써 맺어진 것은 일단 궁지에 몰리고 재앙
이나 환난과 박해가 닥치면 서로를 버리기 마련이지만, 천륜으로
맺어진 사이는 궁지에 몰리고 재앙이나 환난과 박해가 닥치더라도
서로를 거두어주어야 합니다. 서로 거두어주어야 하는 사이와 서
로를 버릴 수 있는 사이란 아주 멀리 떨어져 있습니다. 또한 군자
의 사귐은 담담하기가 물과 같고, 소인들의 사귐이란 달콤하기가
단술과 같다 했습니다. 군자의 사귐은 담담함으로써 더욱 친밀해
지고, 소인의 사귐은 달콤함으로써 쉽게 끊어집니다. 까닭도 없이
맺어진 것은 까닭 없이 헤어지기 마련입니다."

夫以利合者, 迫窮禍患害相棄也. 以天屬者, 迫窮禍患害相收也. 夫相收
之與相棄亦遠矣, 且君子之交淡若水, 小人之交甘若醴. 君子淡以親, 小
人甘以絶, 彼無故以合者, 則無故以離.」

그러자 공자가 고개를 숙이며 말합니다.

"공경하는 마음으로 가르침을 받들겠사옵니다."

그리고는 가벼운 발걸음으로 천천히 걸어서 집으로 돌아와선 일
체의 학문을 집어치우고 책들도 죄다 내다버렸습니다. 제자들도
예전과 같이 스승 앞에서 허리를 숙여 절하진 않았지만 사제 간의

애정은 더욱 깊어졌습니다. 훗날 자상호는 공자를 만나 다음과 같이 덧붙여 말했습니다.

"옛날 순 임금이 죽음을 앞두고 우 임금에게 당부하기를 '자네가 경계해야 할 건 말이지, 육체는 자연의 변화를 따르는 것보다 좋은 것이 없으며, 감정은 본성을 따르는 것보다 좋은 것이 없다'는 거였습니다. 자연의 변화를 따르면 서로 떨어지지 않고, 본성을 따르면 수고롭지 않게 됩니다. 떨어지지 않고 수고롭지 않게 되면 학문을 추구하여 자신을 꾸밀 필요가 없게 됩니다. 학문을 추구하여 자신을 꾸밀 필요가 없게 되므로 내 밖의 사물에 의존하지 않아도 됩니다."

孔子曰:「敬聞命矣.」徐行翔佯而歸, 絶學捐書, 弟子無挹於前, 其愛益加進. 異日, 桑雽又曰:「舜之將死, 乃命禹曰:『汝戒之哉. 形莫若緣, 情莫若率.』緣則不離, 率則不勞. 不離不勞, 則不求文以待形. 不求文以待形, 固不待物.」

옷이 해지고 신발에 구멍 난 것은 가난한 것이지 고달픈 건 아니지요

제20편 산목(山木) 6-1

장자가 누덕누덕 기운 거칠고 허름한 옷을 입고 삼줄로 얽어맨 헤진 신발을 신은 채 위나라 임금을 찾아갔습니다. 그를 본 위나라 임금이 안타까운 듯 말합니다.

"선생께서는 어찌 그리 고달프게 사는 겁니까?"

莊子衣大布而補之, 正緳係履而過魏王. 魏王曰:「何先生之憊邪?」

이에 장자가 아무렇지도 않게 대답합니다.

"가난한 것이지 고달픈 게 아니랍니다. 선비가 도와 덕을 갖추고 서도 실행할 수 없는 것이 고달픈 겁니다. 옷이 해지고 신발에 구 멍 난 것은 가난한 것이지 고달픈 건 아니지요. 이것이 이른바 때 를 만나지 못했다는 겁니다. 임금님께선 나무를 기어오르는 원숭 이를 보지 못했습니까? 원숭이는 남나무나 가래나무, 예장나무와 같은 큰 나무에 올라 나뭇가지에 매달려 그 사이에서 기예를 뽐낼 때는 비록 예(羿)나 봉몽(逢蒙)과 같은 활의 명수도 그놈을 겨냥할 수가 없습니다. 그러나 그러한 원숭이도 산뽕나무나 가시나무, 탱 자나무나 구기자나무와 같은 작은 나무 사이에서는 위태로운 듯 이리저리 살피며 행동하고 두려움에 몸서리를 칩니다. 이것은 원 숭이의 근육이나 뼈가 굳어짐이 더해 유연성을 잃은 게 아니라 그 놈이 처한 형세가 불편하여 그 기능을 충분히 발휘할 수 없기 때문 입니다. 지금처럼 사리에 밝지 못한 임금님과 혼란스런 신하들 사 이에 처신하면서 고달픔에 빠지지 않으려 해도 어찌 그럴 수가 있 겠습니까? 이것은 은나라의 충신 비간(比干)이 폭군 주왕에게 심장 을 해부당한 일을 보더라도 증명되는 일입니다."

莊子曰:「貧也, 非憊也. 士有道德不能行, 憊也. 衣弊履穿, 貧也, 非憊也, 此所謂非遭時也. 王獨不見夫騰猿乎? 其得柟梓豫章也, 攬蔓其枝而王長 其間, 雖羿逢蒙不能眄睨也. 及其得柘棘枳枸之間也, 危行側視, 振動悼 慄. 此筋骨非有加急而不柔也, 處勢不便, 未足以逞其能也. 今處昏上亂相之間而欲無憊, 奚可得邪? 此比干之見剖心徵也夫.」

성인은 편안히 자연의 변화에 몸을 맡긴 채 끝까지 함께 가는 게지
제20편 산목(山木) 7-1

공자가 진나라와 채나라 국경 사이에서 곤경에 빠져 이레 동안이나 익힌 음식을 먹지 못하고 있었습니다. 그러나 공자는 태연한 척 왼손은 마른나무에 기대고 오른손으로는 마른 나뭇가지를 쥐고서 장단을 맞추며 신농씨 시대의 노래를 불렀습니다. 연주할 도구는 있었지만 장단은 없었고, 노랫소리는 있어도 궁상각치우라는 오음에는 맞지 않았습니다. 그러나 두들기는 나뭇가지 소리와 그의 목소리가 잘 어우러져 사람의 마음을 감동시켰습니다. 제자 안회가 두 손을 맞잡고 눈길을 돌려 바라다보고 있었습니다.

孔子窮於陳蔡之間, 七日不火食. 左據槁木, 右擊槁枝, 而歌焱氏之風, 有其具而無其數, 有其聲而無宮角. 木聲與人聲, 犁然有當於人之心. 顏回端拱還目而窺之.

공자는 제자 안회가 자기 멋대로 확대해석하여 이 재난을 너무 과대하게 생각하거나 자기를 아끼는 마음에 너무 슬퍼할까 염려되어, 안회에게 말하였습니다.

"안회야! 자연의 재난을 받아들이지 않고 지내기는 쉽지만, 사람이 주는 이익을 받지 않고 지내기란 어렵구나. 모든 일은 시작되면 끝나지 않는 것이 없이 변화하듯 사람도 자연과 하나란다. 그렇다면 지금 노래를 부르는 사람은 누구이겠느냐?"

그러자 제자 안회가 묻습니다.

"감히 자연의 재난을 받아들이지 않고 지내기는 쉽다는 말씀이 무슨 뜻인지 여쭙고자 합니다."

仲尼恐其廣己而造大也, 愛己而造哀也, 曰: 「回, 無受天損易, 無受人益難. 無始而非卒也, 人與天一也. 夫今之歌者其誰乎?」回曰: 「敢問無受天損易.」

이에 스승 공자가 대답합니다.

"굶주림과 목마름, 추위와 무더위로 인해 곤궁함에 빠져 움직일 수 없는 것은 천지자연의 운행이며 만물 변화의 결과란다. 그 말은 이러한 운행 변화와 함께 어울려 가야 함을 뜻한 게지. 신하된 자는 감히 임금의 명령을 저버릴 순 없지. 신하의 도리를 지키는 것도 이와 같을진대 하물며 자연인 하늘을 대하는 도리야 어떻겠느냐?"

仲尼曰: 「飢渴寒暑, 窮桎不行, 天地之行也, 運物之泄也, 言與之偕逝之謂也. 爲人臣者, 不敢去之. 執臣之道猶若是, 而況乎所以待天乎?」

그러자 제자 안회가 다시 묻습니다.

"무엇을 일러 사람이 주는 이익을 받지 않고 지내기란 어렵다고 하신 겁니까?"

이에 스승 공자가 대답합니다.

"처음 벼슬자리에 올라 출세를 하면 모든 게 순조롭고 벼슬과 녹봉도 아울러 생기니 궁핍하진 않지. 이것은 외물로부터 오는 이익이지 자기 본래의 것은 아니란다. 나의 운명이 밖으로부터 간섭을 받게 되는 거지. 군자는 도둑질을 하지 않고, 현명한 사람 또한 남의 물건을 훔치지 않는데, 나는 어찌하여 그러한 것을 취하려 하는가? 그 까닭은 말이지, 이렇단다. 새 중에서 제비만큼 영리한 새는 없지. 제 눈으로 보아서 살기에 적절치 않으면 눈길도 주지 않는단다. 비록 날다가 먹이를 떨어뜨렸다 하더라도 그걸 버리고 달아나 버리지. 제비가 그처럼 사람을 두려워하면서도 사람들이 사는 집으로 들어와 사는 것은 사직과도 같은 둥지가 거기 있기 때문이란다."

「何謂無受人益難?」仲尼曰:「始用四達, 爵祿并至而不窮. 物之所利, 乃非己也, 吾命其在外者也. 君子不爲盜, 賢人不爲竊, 吾若取之何哉? 故曰: 鳥莫知於鷾鴯, 目之所不宜處不給視, 雖落其實, 棄之而走. 其畏人也而襲諸人間. 社稷存焉爾.」

제자 안회가 스승에게 다시 묻습니다.

"무엇을 두고 모든 일이 시작되면 끝나지 않은 것이 없이 변화한다고 하는 겁니까?"

이에 스승 공자가 대답합니다.

"만물은 변화하고 있지만 누가 그렇게 하는지를 알 수 없지. 그러니 어찌 그 변화가 끝나는 곳을 알겠으며, 또 어찌 그 변화가 시작되는 곳을 알겠느냐? 다만 자신을 올바르게 하고서 자연의 변화를 따를 뿐이란다."

「何謂無始而非卒?」仲尼曰:「化其萬物而不知其禪之者, 焉知其所終, 焉知其所始? 正而待之而已耳.」

제자 안회가 또다시 스승에게 여쭙니다.

"무엇을 일러 사람이 자연인 하늘과 하나라고 하신 겁니까?"

이에 스승 공자가 대답합니다.

"사람이 존재하는 것도 자연인 하늘에 의한 것이고, 하늘 역시 자연인 하늘의 조화에 따라 생겨난 거지. 사람이 이러한 자연의 도를 체득할 수 없는 것은 자기 성품의 한계 때문이란다. 그러나 성인은 편안히 자연의 변화에 몸을 맡긴 채 끝까지 함께 가는 게지."

「何謂人與天一邪?」仲尼曰:「有人, 天也. 有天, 亦天也. 人之不能有天, 性也. 聖人晏然體逝而終矣.」

매미를 노리는 사마귀, 사마귀를 노리는 까치, 까치를 노리는 장주
제20편 산목(山木) 8-1

장주(장자)가 조릉의 숲속 울타리 곁을 거닐다가 문득 남쪽으로부터 날아오는 이상한 까치 한 마리를 보았습니다. 날개의 넓이가 일곱 척이고 눈의 직경은 한 치나 되었는데, 장주의 이마를 스치고서는 밤나무 숲으로 날아가 앉았습니다. 장주는 혼잣말로 중얼거립니다.

"이놈은 대체 무슨 새일까? 날개는 큰데 높이 날지 못하고, 눈은 큼지막한데도 잘 보질 못하는구나."

莊周遊於雕陵之樊, 覩一異鵲自南方來者. 翼廣七尺, 目大運寸, 感周之顙, 而集於栗林. 莊周曰:「此何鳥哉? 翼殷不逝, 目大不覩.」

장주는 바짓단을 걷어 올리고, 잽싼 걸음으로 다가가 활을 쥐며, 그놈의 동작을 살피고 있었습니다. 이때 한 마리 매미를 보았는데, 시원한 나무 그늘에 앉은 채 자신조차 잊고 있었습니다. 그리고 그 곁에서는 사마귀 한 마리가 나뭇잎에 몸을 숨긴 채 그 매미를 잡으려고 정신이 팔려 제 몸도 잊고 있었습니다. 이상한 까치 또한 자신만의 이익을 좇아 사마귀를 노려보며 그 자신을 잊고 있었습니다. 이걸 지켜본 장주는 흠칫 놀라며 중얼거립니다.

"아아! 모든 사물이란 본디 서로 해를 끼치며 이익과 해악을 서로 불러들이는구나!"

장주는 활을 버리고 달아나듯 되돌아가자 밤도둑으로 생각한 밤나무 관리인이 쫓아와선 욕설을 퍼부어댔습니다. 장주는 집으로 돌아온 뒤 사흘 동안 칩거하며 집 정원에도 나가지 않았습니다.

蹇裳躩步, 執彈而留之. 覩一蟬方得美蔭而忘其身. 螳螂執翳而搏之, 見得而忘形. 異鵲從而利之, 見利而忘其眞. 莊周怵然曰:「噫! 物固相累, 二類相召也.」捐彈而反走, 虞人逐而誶之. 莊周反入, 三日不庭.

그러자 제자 인저(藺且)가 다가와선 장주에게 물었습니다.

"스승님께선 어찌하여 요새 칩거만 하신 채 정원 나들이도 하지 않으십니까?"

이에 스승 장주가 대답합니다.

"나는 내 형체만을 지키려다 내 자신을 잊고 있었구나. 흐린 물만을 보다가 맑은 연못을 잊고 있었어. 또한 내가 스승님께 들은 바에 따르면 '그 지방으로 들어가서는 그곳의 법도를 따라야 한다'

고 하셨었지. 이번에 나는 조릉의 숲속을 거닐다가 내 몸을 잊었고, 이상한 까치는 내 이마를 스치고 날아가선 밤나무 숲에서 노닐며 그놈의 몸을 잊어버렸단다. 그리고 밤나무 숲의 관리인은 나를 도둑으로 알고 욕을 퍼부어댔으니, 나는 이 때문에 산책도 못할 만큼 불쾌했단다.”

蘭且從而問之,「夫子何爲頃間甚不庭乎?」莊周曰:「吾守形而忘身, 觀於濁水而迷於淸淵. 且吾聞諸夫子曰:『入其俗, 從其令.』今吾遊於雕陵而忘吾身, 異鵲感吾顙. 遊於栗林而忘眞. 栗林虞人以吾爲戮, 吾所以不庭也.」

못생긴 여자가 귀여움을 받고 미인이 천대를 받는 까닭

제20편 산목(山木) 9-1

양자(陽子)가 송나라에 가서 여관에 묵게 되었습니다. 여관의 주인에게는 첩이 둘 있었는데, 한 사람은 미인이었고 다른 한 사람은 못생겼습니다. 그런데 못생긴 여자가 귀여움을 받고 미인은 천대를 받고 있었습니다. 양자가 그 까닭을 물으니 여관 주인이 대답합니다.

“예쁜 여자는 스스로가 아름답다고 자랑을 해대니 나는 그녀가 아름다운 줄 모르겠고, 못생긴 여자는 스스로가 추하다고 여기니 나는 그녀가 추한 줄 모르겠습니다.”

陽子之宋, 宿於逆旅. 逆旅人有妾二人, 其一人美, 其一人惡. 惡者貴而美者賤. 陽子問其故, 逆旅小子對曰:「其美者自美, 吾不知其美也. 其惡者自惡, 吾不知其惡也.」

이에 양자가 제자들을 불러놓고 말합니다.

"너희는 잘 기억해 두거라. 현명하게 행동하면서도 스스로가 현명하게 처신한다는 마음을 버리게 되면 어디를 가나 사랑받지 않겠느냐?"

陽子曰:「弟子記之: 行賢而去自賢之心, 安往而不愛哉?」

한자어원풀이

甘井先竭(감정선갈) 이란 "물맛이 달디단 샘물은 사람이 많이 찾으니 먼저 말라버린다"는 뜻으로, "곧은 나무는 먼저 잘리고 단 샘물은 먼저 마르는 법입니다. 그런데 선생께서는 의도적으로 지식을 잘 포장하여 우매한 사람들을 놀라게 하고, 몸을 수양한답시고 남의 추잡함을 들춰내면서도 자신은 해와 달같이 밝게 빛난 듯이 행동을 하고 있다"는 대목에서 유래했습니다.

달 甘(감) 은 입(口) 안에 있는 혀(一)로 무언가를 맛보고 있는 모양을 나타낸 지사글자랍니다. 특히 혀 중에서도 끝부분은 오미(五味) 중에서도 단맛을 느낄 수 있으며, 신맛은 혀 안쪽의 가장자리, 매운맛은 혀 앞쪽의 가장자리, 쓴맛은 혀의 안쪽부분 그리고 짠맛은 혀 전체로 그 맛을 느낄 수 있습니다. 따라서 입(口)안의 혀 중에서도 단맛을 느낄 수 있는 혀끝(一)을 나타내어 '달다'의 뜻과 함께 '맛있다'는 의미를 표현하였습니다. 甘(감)에 대해『說文』에서는 "甘은 맛이 좋다는 뜻이다. 입(口) 안에 음식물(一)을 머금은 모양으로 구성되었다"라고 하였습니다. 다른 부수에 甘(감)이 더해지면 음식물의 맛과 관련한 의미를 지니게 됩니다.

우물 井(정) 에 대해 허신은 『說文』에서 "井은 여덟 가구가 하나의 우물을 사용한다는 뜻이다. 우물 위에 나무로 짜 얹은 형틀을 본떴으며 가운데 점(ヽ)은 두레박의 모양이다"라고 하였습니다. 갑골문에는 가운데 점이 없는 井(정) 자가 보입니다. 여덟 가구에 하나의 우물이란 후대에 시행한 정전제(井田制)를 말한 것으로 井(정) 자와 같이 구 등분한 땅의 중앙은 여덟 가구가 공동으로 경작하여 나라에 바치는 공전(公田)이며, 사방 외곽 여덟 곳의 땅은 사전(私田)으로 각자가 경작하여 개인이 소유하게 됩니다.

먼저 先(선) 은 갈 지(之)의 변형과 어진사람 인(儿)으로 구성되어 있습니다. 앞서서 가는(之) 어질고 본받을 만한 사람(儿)이란 뜻이 담겨 있습니다. 갑골문에도 왼발을 뜻하는 止(지) 모양에 儿(인)으로 그려져 있어, 사람들 앞에서 먼저 간다는 데서 '먼저', '나아가다'는 뜻을 지니게 되었습니다.

다할 竭(갈) 은 설 립(立)과 어찌 갈(曷)로 이루어졌습니다. 立(립)은 두 팔을 벌리고 서 있는 사람(大)이 평평한 땅(一) 위에 서 있는 모습을 그려낸 상형글자입니다. 나중에는 그 뜻이 확대되어 사람에 국한하지 않고 서거나 '세우다'라는 의미를 담게 되었습니다.

曷(갈)은 가로 왈(曰)과 빌 개(匃, 빌 갈)로 구성되었습니다. 曰(왈)은 입의 모양을 본뜬 구(口)와 입에서 나오는 말을 추상적으로 표현한 것이 바로 一(일)의 형태입니다. 그래서 '가로되', '말하다', '이르다' 등의 뜻을 나타낸 지사글자랍니다. 匃(개)는 사람 인(人)과 없다는 뜻도 지닌 망할 망(亡)으로 구성되었는데, 사람(人)이 뭔가 부족하고 갖은 게 없어서(亡) 빌린다는 데서 '빌다', '구걸하다'는 뜻을 지니게 되었습니다. 이에 따라 曷(갈)은 어떤 이에게 자신의 사정을 말(曰)하고 뭔가를 구걸(匃)한다는 데서 '어찌', '어찌하여'라는 뜻을 지니게 되었습니다.

따라서 竭(갈)의 전체적인 의미는 사람들이 줄을 서서(立) 자신의 사정을 호소하며 구걸(曷)한다는 데서 '다하다', '없어지다'는 뜻을 지니게 되었습니다.

위나라의 현인 전자방

전자방

田　　　子　　　方

"옛날의 진인(眞人)은 어떤 지식인도 설득할 수 없었고, 어떤 미인도 그를 홀리지 못했으며, 어떤 도적도 그의 것을 겁탈할 수 없었고, 복희나 황제도 그와 벗할 수 없었습니다. 죽고 사는 것 역시 이 세상의 큰 문제이지만 그것마저도 그의 마음을 변화시킬 수 없었는데, 하물며 벼슬이나 녹봉 따위야 말할 게 있겠습니까! 그러한 사람의 정신은 큰 산을 지나는 일도 방해가 되지 않으며, 깊은 연못에 들어가도 젖지 않고, 낮고 천한 지위에 있어도 고달프지가 않습니다. 언제나 하늘땅에 충만하여 남에게 주기만 하는데도 자기에게는 더욱 많아집니다."

내가 다스리는 위나라가 진정 내게는 골칫덩이일 뿐이었구나
제21편 전자방(田子方) 1-1

위나라의 현인 전자방(田子方)이 위나라의 군주인 문후(文侯)를 모시고 앉아서는 여러 차례 계공(谿工)이라는 사람을 칭찬하였습니다. 그러자 문후는 전자방에게 물었습니다.

"계공이라는 사람이 선생의 스승인가요?"

이에 전자방이 대답합니다.

"아닙니다. 저 무택(전자방의 이름)의 고향사람이랍니다. 그가 말하는 도가 이치에 합당하므로 제가 칭찬하는 겁니다."

그러자 문후가 다시 묻습니다.

"그렇다면 선생께선 스승이 없는 겁니까?"

이에 전자방은 대답합니다.

"있습니다."

田子方侍坐於魏文侯, 數稱谿工. 文侯曰:「谿工, 子之師邪?」子方曰:

「非也, 無擇之里人也. 稱道數當, 故無擇稱之.」文侯曰:「然則子無師

邪?」子方曰:「有.」

그러자 문후가 다시 묻습니다.

"선생의 스승은 누구입니까?"

이에 전자방이 말합니다.

"동쪽 성곽어귀에 사시는 순자(順子)라는 분입니다."

그러자 문후가 의아한 듯 다시 묻습니다.

"그런데 선생께서는 어찌하여 한 번도 그분에 관해 말씀해 주지
않았습니까?"

曰:「子之師誰邪?」子方曰:「東郭順子.」文侯曰:「然則夫子何故未嘗稱

之?」

이에 전자방이 말합니다.

"그분의 사람됨은 천진무구하여 사람의 모습을 하고 있으나 하
늘처럼 텅 비어 있으며, 자연을 따르면서 천진함을 기르고 맑은 마
음으로 만물을 포용합니다. 남이 도리에 어긋난 짓을 하면 자신의
모습을 바르게 함으로써 자기 잘못을 깨닫게 하고, 그 사람의 잘못
된 의식을 사라지게 만듭니다. 그러니 제가 어떻게 그분을 충분히
설명할 수 있겠습니까?"

子方曰:「其爲人也眞. 人貌而天虛, 緣而葆眞, 清而容物. 物無道, 正容以

悟之, 使人之意也消. 無擇何足以稱之?」

전자방이 나간 뒤 문후는 우두커니 서성일 뿐 하루 종일 말 한 마디도 하지 않았습니다. 그러다 앞에 서 있는 신하를 불러 말합니다.

"아, 너무 멀리 떨어져 있구나! 온전한 덕을 지닌 저 순자와 같은 군자와는 말이다. 처음 나는 성인이나 지식인의 말과 인의(仁義)로운 행동이야말로 지극한 것이라 생각했었지. 그런데 전자방의 스승에 대한 이야기를 듣고 보니 내 몸은 맥이 풀려 움직이기도 싫고, 입도 닫힌 듯 말하기도 싫구나. 지금껏 내가 배운 것들이란 게 바로 허망한 흙 두덩이었을 뿐이야! 내가 다스리는 위나라가 진정 내게는 골칫덩이일 뿐이었구나!"

子方出, 文侯儻然, 終日不言. 召前立臣而語之曰:「遠矣, 全德之君子. 始吾以聖知之言, 仁義之行爲至矣. 吾聞子方之師, 吾形解而不欲動, 口鉗而不欲言. 吾所學者, 直土埂耳! 夫魏眞爲我累耳!」

진심이 아닌 예의만을 차렸기 때문에 한숨을 내쉰 거란다
제21편 전자방(田子方) 2-1

초나라의 현인 온백설자(溫伯雪子)가 제나라로 가다가 노나라에 잠시 머물렀습니다. 그때 어떤 노나라 사람이 만나기를 간청하자, 온백설자는 단호하게 말합니다.

"만날 수 없다고 해라. 내가 듣기로 이곳 노나라 안의 군자들은 예의에는 밝지만 사람의 마음을 헤아리는 데는 형편없다 하였으니, 그래서 나는 만나고 싶지 않구나."

溫伯雪子適齊, 舍於魯. 魯人有請見之者, 溫伯雪子曰: 「不可. 吾聞中國之君子, 明乎禮義而陋於知人心. 吾不欲見也.」

제나라에 갔다가 돌아오는 길에 다시 노나라에 머물렀는데, 지난번의 사람이 또다시 만나주기를 간청해 오자 온백설자가 말했습니다.

"지난번에도 나를 만나고자 하였고, 이번에도 또다시 나를 만나고 싶어 한다니, 이는 필시 나에게 무언가를 깨우쳐 줄 게 있나보구나."

至於齊, 反舍於魯, 是人也又請見. 溫伯雪子曰: 「往也蘄見我, 今也又蘄見我, 是必有以振我也.」

그러고는 방을 나가서 그 사람을 만났는데, 돌아와선 한숨을 지었습니다. 그 다음 날도 그 사람을 만나보고선 또다시 방으로 들어와 한숨을 내쉬었습니다. 그러자 이를 지켜본 하인이 안타까운 듯 묻습니다.

"매번 저 사람을 만날 때마다 돌아오셔서 한숨을 지으시니 어찌된 일입니까?"

出而見客, 入而歎. 明日見客, 又入而歎. 其僕曰: 「每見之客也, 必入而嘆, 何耶?」

이에 온백설자가 말해 줍니다.

"내가 전에도 너에게 말했지. 이곳 노나라 사람들은 예의에는 밝지만 사람의 마음을 헤아리는 데에는 형편없다고 말이다. 좀 전에 나를 만났던 사람은 나아가고 물러남이 자로 잰 듯 정확하고 그의 모습은 용 같기도 하고 호랑이 같기도 했단다. 그가 나에게 충고를 할 때는 마치 자식이 어버이를 대하는 듯했고, 나를 이끌 때는 마치 어버이가 자식을 대하는 것 같았지. 진심이 아닌 예의만을 차렸기 때문에 한숨을 내쉰 거란다."

　日:「吾固告子矣. 中國之民, 明乎禮義而陋乎知人心. 昔之見我者, 進退

　　一成規, 一成矩, 從容一若龍, 一若虎. 其諫我也似子, 其道我也似父, 是

　　以歎也.」

공자도 온백설자를 만난 적이 있었는데 아무 말도 하지 못했습니다. 그러자 자로가 말했습니다.

"스승님께선 온백설자를 오래전부터 만나 뵙고자 하셨는데, 그분을 뵙고는 아무 말씀이 없으시니 무슨 일이십니까?"

그러자 제자 자로를 굽어보며 말합니다.

"그와 같은 분은 눈으로 얼핏만 보아도 도를 체득하셨다는 걸 알 수 있는데, 무슨 말이 필요하겠느냐!"

　仲尼見之而不言. 子路曰:「吾子欲見溫伯雪子久矣. 見之而不言, 何邪?」

　仲尼曰:「若夫人者, 目擊而道存矣, 亦不可以容聲矣!」

사람의 슬픔 중에서 마음이 죽는 것보다도 큰 슬픔은 없다

제21편 전자방(田子方) 3-1

제자 안회가 스승 공자에게 여쭙니다.

"스승님께서 걸으시면 저 또한 걷고, 스승님께서 빨리 걸으시면 저 또한 빨리 걷고, 스승님께서 뛰시면 저 또한 뜁니다. 그런데 스승님께서 먼지도 남기지 않으시고 질주하시면 저는 뒤에서 눈을 휘둥그레 뜨고 있을 뿐입니다."

스승 공자가 의아한 듯 말합니다.

"안회야, 그게 무슨 말이냐?"

顏淵問於仲尼曰:「夫子步亦步, 夫子趨亦趨, 夫子馳亦馳, 夫子奔逸絶塵,
而回瞠若乎後矣.」夫子曰:「回, 何謂邪?」

이에 안회가 대답합니다.

"스승님께서 걸으시면 저 또한 걷는다는 것은 스승님께서 말씀하시면 저 또한 그대로 말한다는 겁니다. 스승님께서 빨리 걸으시면 저 또한 빨리 걷는다는 것은 스승님께서 변론하시면 저 또한 변론한다는 겁니다. 스승님께서 뛰시면 저 또한 뛴다는 것은 스승님께서 도를 말씀하시면 저 또한 도를 말하겠다는 겁니다. 그런데 스승님께서 먼지도 남기지 않으시고 질주하시면 저는 뒤에서 눈을 휘둥그레 뜨고 있을 뿐이라는 것은, 스승님께서 아무 말씀을 하지 않으셔도 사람들의 신임을 받고 남과 친하게 지내려 하지 않아도 주위를 둘러싸는 것이나, 명예나 벼슬이 없어도 백성들이 스승님 앞으로 모여드는데, 저는 그러한 까닭을 모르겠다는 겁니다."

日: 「夫子步亦步也, 夫子言亦言也. 夫子趨亦趨也, 夫子辯亦辯也. 夫子
馳亦馳也, 夫子言道, 回亦言道也. 及奔逸絕塵而回瞠若乎後者, 夫子不
言而信, 不比而周, 無器而民滔乎前, 而不知所以然而已矣.」

그러자 스승 공자가 대답합니다.

"어찌 잘 살피지 않을 수 있겠느냐? 대체로 보아 사람의 슬픔 중
에서 마음이 죽는 것보다도 큰 슬픔은 없으며, 육체의 죽음은 그
다음가는 슬픔이란다. 태양은 동쪽에서 나와 서쪽 끝으로 들어가
는데, 만물은 모두가 이를 따라 방향을 정하지 않는 것이 없지. 눈
이 있고 발이 있는 인간은 이 태양을 기다렸다가 해가 뜬 후에야
일을 하게 되는데, 해가 뜨면 세상일을 하고 해가 지면 세상일도
쉬게 되지. 만물도 역시 그러하니, 그것에 의하여 죽기도 하고 그
것에 의하여 생겨나기도 하는 거란다. 우리가 한 번 천지조화의 힘
으로 사람으로서의 형체를 받은 이상, 스스로 목숨을 끊는 일 없이
기운이 다할 때까지 기다려야 한단다. 사물의 동태를 본받아 움직
이고, 밤낮의 순환은 쉬는 틈이 없으니 그것이 끝나는 때란 알 수
가 없는 것이지. 자연의 조화에 의해 사람으로서의 형체를 갖추고
있지만, 자기의 운명을 미리 알아 규정할 수는 없는 거란다. 그래
서 나도 자연의 변화를 따를 뿐이지. 내가 평생토록 너와 함께 어
깨동무를 하고 지낸다 하더라도 언젠가는 서로를 잃게 마련이니,
슬퍼하지 않을 수 있겠느냐? 그런데 너는 거개가 내 겉으로 드러
난 행위만을 따라 행하려 하고 있구나. 그것들은 이미 지나간 일이

지. 그런데도 너는 지금 존재하는 것이라 생각하고 추구하고 있구나. 그것은 이미 파장한 마 시장에서 말을 사려는 것과 같은 것이란다. 내 마음속의 너 또한 매우 빨리 잊혀지고, 네 마음속의 나 또한 매우 빨리 잊혀지기 마련이란다. 비록 그렇더라도 너는 무엇을 걱정하느냐? 비록 옛날의 나를 잊어버린다 하더라도 나에게는 잊혀질 수 없는 참된 나도 그 가운데 존재하는 거란다."

仲尼曰:「惡! 可不察與? 夫哀莫大於心死, 而人死亦次之. 日出東方而入於西極, 萬物莫不比方, 有目有趾者, 待是而後成功. 是出則存, 是入則亡. 萬物亦然, 有待也而死, 有待也而生. 吾一受其成形, 而不化以待盡. 效物而動, 日夜無隙, 而不知其所終. 薰然其成形, 知命不能規乎其前. 丘以是日徂. 吾終身與汝交一臂而失之, 可不哀與? 女殆著乎吾所以著也. 彼已盡矣, 而女求之以爲有, 是求馬於唐肆也. 吾服女也甚忘. 女服吾也甚忘. 雖然, 女奚患焉? 雖忘乎故吾, 吾有不忘者存.」

만물의 시작과 끝은 서로 끝없이 반복되어 그 다하는 곳을 알 수 없다

제21편 전자방(田子方) 4-1

공자가 노자를 만나러 갔을 때, 마침 노자는 새롭게 머리를 감고서 머리카락을 풀어헤친 채 말리고 있었습니다. 꿈쩍도 않고 있는 모습이 사람 같지가 않았습니다. 공자는 물러나 기다렸다가 잠시 뒤에 만나 말합니다.

"제가 눈이 어두워진 걸까요? 아니면 제가 본 그대로일까요? 조금 전 선생의 형체는 마른나무와 같이 꿈쩍도 하지 않았으며, 마치 사물을 잊고 인간 세상을 떠나 홀로 서 계신 것 같았습니다."

孔子見老聃, 老聃新沐, 方將被髮而乾, 慹然似非人. 孔子便而待之. 少焉 見, 曰:「丘也眩與? 其信然與? 向者先生形體掘若槁木, 似遺物離人而立 於獨也.」

이에 노자가 담담하게 대답합니다.

"나는 내 마음을 만물이 생겨나던 때의 경지에 노닐게 했습니다."

그러자 공자가 의아한 듯 묻습니다.

"그게 무슨 뜻인지요?"

老聃曰:「吾遊心於物之初.」孔子曰:「何謂邪?」

이에 노자가 말을 잇습니다.

"마음이 곤궁해지면 밝은 도를 알 수 없고, 입이 닫히면 말을 할 수도 없게 됩니다. 그러나 당신을 위해 시험 삼아 그 대강만을 논의해 보겠습니다. 지극한 음기(陰氣)는 아주 고요하면서 차갑고, 지극한 양기(陽氣)는 매우 활발하면서 뜨겁습니다. 고요하면서 차가움은 하늘로부터 나오고 활발하면서도 뜨거움은 땅으로부터 나옵니다. 이 두 기운이 서로 소통하여 조화를 이룸으로써 만물이 생겨납니다. 거기에는 만물의 규율이 있지만 그 형상을 볼 수는 없습니다. 만물은 없어지고 생겨나며 가득 찼다가 비워지기도 하며, 한 번은 어두워졌다가 한 번은 밝아집니다. 날로 바뀌고 달로 변화하여 날마다 지속되고 있지만 그 조화의 공덕은 드러나지 않습니다.

만물의 생성은 싹트게 하는 곳이 있으며, 만물의 소멸도 돌아가는 곳이 있습니다. 만물의 시작과 끝은 서로 끝없이 반복되어 그 다하는 곳을 알 수 없습니다. 이러한 조화의 도가 아니라면, 그 누가 이러한 조화의 근원이 될 수 있겠습니까?"

曰:「心困焉而不能知, 口辟焉而不能言. 嘗爲女議乎其將. 至陰肅肅, 至陽赫赫. 肅肅出乎天, 赫赫發乎地. 兩者交通成和而物生焉, 或爲之紀而莫見其形. 消息滿虛, 一晦一明, 日改月化, 日有所爲而莫見其功. 生有所乎萌, 死有所乎歸, 始終相反乎無端, 而莫知乎其所窮. 非是也, 且孰爲之宗?」

지극한 아름다움을 체득하여 지극한 즐거움에 노니는 사람이 지인(至人)

제21편 전자방(田子方) 4-2

경청하고 있던 공자가 다시 묻습니다.

"이러한 경지에서 마음을 노닌다는 것에 관해 여쭙고자 합니다."

이에 노자가 미소를 띠며 말합니다.

"그러한 경지를 체득하면 지극히 아름답고 지극히 즐겁습니다. 지극한 아름다움을 체득하여 지극한 즐거움에 노니는 이를 일러 지극한 사람인 지인(至人)이라 합니다."

그러자 공자가 간청합니다.

"부디 그 방법을 들려주십시오."

孔子曰:「請問遊是.」 老聃曰:「夫得是至美至樂也. 得至美而遊乎至樂,

이에 노자가 말을 잇습니다.

"풀을 먹고 사는 짐승들은 수풀이 바뀌는 걸 싫어하지 않으며, 물에 사는 벌레들도 물이 바뀌는 걸 싫어하지 않습니다. 작은 변화가 행해졌을 뿐 그들의 큰 법도를 잃은 것은 아니기 때문이랍니다. 그러니 기쁨이나 노여움, 슬픔이나 즐거움과 같은 감정이 가슴속에 들어오지 않습니다. 천하라는 곳은 만물이 하나로 되는 장소입니다. 만물과 하나가 됨을 체득하여 동화될 수 있다면 사지나 육체는 먼지나 때와 같이 여겨질 것이며, 죽음과 삶이나 끝과 시작도 밤과 낮과 같은 것으로 여기게 되어, 그 무엇도 마음을 어지럽히지 못할 겁니다. 하물며 세상의 이득이나 손실, 불행이나 행복 같은 것들이 끼어들 수가 있겠습니까? 이득과 손실이나 불행과 행복을 하인으로 여기고 버리는 자가 하인을 진흙처럼 버릴 수 있는 것은 자신이 하인보다 존귀하다는 것을 알고 있기 때문입니다. 존귀한 도는 나에게 있으며, 어떠한 외부의 변화에도 잃을 수 있는 것도 아닙니다. 또 만물의 변화는 끝없이 계속됩니다. 그러니 무엇이 내 마음에 걱정을 끼칠 수가 있겠습니까? 이미 도를 체득한 사람은 이것을 이해할 수 있을 겁니다."

曰:「草食之獸, 不疾易藪. 水生之蟲, 不疾易水. 行小變而不失其大常也, 喜怒哀樂不入於胸次. 夫天下也者, 萬物之所一也. 得其所一而同焉, 則四支百體將爲塵垢, 而死生終始將爲晝夜, 而莫之能滑, 而況得喪禍福之所介乎? 棄隷者若棄泥塗, 知身貴於隷也. 貴在於我而不失於變. 且萬化而未始有極也, 夫孰足以患心? 已爲道者解乎此.」

이에 공자가 노자를 칭송하며 말합니다.

"선생께선 덕이 천지의 짝이 될 만한데도 지극한 말씀을 빌려서 저의 마음을 수양케 하십니다. 옛날의 군자라 하더라도 그 누가 이보다 뛰어날 수 있겠습니까?"

그러자 노자는 손을 저으며 말합니다.

"에이, 그렇지 않습니다. 물이 솟아 흐르는 것은 인위적으로 하는 일이 없어도 저절로 그러한 겁니다. 지극한 사람인 지인(至人)의 덕은 일부러 수양하지 않아도 만물이 떨어질 수 없이 화합되기 때문입니다. 마치 하늘은 스스로 높고, 땅은 스스로 두텁고, 해와 달은 스스로 밝은데, 무슨 수양이 필요하겠습니까?"

孔子曰:「夫子德配天地, 而猶假至言以修心. 古之君子, 孰能脫焉?」 老聃曰:「不然. 夫水之於汋, 無爲而才自然矣. 至人之於德也, 不修而物不能離焉. 若天之自高, 地之自厚, 日月之自明, 夫何修焉?」

공자는 그곳을 나와 제자 안회에게 말하였습니다.

"내가 지닌 도라는 것은 마치 항아리 속의 바구미와 같은 것이었구나! 선생께서 나의 무지몽매함을 깨우쳐주지 않았다면, 나는 천지의 위대함과 온전함을 알지 못했을 것이야."

孔子出, 以告顔回曰:「丘之於道也, 其猶醯雞與! 微夫子之發吾覆也, 吾不知天地之大全也.」

장자와 노나라 애공이 본 제자백가의 실상

제21편 전자방(田子方) 5-1

장자가 노나라 애공(哀公)을 찾았을 때, 애공이 말합니다.

"노나라에는 유학을 배운 선비는 많은데, 선생의 방술을 배운 자는 적은 것 같습니다."

그러자 장자가 말합니다.

"노나라에는 유학을 익힌 선비가 매우 적습니다."

이에 애공이 다시 묻습니다.

"대부분의 노나라 사람들이 유학자의 옷을 입고 있는데 어째서 적다는 겁니까?"

莊子見魯哀公, 哀公曰:「魯多儒士, 少爲先生方者.」莊子曰:「魯少儒.」

哀公曰:「擧魯國而儒服, 何謂少乎?」

이에 장자가 말합니다.

"제가 듣기론 '유학자가 둥근 관을 쓰고 있는 것은 하늘의 때를 안다는 것이고, 네모난 신을 신고 있는 것은 땅의 형세를 안다는 것이며, 오색 실로 구슬을 꿰어 차고 있는 것은 일을 맞아서는 결단성이 있음을 뜻한다'고 합니다. 그런데 군자로서 그러한 도를 지니고 있다면 결코 그러한 복장은 하지 않을 것이며, 그러한 복장을 하고 있다고 해서 반드시 그러한 도를 알고 있지는 않을 겁니다. 임금님께서 정말 그렇지 않다고 여기신다면 어찌하여 나라 안에 '이러한 도가 없으면서도 이러한 복장을 하고 있는 자는 그 죄로 사형에 처한다'고 공표하지 않는 겁니까?"

莊子曰:「周聞之, 儒者冠圜冠者, 知天時, 履句履者知地形, 緩珮玦者, 事至而斷. 君子有其道者, 未必爲其服也. 爲其服者, 未必知其道也. 公固以爲不然, 何不號於國中曰:『無此道而爲此服者, 其罪死?』」

이에 애공이 그러한 공표를 내리고 닷새가 지나자 노나라에는 감히 유학자의 옷을 입고 있는 사람이 없어졌습니다. 그런데 단 한 사람만 유학자의 복장을 하고서 궁궐의 문 앞에 서 있었습니다. 애공이 곧 그를 불러 나랏일을 물어보았더니 그의 답변은 변화무쌍하여 막히는 법이 없었습니다.

이를 지켜 본 장자가 말합니다.

"노나라에 유학자는 단 한 사람뿐입니다. 그러니 많다고 할 수 있겠습니까?"

於是哀公號之五日, 而魯國無敢儒服者. 獨有一丈夫, 儒服而立乎公門. 公即召而問以國事, 千轉萬變而不窮. 莊子曰:「以魯國而儒者一人耳, 可謂多乎?」

순 임금은 늘 그 부모가 그를 죽이려 했음에도

제21편 전자방(田子方) 6-1

진나라의 현인 백리해(百里奚)는 벼슬이나 녹봉에 마음을 두지 않았습니다. 그래서인지 소를 키우면 소가 살이 쪘습니다. 진나라 목공(穆公)은 그의 천한 신분을 잊고서 그와 함께 정사를 펼쳤습니다. 또 순 임금은 늘 그 부모가 그를 죽이려 했음에도 죽음과 삶에 대해 마음에 두지 않았습니다. 그 때문인지 남을 감동시키기에 충분했습니다.

百里奚爵祿不入於心, 故飯牛而牛肥, 使秦穆公忘其賤, 與之政也. 有虞氏死生不入於心, 故足以動人.

됐구나, 그야말로 참된 화공일 거다
제21편 전자방(田子方) 7-1

송나라 원군(元君)이 사람을 시켜 그림을 그리려 하였을 때, 많은 화공들이 모두 모여들었습니다. 그들은 명령을 받자 절을 하고 서서 붓을 빨며 먹을 가는데, 방에 들지 못하고 밖에 있는 사람들이 반수도 넘었습니다. 한 화공이 뒤늦게 도착했으나 느릿느릿 빨리 걷지도 않고, 명령을 받고 절하고선 대열에 합류하지도 않고 숙소로 돌아가버렸습니다. 원군이 사람을 시켜 살펴보게 했더니, 그는 옷을 벗고 알몸이 된 채 두 다리를 뻗고 쉬고 있었습니다. 이를 보고받은 원군이 말합니다.

"됐구나. 그야말로 참된 화공일 거다."

宋元君將畫圖, 衆史皆至, 受揖而立, 舐筆和墨, 在外者半. 有一史後至者, 儃儃然不趨, 受揖不立, 因之舍. 公使人視之, 則解衣般礡臝. 君曰:「可矣, 是眞畫者也.」

이 훌륭한 정치를 천하에 미치게 할 수가 있겠습니까

제21편 전자방(田子方) 8-1

주나라 문왕(文王)이 장이라는 고을에서 노닐다가 한 노인이 낚시하고 있는 것을 보았는데, 낚싯바늘도 없는 낚싯대를 드리우고 있었습니다. 그는 낚싯대를 쥐고서 물고기를 잡으려 하지 않았지만 늘 낚시질을 잘하였습니다. 이를 본 문왕은 그를 등용하여 나라의 정사를 맡기고 싶었으나 대신들과 아버지 형제들이 불안해할까 봐 염려되었습니다. 그래서 끝내 그만둘까도 생각해 보았지만 백성들이 하늘처럼 여길 사람을 잃는 게 안타까웠습니다. 이에 다음 날 아침 대부들을 모아 놓고 말하였습니다.

"어젯밤 나는 꿈속에서 아주 훌륭한 사람을 보았습니다. 검은 얼굴빛에 구레나룻을 기른 그분은 한쪽 발굽이 붉은 얼룩말을 타고 있었는데, 내게 말하길 '장 땅의 노인에게 정사를 맡기면 백성들의 고통도 한결 줄어들 겁니다'라고 말이지요."

文王觀於臧, 見一丈夫釣, 而其釣莫釣. 非持其釣有釣者也, 常釣也. 文王欲擧而授之政, 而恐大臣父兄之弗安也. 欲終而釋之, 而不忍百姓之無天也. 於是旦而屬之大夫曰: 「昔者寡人夢見良人, 黑色而頯, 乘駁馬而偏朱蹄, 號曰:『寓而政於臧丈人, 庶幾乎民有瘳乎.』」

여러 대부들은 깜짝 놀라며 말합니다.

"아마도 돌아가신 선왕인 듯싶습니다."

이에 문왕이 말합니다.

"그렇다면 점을 쳐보도록 하시오."

그러자 여러 대부들이 앞 다투어 말합니다.

"돌아가신 선왕께서 임금님께 명하신 것이니 추호도 의심할 것
이 없습니다. 그런데 또 어찌 점을 치겠습니까?"

諸大夫蹴然曰:「先君王也.」文王曰:「然則卜之.」諸大夫曰:「先君之命
王, 其無它, 又何卜焉?」

마침내 장 땅의 노인을 맞이하여 정사를 맡겼습니다. 그러나 그
는 법전을 바꾸지도 않았고 어떠한 명령도 내리지 않았습니다. 삼
년이 지난 뒤 문왕이 나라 안을 시찰하였더니 조정의 여러 선비들
은 패거리 정치인 당파를 해산하였고, 각 관청의 장들은 자기의 공
로를 내세우지 않았으며, 다른 나라의 도량형이 감히 나라 안으로
들어오는 일도 없어졌습니다. 조정의 여러 선비들이 패거리 정치
인 당파를 해산한 것은 백성들과의 화합을 존중하기 때문이며, 각
관청의 장들이 자기의 공로를 내세우지 않는 것은 여러 사람과 함
께 일하기 위해섭니다. 다른 나라의 도량형이 감히 나라 안으로 들
어오는 일도 없어진 것은 제후들이 다른 마음을 품지 않았기 때문
이랍니다.

遂迎臧丈人而授之政. 典法無更, 偏令無出. 三年, 文王觀於國, 則列士壞
植散群, 長官者不成德, 斔斛不敢入於四竟. 列士壞植散羣, 則尚同也. 長
官者不成德, 則同務也, 斔斛不敢入於四竟, 則諸侯無二心也.

이에 문왕은 그 노인을 큰 스승인 태사로 모시고 제자의 예를 갖
추면서 북쪽을 향해 앉아 물었습니다.

"이 훌륭한 정치를 천하에 미치게 할 수가 있겠습니까?"

이에 장 땅의 노인은 짐짓 아무것도 모르는 양 대답도 하지 않은 채 홀연히 사직을 해버렸습니다. 아침까지만 해도 법령을 집행했던 사람이 밤에 궁중을 빠져나가 죽을 때까지 소식도 없었습니다.

文王於是焉以爲大師, 北面而問曰:「政可以及天下乎?」臧丈人昧然而不應, 泛然而辭, 朝令而夜遁, 終身無聞.

이 소식을 들은 안회가 스승 공자에게 물었습니다.

"문왕은 아직 도에는 통하지 못한 것이죠? 또 어찌하여 꿈을 빙자한 겁니까?"

이에 공자가 엄중하게 꾸짖습니다.

"조용! 너는 아무 말도 하지 말거라! 문왕은 최선을 다한 것인데, 또 어찌하여 그걸 논하고 비판하겠느냐! 그분은 다만 임시적인 방편으로 대세를 따랐을 뿐이란다."

顏淵問於仲尼曰:「文王其猶未邪? 又何以夢爲乎?」仲尼曰:「默, 汝無言! 夫文王盡之也, 而又何論刺焉! 彼直以循斯須也.」

이는 기예적인 활쏘기이지, 무심(無心)의 경지로 쏘는 활쏘기는 아닐세

제21편 전자방(田子方) 9-1

열어구(열자)가 백혼무인을 위해서 활쏘기 시연을 하였습니다. 활시위를 힘껏 당겼을 때 물이 담긴 잔을 팔꿈치 위에 올려놓아도 흘리지 않고 쏘는데, 화살이 시위를 나가자마자 다시 끼워지고, 또 다시 화살이 시위를 떠나자마자 끼워질 정도로 정확하고 빨랐습니다. 이때 열자는 마치 꼼짝도 하지 않는 나무인형과도 같았습니다. 이를 지켜본 백혼무인이 말합니다.

"이것은 활을 쏘기 위한 기예적인 활쏘기이지 무심(無心)의 경지로 쏘는 활쏘기는 아닐세. 시험 삼아 자네와 함께 높은 산에 올라 험준한 바위를 밟고 백 길 아래의 시퍼런 물결을 바라보려 하는데, 그래도 자네는 잘 쏠 수 있겠는가?"

列御寇爲伯昏無人射, 引之盈貫, 措杯水其肘上, 發之, 適矢復沓, 方矢復寅. 當是時, 猶象人也. 伯昏無人曰:「是射之射, 非不射之射也. 嘗與汝登高山, 履危石, 臨百仞之淵, 若能射乎?」

이에 백혼무인은 마침내 높은 산에 올라 험준한 바위를 밟고 백 길 아래의 시퍼런 물결을 바라보곤, 심연을 향해 등을 돌리고 뒷걸음질하여 발의 삼분의 이가 바위 밖 허공에 놓이게 하였습니다. 그러고는 손짓으로 열자를 그곳으로 나오게 하니, 열자는 땅에 엎드린 채 땀이 발뒤꿈치까지 흘러내릴 정도로 두려움에 떨었습니다. 이를 본 백혼무인이 말합니다.

"지극한 사람인 지인(至人)은 위로는 푸르른 하늘 끝까지도 살피고 아래로는 황천 바닥까지도 들여다보아 천지 팔방을 휘돌아다녀도 정신이나 기운이 변치 않는다네. 지금 자네는 두려움에 떨며 눈마저 어지러워 보이니, 자넨 활을 쏘아도 맞추기는 어려울 것 같아!"

於是無人遂登高山, 履危石, 臨百仞之淵, 背逡巡, 足二分垂在外, 揖御寇

而進之. 御寇伏地, 汗流至踵. 伯昏無人曰:「夫至人者, 上闚青天, 下潛黃
泉, 揮斥八極, 神氣不變. 今汝怵然有恂目之志, 爾於中也殆矣夫!」

옛날의 진인(眞人)은 어떤 지식인도 설득할 수 없었다

제21편 전자방(田子方) 10-1

견오가 손숙오(孫叔敖)에게 물었습니다.

"선생께선 세 번이나 초나라의 영윤(재상)이 되었으나 그것을 영
화라 생각하지 않았고, 또 세 번이나 그 자리에서 물러났으나 걱정
하는 빛을 보이지 않았습니다. 저는 처음에는 선생님을 의심하였
지만 지금 선생님의 코 둘레를 중심으로 한 얼굴을 보니 흥겹고 즐
거운 듯합니다. 선생님의 마음 씀은 어떠하옵니까?"

肩吾問於孫叔敖曰:「子三爲令尹而不榮華, 三去之而無憂色. 吾始也疑
子, 今視子之鼻間栩栩然, 子之用心獨奈何?」

이에 손숙오가 대답합니다.

"내가 어찌 남들보다 뛰어난 점이 있겠습니까? 내게 찾아오는
이를 물리칠 수 없고, 나를 떠나는 이를 붙잡을 수 없다오. 나는 얻
고 잃는 게 내 탓이 아니라고 생각하고 있기 때문에 걱정하는 빛이
없을 뿐이랍니다. 내가 남들보다 나은 게 뭐가 있겠소? 또한 그것
이 남 때문인지 나 자신 때문이지도 알지 못한다오. 남 때문이라면
나 자신 때문이 아닐 것이고, 나 자신 때문이라면 남 때문이 아닐
것이오. 그저 나는 유유자적하며 사방을 둘러볼 뿐 어찌 부귀와 빈

천 따위에 마음 쓸 겨를이 있겠소?"

孫叔敖曰:「吾何以過人哉? 吾以其來不可卻也, 其去不可止也. 吾以爲得失之非我也, 而無憂色而已矣. 我何以過人哉? 且不知其在彼乎. 其在我乎. 其在彼邪亡乎我, 在我邪亡乎彼. 方將躊躇, 方將四顧, 何暇至乎人貴人賤哉?」

공자가 그 말을 전해 듣곤 말합니다.

"옛날의 진인(眞人)은 어떤 지식인도 설득할 수 없었고, 어떤 미인도 그를 홀리지 못했으며, 어떤 도적도 그의 것을 겁탈할 수 없었고, 복희나 황제도 그와 벗할 수 없었습니다. 죽고 사는 것 역시이 세상의 큰 문제이지만 그것마저도 그의 마음을 변화시킬 수 없었는데, 하물며 벼슬이나 녹봉 따위야 말할 게 있겠습니까! 그러한 사람의 정신은 큰 산을 지나는 일도 방해가 되지 않으며, 깊은 연못에 들어가도 젖지 않고, 낮고 천한 지위에 있어도 고달프지가 않습니다. 언제나 하늘땅에 충만하여 남에게 주기만 하는데도 자기에게는 더욱 많아집니다."

仲尼聞之曰:「古之眞人, 知者不得說, 美人不得濫, 盜人不得劫, 伏戲黃帝不得友. 死生亦大矣, 而無變乎己, 況爵祿乎! 若然者, 其神經乎大山而無介, 入乎淵泉而不濡, 處卑細而不憊, 充滿天地, 既以與人, 己愈有.」

초나라는 처음부터 존재한 일이 없는 것과 같습니다

제21편 전자방(田子方) 11-1

  초나라 왕이 범나라 임금과 마주 앉아 있었습니다. 얼마 후 초나라 왕의 신하가 '범나라가 멸망했다'고 세 번이나 보고를 하였습니다. 그러자 범나라의 임금이 말했습니다.

  "범나라가 멸망했다고 해도 나 자신의 존재가 없어지는 건 아니랍니다. 범나라가 멸망했다고 나 자신의 존재가 없어지는 것이라면, 곧 초나라의 존재도 나의 존재를 존재케 할 수 있는 건 아닙니다. 이러한 관점에서 본다면 곧 범나라는 처음부터 멸망한 일이 없고, 초나라는 처음부터 존재한 일이 없는 것과 같습니다."

  楚王與凡君坐, 少焉, 楚王左右曰凡亡者三. 凡君曰:「凡之亡也, 不足以喪吾存. 夫凡之亡不足以喪吾存, 則楚之存不足以存存. 由是觀之, 則凡未始亡而楚未始存也.

한자어원풀이

形若槁木(형약고목) 이란 "사람의 형체가 마치 마른나무와도 같이 심신이 아주 고요한 상태"를 말하는 것으로, 공자가 노자를 보고서 "제가 눈이 어두워진 걸까요? 아니면 제가 본 그대로일까요? 조금 전 선생의 형체는 마른나무와 같이 꿈쩍도 하지 않았으며, 마치 사물을 잊고 인간 세상을 떠나 홀로 서 계신 것 같았습니다"라는 대목해서 연유되었습니다.

모양 形(형) 은 통나무로 형틀을 짠 '우물 난간'의 모양을 본뜬 '우물 井(정)'이 변한 幵(견)과 터럭 삼(彡)으로 구성되었습니다. 여기에서 '평평할 幵(견)'은 붓글씨를 쓸 때 일정한 크기로 쓸 수 있도록 균형을 잡아주는 틀을 말하며, 彡(삼)은 붓으로 아름답게 꾸민다는 뜻을 갖게 됩니다. 따라서 形(형) 자는 일정한 격자형의 틀(幵)을 놓고 붓(彡)으로 글자나 어떤 사물의 모양을 그려낸다는 데서 '꼴', '형상'이라는 뜻을 지니게 되었습니다.

같을 若(약) 은 풀 초(艸)와 오른쪽 우(右)로 이루어졌습니다. 갑골문에 나타난 글자는 사람이 두 손에 무언가를 쥐고 머리 위로 들어 올려 흔들어대는 모양인데, 아마도 신대를 잡은 무녀가 점을 치는 행위인 것 같기도 합니다. 그래서 신(神)이 말하려는 것과 무녀의 입에서 나온 말이 '같다'는 의미를 나타내려 한 것이 아니었던가 추측해 봅니다.

그러나 글자 역시 사상의 발전에 따라 그 표현도 달라지는데, 현재 자형을 인문학적인 측면에서 살펴보기로 합시다. ⺿(초)는 풀 艸(초)의 간략형으로 무성하게 돋아난 풀을 뜻하는데, 두 개의 싹날 屮(철)로 구성되었습니다. ⺿(초)가 다른 자형에 더해지면 초목과 관련한 뜻을 지니게 됩니다.

右(우)는 오른손을 뜻하는 又(우)와 입 구(口)로 구성되었습니다. 자신이 아닌 남을 도울 때는 주로 오른손(又)을 사용하면서 입(口)도 거들게 되는 것처럼 '돕다'가 본뜻이었는데, '오른손'이라는 의미로 쓰이자 사람 인(亻)을 더해 '도울 佑(우)'를 별도로 제작하였습니다. 따라서 若(약)의 전체적인 의미는 손(右)으로 골라 뽑아내는 풀(⺿)이 비슷비슷하다는 데서 '같다'는 뜻을 지니게 되었으며, '만약'이나 '너'의 의미는 가차된 것이랍니다.

마를 槁(고) 는 나무 모양을 상형한 나무 목(木)과 높을 고(高)로 이루어졌습니다. 高(고)는 성(城)의 망루를 본뜬 상형글자입니다. 高(고) 자를 보다 자세히 살펴보면 출입구(口)를 갖춘 성곽(冂) 위에 높이 지어진 망루(자형상부의 ⼇+口)를 상형한 것으로 높이 치솟은 모양에서 '높다', '뽐내다'의 뜻을 지니게 되었으며, '비싸다', '뛰어나다' 등은 파생된 뜻입니다. 따라서 槁(고)의 전체적인 의미는 나무(木)

가 지나치게 높게(高) 자라 수액공급이 잘 안 되어 말라죽었다는 데서 '마르다', '말라 죽다'는 뜻을 지니게 되었으며, 일상에서는 槁(고) 자보다는 같은 뜻을 지닌 枯(고) 자가 보다 많이 쓰입니다.

나무 木(목) 은 나무의 모양을 본뜬 상형글자로 자형상부는 나뭇가지를, 하부는 땅에 뿌리를 내리고 있는 모양을 본뜬 것으로, 한 그루의 나무를 표현하였습니다.

지가 북녘 현수 가를 노닐다

지
북
유

知   北   遊

"삶이란 것은 죽음의 연속이며 죽음이란 것은 삶의 시작이지. 그러니 그 누가 그걸 관장하는지 알겠는가? 사람의 삶이란 기(氣)가 모이는 것이지. 기가 모이면 태어나게 되고 기가 흩어지면 죽게 된다네. 만약 죽음과 삶이 서로 연속선상에 있다면 내가 또 무슨 걱정을 하겠는가! 그러므로 만물은 하나인 걸세. 그런데도 사람들은 자신에게 아름답게 보이는 것은 신기하게 여기고, 추하게 보이는 것은 썩은 냄새가 난다고 하지. 그러나 썩은 냄새가 나는 것은 다시 변화하여 신기한 것이 되고, 신기한 것은 다시 변화하여 썩은 냄새가 나는 것이 된다네. 그러므로 이르길 '천하는 하나의 기운으로 통한다'고 한 게지. 그래서 성인은 그 하나인 도를 귀히 여긴다네."

아무것도 따르는 게 없고 가는 길도 없어야만 비로소 도를 체득하게 된다네

제22편 지북유(知北遊) 1-1

지(知)가 북녘 현수 가 위를 노닐다 은분산 언덕에 올랐다가 우연히 무위위(無爲謂)를 만났습니다. 지가 무위위에게 말했습니다.

"저는 선생께 묻고 싶은 게 있습니다. 무엇을 생각하고 무엇을 고려해야만 도를 알 수 있습니까? 어떻게 처신하고 어떻게 행동하면 도에 편안히 지낼 수 있습니까? 어떤 것을 따르고 어떤 길로 가면 도를 체득할 수 있습니까?"

知北遊於玄水之上, 登隱弅之丘, 而適遭無爲謂焉. 知謂無爲謂曰:「予欲有問乎若: 何思何慮則知道? 何處何服則安道? 何從何道則得道?」

세 번이나 거듭해서 물었지만 무위위는 대답하지 않았습니다. 대답하지 않은 게 아니라 그 답을 알지 못한 듯했습니다. 지는 물음에 대한 답을 얻지 못하고 백수의 남쪽으로 되돌아와 호결산 위에 올랐다가 광굴이라는 사람을 만났습니다. 지가 앞서와 같은 말로 광굴(狂屈)에게 질문하자 이에 광굴이 대답했습니다.

"아아! 난 그걸 알고는 있다네. 내 자네에게 얘기해 줌세."

그런데 말하려는 도중에 하려던 말을 그만 잊고 말았습니다.

三問而無爲謂不答也. 非不答, 不知答也. 知不得問, 反於白水之南, 登狐闋之上, 而睹狂屈焉. 知以之言也問乎狂屈. 狂屈曰: 「唉! 予知之, 將語若.」 中欲言而忘其所欲言.

지는 물음의 대답을 듣지 못하고서 제궁으로 돌아와 황제를 만나서는 같은 내용을 다시 물었습니다. 이에 황제가 말해 줍니다.

"생각도 없고 고려함도 없어야만 비로소 도를 알게 된다네. 아무 곳에도 머물지 않고 아무 행동도 없어야만 비로소 도에 편안하게 안주하게 되지. 아무것도 따르는 게 없고 가는 길도 없어야만 비로소 도를 체득하게 된다네."

知不得問, 反於帝宮, 見黃帝而問焉. 黃帝曰: 「無思無慮始知道, 無處無服始安道, 無從無道始得道.」

삶이란 것은 죽음의 연속이며, 죽음이란 것은 삶의 시작이지

제22편 지북유(知北遊) 1-2

이에 지가 황제에게 다시 묻습니다.

"저와 황제께서는 그걸 알고 있었습니다만 무위위와 광굴은 알고 있지 못했습니다. 과연 어느 누가 옳은 겁니까?"

知問黃帝曰:「我與若知之, 彼與彼不知也, 其孰是邪?」

그러자 황제가 대답합니다.

"저 무위위야말로 진실로 옳다네. 광굴은 도와 가깝지. 한데 나와 자네는 끝내 참된 도에는 가까이 가질 못했어. 도를 알고 있는 사람은 말하지 않고, 도를 말하는 사람은 알지 못하는 법이지. 그러므로 성인께서는 말없는 가르침을 행하셨던 것이네. 도는 말로는 도달할 수 없고 덕이란 인위적으론 이를 수 없지. 인(仁)은 덕에 가까우니 행할 수 있지만 의(義)는 분별심으로 행하니 사람들을 해칠 수 있고, 예(禮)는 형식만을 앞세우다 보니 서로를 속일 수 있게 된다네. 그러므로 말하길 '도를 잃은 뒤에 덕이 생기고, 덕을 잃은 뒤에는 인이 생기고, 인을 잃은 뒤에는 의가 생기고, 의를 잃은 뒤에는 예가 중시된다. 예라는 것은 도의 헛된 꽃이며 혼란의 시발점이다'고 했다네.

黃帝曰:「彼無爲謂眞是也, 狂屈似之, 我與汝終不近也. 夫知者不言, 言者不知, 故聖人行不言之敎. 道不可致, 德不可至. 仁可爲也, 義可虧也, 禮相僞也. 故曰:『失道而後德, 失德而後仁, 失仁而後義, 失義而後禮. 禮者, 道之華而亂之首也.』

그러므로 말하길 '도를 닦는 사람은 인위적인 일들을 매일 버려야 한다. 버리고 또 버려야만 무위(無爲)의 도에 이를 수 있다. 인위적으로 하는 일이 없는 무위이면서도 하지 않는 일이 없게 된다'고 하였다네. 지금 이미 하나의 사물로써 존재하고 있으면서 다시 근본으로 돌아가려고 한다면, 이 또한 어려운 일이 아니겠는가? 그것을 쉽사리 할 수 있는 분이란 오직 위대한 사람인 진인일 뿐이네.

故曰: 『爲道者日損, 損之又損之, 以至於無爲. 無爲而無不爲也.』今已爲物也, 欲復歸根, 不亦難乎? 其易也其唯大人乎.

삶이란 것은 죽음의 연속이며 죽음이란 것은 삶의 시작이지. 그러니 그 누가 그걸 관장하는지 알겠는가? 사람의 삶이란 기(氣)가 모이는 것이지. 기가 모이면 태어나게 되고 기가 흩어지면 죽게 된다네. 만약 죽음과 삶이 서로 연속선상에 있다면 내가 또 무슨 걱정을 하겠는가! 그러므로 만물은 하나인 걸세. 그런데도 사람들은 자신에게 아름답게 보이는 것은 신기하게 여기고, 추하게 보이는 것은 썩은 냄새가 난다고 하지. 그러나 썩은 냄새가 나는 것은 다시 변화하여 신기한 것이 되고, 신기한 것은 다시 변화하여 썩은 냄새가 나는 것이 된다네. 그러므로 이르길 '천하는 하나의 기운으로 통한다'고 한 게지. 그래서 성인은 그 하나인 도를 귀히 여긴다네."

生也死之徒, 死也生之始, 孰知其紀? 人之生, 氣之聚也. 聚則爲生, 散則爲死. 若死生爲徒, 吾又何患! 故萬物一也. 是其所美者爲神奇, 其所惡者

爲臭腐. 臭腐復化爲神奇, 神奇復化爲臭腐. 故曰:『通天下一氣耳.』聖人
故貴一.」

이를 듣고 뭔가를 알아챈 듯 지가 황제에게 말합니다.

"제가 무위위에게 물었을 때 무위위는 저에게 대답을 하지 않았
는데, 제게 대답을 하지 않은 게 아니라 무얼 대답해야 할지를 몰
랐던 겁니다. 또 제가 광굴에게 물었을 때 광굴은 마음속으론 대답
해 주고 싶었지만 제게 말해 주지 못했는데, 저에게 말해 주지 못
했던 게 아니라 마음속으로 알려주고 싶은 것을 잃어버린 겁니다.
그런데 지금 제가 황제께 물었을 때 임금님께서는 그것을 알고 계
셨습니다. 그런데 어찌하여 도에 가까이 가질 못했다고 한 겁니
까?"

知謂黃帝曰:「吾問無爲謂, 無爲謂不應我, 非不我應, 不知應我也. 吾問
狂屈, 狂屈中欲告我而不我告, 非不我告, 中欲告而忘之也. 今予問乎若,
若知之, 奚故不近?」

이에 황제가 대답합니다.

"무위위야말로 진실로 옳다고 한 것은 그 도에 대해 알지 못하고
있기 때문이지. 광굴이 도와 가깝다고 한 것은 도를 잃었기 때문일
세. 한데 나와 자네는 끝내 참된 도에는 가까이 가질 못했다 한 것
은 거기에 대해 알고 있기 때문이라네."

광굴이 그 얘기를 듣고선 황제가 이치에 맞는 말을 하고 있다고
생각했습니다.

黄帝曰:「彼其眞是也, 以其不知也. 此其似之也, 以其忘之也. 予與若終
不近也, 以其知之也.」狂屈聞之, 以黃帝爲知言.

자연의 도는 어두컴컴한 듯 없는 것 같지만 확실히 존재합니다
제22편 지북유(知北遊) 2-1

하늘과 땅은 위대한 미덕이 있으면서도 그걸 말하지 않고, 사시
사철은 분명한 법칙을 지니고 있으면서도 의논하지 않으며, 만물
은 완성된 이치를 지니고 있으면서도 설명하진 않습니다. 성인은
하늘과 땅의 미덕을 근원으로 하고 있으며 만물의 이치에 통달한
사람입니다. 이렇기 때문에 지극한 사람인 지인은 인위적으로 하
는 일이 없이 무위하고 위대한 성인은 인위적으로 조작하지 않는
데, 이는 곧 천지의 이치에 달관했기 때문입니다.

天地有大美而不言, 四時有明法而不議, 萬物有成理而不說. 聖人者, 原
天地之美而達萬物之理. 是故至人無爲, 大聖不作, 觀於天地之謂也.

지금 천지자연의 도는 신령하고 밝음이 지극히 정미하여 자연과
더불어 천변만화케 하고, 만물의 생성과 소멸 및 네모나고 둥근 형
체를 갖게 하고 있지만 무엇이 그렇게 하는지 그 근본적인 것은 알
수가 없습니다. 그렇지만 모든 만물은 아주 옛날부터 확실하게 존
재해 왔습니다. 육합세계인 우주가 아무리 거대하다 해도 자연이
라는 도 안에서 벗어날 순 없습니다. 또 가을 짐승의 터럭이 아무
리 작다 해도 자연의 도에 의해서 그 형체가 이루어진 겁니다. 천

하 세상의 만물은 부침을 거듭하며 변화하지 않는 게 없이 그 생명
이 다할 때까지 늘 새롭습니다. 그러면서도 음양 및 사시의 운행은
제각기 나름의 질서를 갖게 됩니다. 이러한 자연의 도는 어두컴컴
한 듯 없는 것 같지만 확실히 존재하고, 무심한 듯 형체는 없지만
그 작용은 신묘합니다. 만물은 이러한 도에 의하여 자라고 있으면
서도 스스로는 그것을 알진 못합니다. 이것을 일러 근본이라고 하
며, 이 사실을 알아야 자연의 도를 관찰할 수 있습니다.

今彼神明至精, 與彼百化. 物已死生方圓, 莫知其根也. 扁然而萬物, 自古
以固存. 六合爲巨, 未離其內. 秋豪爲小, 待之成體. 天下莫不沉浮, 終身
不故. 陰陽四時運行, 各得其序. 惛然若亡而存. 油然不形而神. 萬物畜而
不知. 此之謂本根, 可以觀於天矣.

말이 채 끝나기도 전에 설결은 잠에 빠져들었습니다
제22편 지북유知北遊 3-1

설결(齧缺)이 피의(被衣)에게 도에 대해 물었습니다. 그러자 피의
는 말합니다.

"만약 선생께서 몸가짐을 바르게 하고 시선을 한결같게 한다면
자연의 조화가 모여들게 될 겁니다. 선생의 지혜를 모으고 태도를
한결같게 한다면 정신이 몸에 머물 겁니다. 그러면 덕이 선생을 아
름답게 해 줄 것이며 도가 선생과 함께 머물 겁니다. 선생은 무심
한 모양의 갓 낳은 송아지처럼 되어 그러한 까닭도 추구하지 않게
될 겁니다."

齧缺問道乎被衣, 被衣曰:「若正汝形, 一汝視, 天和將至. 攝汝知, 一汝度, 神將來舍. 德將爲汝美, 道將爲汝居. 汝瞳焉如新生之犢而無求其故.」

말이 채 끝나기도 전에 설결은 잠에 빠져들었습니다. 이를 본 피의는 크게 기뻐하면서 다음과 같은 노래를 부르며 그 자리를 떠났습니다.

"몸은 마른 해골 같고, 마음은 불 꺼진 재와 같구나. 진실로 그 사실을 알면서도 그렇다고 스스로를 자랑하지도 않네. 있는 듯 없는 듯 그저 흐릿하여 무심하니 함께 말을 걸어볼 수도 없는 사람, 도대체 그는 어떤 사람일까?"

言未卒, 齧缺睡寐. 被衣大說, 行歌而去之, 曰:「形若槁骸, 心若死灰, 眞其實知, 不以故自持. 媒媒晦晦, 無心而不可與謀. 彼何人哉?」

하늘과 땅에 부속되어 있는 음양 기운의 조화일 따름입니다
제22편 지북유(知北遊) 4-1

순 임금이 그의 스승인 승(丞)에게 물었습니다.

"도란 체득하여 지니고 있을 수 있는 겁니까?"

이에 승이 대답합니다.

"임금님의 몸도 임금님이 지니고 있는 것이 아닌데, 임금님께서 어떻게 도를 지닐 수 있겠습니까?"

다시 순 임금이 묻습니다.

"내 몸이 내 것이 아니라면 누가 지니고 있단 말입니까?"

舜問乎丞曰:「道可得而有乎?」曰:「汝身非汝有也, 汝何得有夫道?」舜曰:「吾身非吾有也, 孰有之哉?」

그러자 스승 승이 대답합니다.

"그것은 하늘과 땅에 부속되어 있는 형체랍니다. 삶이란 것도 임금님께서 지니고 있는 것이 아니라 하늘과 땅에 부속되어 있는 음양 기운의 조화일 따름입니다. 성명(性命)이란 것도 임금님께서 가지고 계신 게 아니라 하늘과 땅에 부속되어 있는 순리인 겁니다. 자손들도 임금님께서 소유하고 계신 게 아니라 하늘과 땅에 부속된 변화일 뿐입니다. 그러므로 사람은 인생길을 걸어가면서도 갈 곳을 알지 못하고, 살고 있으면서도 그 이유를 알지 못하며, 먹으면서도 그 맛을 모릅니다. 그것은 하늘과 땅이라는 자연의 운행 기운에 의한 것인데, 어찌 소유하여 가질 수 있겠습니까?"

曰:「是天地之委形也. 生非汝有, 是天地之委和也. 性命非汝有, 是天地之委順也. 子孫非汝有, 是天地之委蛻也. 故行不知所往, 處不知所持, 食不知所味. 天地之強陽氣也, 又胡可得而有邪?」

만물은 모두 도에 따라 변화성장하면서도 빠뜨림이 없다

제22편 지북유(知北遊) 5-1

공자가 노자에게 물었습니다.

"오늘은 한가한 것 같으니, 감히 지극한 도에 관하여 여쭙고자 합니다."

孔子問於老聃曰:「今日晏閒, 敢問至道.」

이에 노자가 담담하게 말을 합니다.

"선생은 재계를 하여 마음을 정갈하게 씻고, 정신을 눈처럼 맑
게 헹구어내고, 알량한 지식을 깨부숴야 한다오. 도라는 것은 깊고
멀어 말로는 표현하기 어렵습니다. 그러나 선생을 위하여 그 대강
이나마 얘기해 보겠소. 밝게 훤히 드러나 보이는 것은 어둑어둑 보
이지 않는 곳에서 생겨나고, 형체가 있는 것들은 형체가 없는 것
에서 생긴다오. 사람의 정신은 도에서 생겨나며 육체는 정기의 화
합에서 생깁니다. 그리고 만물은 형체로써 서로를 생성하지요. 그
러므로 아홉 개의 구멍을 가지고 있는 사람과 짐승들은 어미의 태
(胎)를 통해 태어나고, 여덟 개의 구멍을 가진 새나 물고기는 알에
서 태어납니다. 그러나 그것들이 어디로부터 오는지 그 자취도 없
고, 또 죽어 어디로 가는지 그 끝이 없다오. 드나드는 문도 없고 머
물 방도 없지만 사방으로 통달되어 한없이 크고 넓다오. 이러한 도
를 체득한 사람은 신체가 건강하며 생각이 진실로 통달하고 눈귀
가 총명합니다. 그러니 마음을 써도 지치지 않고 사물을 대해도 얽
매이지 않는다오. 하늘도 이 도를 얻지 못하면 높을 수가 없고, 땅
도 이 도를 얻지 못하면 넓을 수가 없으며, 해와 달도 이 도를 얻지
못하면 운행될 수가 없고, 만물도 이 도를 얻지 못하면 번창하지
못한다오. 이것이 바로 도라는 것이라오.

老聃曰:「汝齊戒, 疏瀹而心, 澡雪而精神, 掊擊而知. 夫道, 窅然難言哉.
將爲汝言其崖略. 夫昭昭生於冥冥, 有倫生於無形, 精神生於道, 形本生

於精, 而萬物以形相生. 故九竅者胎生, 八竅者卵生. 其來無迹, 其往無
崖, 無門無房, 四達之皇皇也. 邀於此者, 四肢强, 思慮恂達, 耳目聰明.
其用心不勞, 其應物無方, 天不得不高, 地不得不廣, 日月不得不行, 萬物
不得不昌, 此其道與.

또한 도에 대해 널리 안다는 것이 반드시 참된 지식은 아니며,
도에 대해 잘 논변하는 것이 반드시 참된 지혜는 아니라오. 그러
니 도를 체득한 성인은 그러한 것들을 끊어버린다오. 그러한 것들
을 보탠다고 증가하는 것도 아니며, 거기서 덜어내도 더는 덜어지
지 않는 것이 도를 체득한 성인이 지니고 있는 경지라오. 그 경지
는 바다와 같이 깊으며, 아득히 높은 산처럼 높아서, 끝인가 싶으
면 다시 시작된다오. 만물을 운행하여 성장케 하는 데 빠뜨림이 없
으니, 군자의 도는 그 밖에 또 뭐가 있겠소! 만물은 모두 이에 따
라 변화성장하면서도 빠뜨림이 없으니, 이것이 바로 도라는 것이
라오."

且夫博之不必知, 辯之不必慧, 聖人以斷之矣. 若夫益之而不加益, 損之
而不加損者, 聖人之所保也. 淵淵乎其若海, 巍巍乎其終則復始也. 運量
萬物而不匱. 則君子之道, 彼其外與! 萬物皆往資焉而不匱. 此其道與.

죽음이란 자연의 속박에서 벗어나는 것일 뿐
제22편 지북유(知北遊) 5-2

노자가 계속해서 말을 이어갑니다.

"나라 가운데 사람이 살고 있는데, 사람은 음도 아니고 양도 아니어서 하늘과 땅 사이에 살고 있는 겁니다. 그들은 잠시 사람으로서 존재하지만, 종국에는 그 근원으로 되돌아가게 될 겁니다. 그 근본으로부터 본다면 삶이란 것은 기(氣)가 모여 있는 물체에 지나지 않습니다. 비록 오래 살고 일찍 죽는 차별이 있지만 그 차이야 얼마나 되겠습니까? 무한한 세월에 비하면 찰나에 불과합니다. 그러니 어찌 요 임금은 성군이고 걸왕은 폭군이라고 시시비비를 따지겠습니까?

中國有人焉, 非陰非陽, 處於天地之間, 直且爲人, 將反於宗. 自本觀之, 生者, 暗醷物也. 雖有壽夭, 相去幾何? 須臾之說也, 奚足以爲堯桀之是非?

나무나 풀 열매에도 자연의 이치가 담겨 있다오. 사람들의 윤리는 비록 다 갖추기는 어렵지만 그것 역시 원리로 서로 어울려가는 거랍니다. 성인은 그러한 어려움을 만나도 그 원리를 어기지 않으며 스쳐 지나가는 어떤 일에도 집착하지 않습니다. 자연의 운행과 조화로움으로써 순응하는 것이 덕(德)이며, 거기에 짝이 되어 순응하는 것이 도(道)랍니다. 이 덕과 도를 바탕으로 황제도 일어나고 왕도 일어납니다.

果蓏有理, 人倫雖難, 所以相齒. 聖人遭之而不違, 過之而不守. 調而應之, 德也. 偶而應之, 道也. 帝之所興, 王之所起也.

사람이 하늘과 땅 사이에 살고 있는 것은 마치 날랜 말이 좁은

틈새 앞을 지나가는 것처럼 순식간이랍니다. 만물은 자연의 변화에 따라 생성되고, 자연의 변화에 의하여 소멸되는 거랍니다. 자연의 변화에 의해 생겼는가 하면 또 변화하여 죽습니다. 이러한 것을 생물들은 애달파하고 사람들은 슬퍼하고 있다오. 그러나 죽음이란 자연의 속박에서 벗어나는 것이며, 자연의 주머니 같은 것을 떨쳐내는 겁니다. 사람이 죽어갈 때 혼백이 어디론가 떠나려 하면 육체도 이를 따라갑니다. 이것이 곧 위대한 근본인 도(道)로의 복귀랍니다.

人生天地之間, 若白駒之過郤, 忽然而已. 注然勃然, 莫不出焉. 油然漻然, 莫不入焉. 已化而生, 又化而死. 生物哀之, 人類悲之. 解其天弢, 墮其天袠. 紛乎宛乎, 魂魄將往, 乃身從之. 乃大歸乎.

형체가 없는 상태에서 형체가 만들어지고, 형체 있는 모든 것은 형체가 없는 상태로 돌아갑니다. 이는 사람들이 다 같이 알고 있는 일이지만, 지극한 도를 얻으려는 자가 힘쓸 것은 아니라오. 이것은 모든 사람들이 다 같이 말하고 있는 것이지만, 지극한 도를 체득하려는 사람은 논할 게 못된다오. 그걸 논한다면 지극한 도엔 이르지 못할 거요. 도란 분명하게 보려 하면 만날 수가 없고, 논리를 따지는 것은 침묵을 지키는 것만 못하다오. 도란 들을 수 없는 것이니, 귀를 막고 몸으로 체득함만 못하다오. 이것을 일러 위대한 도를 체득했다고 합니다.”

不形之形, 形之不形, 是人之所同知也, 非將至之所務也, 此衆人之所同論也. 彼至則不論, 論則不至. 明見無値, 辯不若默. 道不可聞, 聞不若塞.」

此之謂大得.

도는 사물들로 하여금 쌓이고 흩어지게 하지만 도 그 자체는

제22편 지북유(知北遊) 6-1

동쪽 성곽어귀에 사는 순자(順子: 이후 동곽자)가 장자에게 물었습니다.

"이른바 도라는 것은 어디에 있는 겁니까?"

이에 장자가 대답합니다.

"있지 아니한 곳이 없다오."

그러자 동곽자가 다시 묻습니다.

"있는 곳을 지적해 주십시오."

이에 장자가 대답합니다.

"땅강아지나 개미에게도 있다네."

그러자 동곽자가 못마땅한 듯 묻습니다.

"어찌 그리 하급한 것까지 내려갑니까?"

東郭子問於莊子曰:「所謂道, 惡乎在?」莊子曰:「無所不在.」東郭子曰:「期而後可.」莊子曰:「在螻蟻.」曰:「何其下邪?」

이에 장자가 웃으며 대답합니다.

"저 한해살이 풀인 돌피나 피에도 있다네."

동곽자가 더욱 못마땅한 듯 되묻습니다.

"어찌 더욱 하급한 것으로 내려갑니까?"

이에 장자가 대답합니다.

"저 기왓장이나 벽돌에도 있다네."

동곽자가 얼굴을 붉히며 언성을 높여 되묻습니다.

"어째서 더욱더 심해지신 겁니까?"

이에 장자가 그를 바라보며 말합니다.

"똥과 오줌에도 있다네."

曰:「在梯稗.」曰:「何其愈下邪?」曰:「在瓦甓.」曰:「何其愈甚邪?」曰:
「在屎溺.」

동곽자는 말문이 막혀 아무 대꾸도 할 수 없었습니다. 이에 장자
가 말합니다.

"자네의 질문은 본래부터 본질적인 것이 아니었다네. 가령 시장
관리인이 시장 감독관에게 돼지를 발로 밟아보고서 그 돼지의 살
찐 정도를 물을 때도 엉덩이에서 다리 쪽으로 내려갈수록 그 정도
를 전체적으로 알 수 있다네. 그러니 자네도 도가 어디에 있다고
한정지어서는 안 된다네. 사물은 도로부터 벗어나는 일이 없기 때
문일세. 지극한 도는 이와 같은 것이며, 위대한 말씀 역시 그러하
다네. 두루, 널리, 모두라는 이 세 가지 표현은 도에 대하여 말은 다
르지만 실제 뜻은 같으며, 그 가리키는 것은 하나라네.

東郭子不應. 莊子曰:「夫子之問也, 固不及質. 正獲之問於監市履狶也,
每下愈況. 汝唯莫必, 無乎逃物. 至道若是, 大言亦然. 周徧咸三者, 異名
同實, 其指一也.

이제 시험 삼아 자네와 함께 아무것도 없는 무하유(無何有)의 궁전을 노닐어 보세. 우리 함께 자연의 도에 합일하여 도를 논해 보면 그 무궁함을 알 걸세. 또 시험 삼아 자네와 함께 인위적으로 하는 일이 없는 무위(無爲)의 경지에 들어가 보세. 그러면 담담히 고요해지고 깨끗이 맑아져서 만물과 조화되어 한가롭게 될 것이네. 나는 내 의지를 텅 비우니, 여타 사물을 향해 가는 일도 없고 그 이르는 데도 알지 못하게 된다네. 또 마음이 오가면서도 마음이 머물 곳을 모른다네. 나는 자연의 도를 따라 오가면서도 어디서 끝나는지를 모르지. 결국 끝없이 광대한 세계에서 노닐고 있어서 아무리 큰 지식으로 들여다보아도 그 한계를 알 수 없다네.

嘗相與遊乎無何有之宮, 同合而論, 無所終窮乎. 嘗相與無爲乎. 澹而靜乎. 漠而淸乎. 調而閒乎. 寥已吾志, 無往焉而不知其所至, 去而來. 不知其所止, 吾而往來焉, 而不知其所終. 彷徨乎馮閎, 大知入焉而不知其所窮.

도는 모든 사물을 사물의 존재대로 인정하기에 다른 사물과 한계가 없지. 그러나 사물에 한계를 두는 것은 이른바 사물과 사물 사이에 한계를 짓는 것이네. 사물과의 한계가 없다고 하더라도 한계를 지니게 되는 것이고, 사물과의 한계를 짓더라도 한계를 생기게 하는 것이라네. 가득 찼다가는 비고 모였다가는 없어지는 것으로 말한다면, 도는 사물들로 하여금 차고 비게 하지만 도 그 자체가 차고 비는 것은 아니며, 도는 사물들로 하여금 모였다가 없어지게 하지만 도 그 자체가 모이고 없어지는 건 아니라네. 도는 사물들로 하여금 처음과 끝이 있게 하지만 도 그 자체가 처음과 끝이 있는 것은 아니며, 도는 사물들로 하여금 쌓이고 흩어지게 하지만 도 그 자체가 쌓이고 흩어지는 건 아니라네."

物物者與物無際, 而物有際者, 所謂物際者也. 不際之際, 際之不際者也. 謂盈虛衰殺, 彼爲盈虛非盈虛, 彼爲衰殺非衰殺, 彼爲本末非本末, 彼爲積散非積散也.」

도를 체득한 사람에겐 천하의 군자라도 따르게 되는 법이지
제22편 지북유(知北遊) 7-1

아하감(阿荷甘)이 신농(神農)과 함께 노용길(老龍吉)에게 배웠습니다. 신농이 책상에 기댄 채 문을 닫고 낮잠을 자고 있는데, 아하감이 한낮에 문을 열고 들어와 말합니다.

"노용길 선생께서 돌아가셨다네!"

阿荷甘與神農同學於老龍吉. 神農隱几, 闔戶晝瞑. 阿荷甘日中㕥戶而入, 曰:「老龍死矣!」

신농은 책상에 기대어 있다가 지팡이를 짚고 일어선 뒤 우당탕 소리 나게 지팡이를 내던지고선 허탈하게 웃으며 말합니다.

"하늘과도 같았던 스승님께선 내가 편협하고 고루하고 거짓되고 방탕하다는 걸 아시곤 날 버리고 돌아가셨구나. 스승님께선 나를 깨우쳐주실 지극한 말씀도 없이 돌아가신 거야!"

神農隱几擁杖而起, 嚗然放杖而笑, 曰:「天知予僻陋謾訑, 故棄予而死已矣. 夫子無所發予之狂言而死矣夫!」

엄강조(弇堈弔)가 그 이야기를 듣곤 말합니다.

"도를 체득한 사람에겐 천하의 군자라도 따르게 되는 법이지. 그런데 지금 신농은 도에 대해 털끝의 만분의 일만큼도 모르면서 외려 스승 노용길이 지극한 말을 품은 채 죽었다는 사실은 알고 있다네. 하물며 지극한 도를 체득한 사람은 어떻겠는가? 도란 보려 해도 형체가 없고, 들으려 해도 소리가 없지. 사람들은 도를 논할 때 어둡고 깊다고 이르고 있으나, 그건 도를 논하기 위한 방편일 뿐 참된 도는 아니라네."

弇堈弔聞之, 曰:「夫體道者, 天下之君子所繫焉. 今於道, 秋豪之端萬分未得處一焉, 而猶知藏其狂言而死, 又況夫體道者乎? 視之無形, 聽之無聲, 於人之論者, 謂之冥冥, 所以論道, 而非道也.」

도란 들을 수가 없는 것이니, 들었다면 그건 도가 아니라네
제22편 지북유(知北遊) 8-1

이때 엄강조의 말을 들은 태청(泰淸)이 무궁(無窮)에게 묻습니다.

"자넨 도를 알고 있는가?"

이에 무궁이 대답합니다.

"나야 모르지."

그래서 태청이 곁에 있던 무위(無爲)에게 똑같이 묻자, 무위가 대답합니다.

"나야말로 도를 알고 있다네."

於是泰清問乎無窮, 曰:「子知道乎?」無窮曰:「吾不知.」又問乎無爲, 無

爲曰:「吾知道.」

이에 태청이 거듭해서 질문을 합니다.

"자네가 알고 있는 도에도 역시 도수(度數)라는 게 있는 겐가?"

그러자 무위가 당당히 말합니다.

"그럼 있고말고!"

이에 태청이 재차 묻습니다.

"그 도수라는 게 어떤 겐가?"

그러자 무위가 곧바로 대답합니다.

"내가 알고 있는 도는 존귀하게도 할 수 있고, 비천하게도 할 수 있고, 모이게도 할 수 있고, 흩어지게 할 수도 있다네. 이것이 내가 알고 있는 도의 도수라네."

曰:「子之知道, 亦有數乎?」曰:「有.」曰:「其數若何?」無爲曰:「吾知道

之可以貴, 可以賤, 可以約, 可以散, 此吾所以知道之數也..」

태청은 이 이야기를 무시(無始)에게 말하곤 물었습니다.

"이와 같이 무궁은 모른다 하고 무위는 알고 있다 하는데, 누가 옳고 누가 그른 겐가?"

泰清以之言也問乎無始, 曰:「若是, 則無窮之弗知與無爲之知, 孰是而孰

非乎?」

이에 무시가 담담하게 말합니다.

"알지 못한다고 한 사람은 심오하고, 안다고 한 자는 얕은 법이지. 알지 못한다는 건 내면 깊숙이 감추어둔다는 것이며, 안다고 하는 건 겉으로 드러낸 것이라네."

이에 태청이 고개를 들어 하늘을 우러르곤 탄식하며 말합니다.

"알지 못한다고 하는 게 곧 아는 것인가, 아니면 안다고 하는 것이 곧 모르는 것인가? 어느 누가 알지 못한다고 하는 게 아는 것임을 알겠는가?"

無始曰:「不知深矣, 知之淺矣. 弗知內矣, 知之外矣.」於是泰淸中而歎曰:「弗知乃知乎, 知乃不知乎? 孰知不知之知?」

그러자 무시가 말합니다.

"도란 들을 수가 없는 것이니 들었다면 그건 도가 아니라네. 도는 볼 수 없는 것인데 보았다면 그건 도가 아니지. 도는 말로 표현할 수 없는 것이니 표현했다면 그건 도가 아니라네. 만물이 형체를 지닐 수 있도록 한 것이 형체도 없는 도인 것을 알겠는가? 그러니 도라는 것은 이름 붙여서 불러선 안 된다네."

無始曰:「道不可聞, 聞而非也. 道不可見, 見而非也. 道不可言, 言而非也. 知形形之不形乎? 道不當名.」

잠시 뜸을 들인 뒤 계속해서 무시가 말을 잇습니다.

"누군가 도를 물었을 때 대답하는 사람은 도를 모르는 사람이라네. 그러니 도를 묻는 사람 또한 도를 듣지 못하는 법이지. 도란 물을 수 없는 것이며, 묻는다 하더라도 대답할 수 없는 것이라네. 물어서는 안 될 것을 묻는 것은 공허한 질문이 되고, 대답할 수 없는 것을 대답하는 것은 특별한 내용도 없는 것이지. 별 내용도 없이 공허한 질문에 대답하는 경우가 있는데, 이러한 사람은 밖으로는 우주자연의 현상을 관찰할 수가 없고, 안으로는 자신이 어디로부터 왔는지 본원을 알 수가 없는 법이지. 이 때문에 곤륜산과 같이 높은 경지에 가보지도 못하고, 한없이 텅 빈 태허의 경지에서 노닐 수가 없다네."

無始曰:「有問道而應之者, 不知道也. 雖問道者, 亦未聞道. 道無問, 問無應. 無問問之, 是問窮也. 無應應之, 是無內也. 以無內待問窮, 若是者, 外不觀乎宇宙, 內不知乎大初. 是以不過乎崑崙, 不遊乎太虛.」

무(無)와 유(有)에 얽매어 있는 사람들이 어떻게 이러한 경지에 이를 수 있겠습니까

제22편 지북유(知北遊) 9-1

광요(光耀)가 무유(無有)에게 물었습니다.

"선생께선 존재하는 겁니까, 아니면 존재하지 않는 겁니까?"

무유가 질문에 대한 대답을 하지 않자, 광요는 더 물을 수도 없어 그의 모습을 아주 자세히 들여다보았습니다. 아득하고 텅 비어 있어 종일토록 그의 모습을 바라보았으나 보이지 않았고, 그의 소리를 들으려 했으나 듣지 못했으며, 그의 형체를 붙잡으려 했으나 잡을 수가 없었습니다. 그래서 광요는 말합니다.

"참으로 지극합니다. 그 누가 이러한 경지에 이를 수 있겠습니까? 저는 지금까지 무(無)의 경지가 있음을 알고 있었지만 무(無)도 없는 절대의 경지는 알지 못했습니다. 무(無)와 유(有)에 얽매어 있는 사람들이 어떻게 이러한 경지에 이를 수 있겠습니까?"

光曜問乎無有曰:「夫子有乎? 其無有乎?」無有弗應也, 光曜不得問而孰視其狀貌. 窅然空然, 終日視之而不見, 聽之而不聞, 搏之而不得也. 光曜曰:「至矣, 其孰能至此乎? 予能有無矣, 而未能無無也. 及爲無有矣, 何從至此哉?」

다른 물건은 거들떠보지도 않았고, 띠쇠가 아니면 쳐다보지도 않았습니다

제22편 지북유(知北遊) 10-1

초나라 대사마라는 관직에 소속되어 띠쇠를 만드는 장인이 있었는데, 나이 팔십이 되도록 조그마한 실수도 없었습니다. 어느 날 대사마가 그 장인에게 물었습니다.

"자네는 기교로써 하는 것인가! 어떤 도가 있는 것인가?"

大馬之捶鉤者, 年八十矣, 而不失豪芒. 大馬曰:「子巧與! 有道與?」

그러자 그 장인이 대답합니다.

"저는 꼭 지키는 것이 있습니다. 저는 나이 스물부터 띠쇠 만드는 게 좋아 다른 물건은 거들떠보지도 않았고, 띠쇠가 아니면 쳐다보지도 않았습니다."

이는 곧 기술을 사용할 때 정신을 다른 곳에는 쓰지 않음으로써 늙어서도 그 기술을 발휘할 수 있었던 겁니다. 하물며 쓰지 않는 것조차도 없는 경지의 사람이야 어떻겠습니까! 만물은 무엇이건 그렇게 하여 되지 않는 것이 있겠습니까?

曰:「臣有守也. 臣之年二十而好捶鉤, 於物無視也, 非鉤無察也.」是用之者假不用者也, 以長得其用, 而況乎無不用者乎! 物孰不資焉?

천지에는 옛날도 없고, 지금도 없으며, 시작도 없고, 끝도 없는 거란다

제22편 지북유(知北遊) 11-1

제자 염구(冉求)가 스승 공자에게 물었습니다.

"하늘과 땅이 생기기 이전의 일을 알 수 있습니까?"

이에 공자가 대답합니다.

"그럼, 알 수 있지. 옛날도 지금과 같았단다."

염구는 더는 묻지 못하고 물러갔습니다. 다음 날 다시 찾아뵙고는 물었습니다.

"어제 제가 '하늘과 땅이 생기기 이전의 일을 알 수 있습니까?'라고 여쭙자 스승님께선 '그럼, 알 수 있지. 옛날도 지금과 같았단다'라고 대답하셨습니다. 어제는 저도 분명히 알 수 있었습니다만 오늘은 이해하지 못하겠습니다. 감히 무슨 말씀이신지 여쭈고자 합니다."

冉求問於仲尼曰:「未有天地可知邪?」仲尼曰:「可. 古猶今也.」冉求失問

而退. 明日復見, 曰: 「昔者吾問 『未有天地可知乎?』 夫子曰: 『可. 古猶今
也.』 昔日吾昭然, 今日吾昧然. 敢問何謂也?」

이에 공자가 대답합니다.

"어제 분명히 알 수 있었던 건 마음을 비우고 신명(神明)으로 먼
저 받아들였기 때문이며, 오늘 이해할 수 없는 건 신명치 못한 마
음으로 뜻을 추구하였기 때문이란다. 천지에는 옛날도 없고, 지금
도 없으며, 시작도 없고, 끝도 없는 거란다. 자손이 있지도 않은데
자손이 있다고 우기면 되겠느냐?"

仲尼曰: 「昔之昭然也, 神者先受之. 今之昧然也, 且又爲不神者求邪. 無
古無今, 無始無終. 未有子孫而有子孫可乎?」

염구가 대답하기도 전에 스승 공자가 말을 이어갔습니다.

"그만두어라. 대답하지 않아도 괜찮다. 삶의 원리로써 살고 죽
게 하는 것도 아니며, 죽음의 원리로써 죽고 살게 하는 것도 아니
란다. 죽음과 삶은 서로 의지하고 있는가? 모두가 일체의 현상이란
다. 하늘과 땅이 생겨나기 전의 물건이 있을까? 물건을 물건으로
존재케 한 것은 물건이 아닌 도(道)이니, 물건이 생겨난 것이 다른
물건에 앞설 수는 없는 것이지. 그러나 물건은 존재하고 있단다.
물건의 존재는 끝이 없는 것! 성인은 사람들을 사랑함에 있어 끝이
없는데, 역시 대자연의 도에서 본뜬 것이란다."

冉求未對. 仲尼曰: 「已矣, 未應矣. 不以生生死, 不以死死生. 死生有待
邪? 皆有所一體. 有先天地生者物邪? 物物者非物, 物出不得先物也, 猶

其有物也. 猶其有物也, 無已! 聖人之愛人也終無已者, 亦乃取於是者
也.」

인간의 얄팍한 지식으로 모든 것을 알려고 하는 것은 천박한 일이란다

제22편 지북유(知北遊) 12-1

안회가 스승 공자에게 물었습니다.

"저는 전에 스승님께서 '가는 것을 전송하지도 말고 오는 것을 마중하지도 말라'고 하신 말씀을 기억하고 있습니다. 감히 그러한 경지에서 노닐 수 있는지 여쭙고자 합니다."

顏淵問乎仲尼曰: 「回嘗聞諸夫子曰: 『無有所將, 無有所迎.』 回敢問其
遊.」

이에 스승 공자가 대답합니다.

"옛날 사람들은 외계 사물의 변화에 순응하면서도 자기 마음은 변하지 않았지. 그런데 지금 사람들은 자기 마음이 외계 사물에 의하여 변화하면서도 외계 사물과 동화하지를 못해. 외계 사물과 함께 변화하는 사람은 한결같이 자신의 마음은 변화하지 않지. 변화해도 편안하고 변화하지 않아도 편안하며, 편안히 그것들과 더불어 서로 따를 뿐 결코 떨어져 나가지는 않지.

仲尼曰: 「古之人, 外化而內不化, 今之人, 內化而外不化. 與物化者, 一不
化者也. 安化安不化, 安與之相靡, 必與之莫多.

희위씨는 동산에서 살았고, 황제는 채소밭에서 살았고, 유우씨 순 임금은 궁궐에서 살았고, 은나라의 탕왕이나 주나라의 무왕은 궁실에서 살았지. 그러나 군자라는 사람들이나 유가와 묵가의 선생이라는 자들은 시시비비를 따지며 서로를 공격하게 되었지. 하물며 오늘날 사람들이야 어떻겠느냐!

孫韋氏之囿, 黃帝之圃, 有虞氏之宮, 湯武之室. 君子之人, 若儒墨者師, 故以是非相蟿也, 而況今之人乎!

성인은 외계 사물과 함께 살면서도 사물을 손상시키지는 않지. 사물을 손상시키지 않는 사람은 사물 또한 그를 손상시킬 수가 없지. 오직 사물을 손상시키는 일이 없는 사람만이 세상 사람들과 사귀어 서로 보내고 맞이할 수 있단다. 산림이나 들판에서 노닐면 우리를 기쁘고 즐겁게 해주지만 즐거움이 채 끝나기도 전에 슬픔이 또 이어지게 되지. 슬픔과 즐거움이 오는 걸 우리는 막을 수가 없고, 그것들이 떠나는 것도 멈추게 할 수가 없단다. 슬픈 일이야! 세상 사람들이란 다만 슬픔과 즐거움이 머물러가는 여관이라 할 수 있지.

聖人處物不傷物. 不傷物者, 物亦不能傷也. 唯無所傷者, 爲能與人相將迎. 山林與, 皐壤與, 使我欣欣然而樂與. 樂未畢也, 哀又繼之. 哀樂之來, 吾不能御, 其去弗能止. 悲夫, 世人直爲物逆旅耳.

대체로 보아 지식이 미치는 일은 알아도 지식이 미치지 못하는 것은 모르는 법이지. 능력이 닿는 데까지는 할 수 있지만 능력이

닿지 않는 것은 할 수가 없지. 이렇듯 알 수 없는 것이나 할 수 없는 일이 있다는 것은 사람으로서는 면할 수 없는 일이란다. 그런데 사람으로서는 면할 수 없는 일을 면해 보려고 힘쓰고 있다는 것은 어찌 또 슬픈 일이 아니겠느냐? 지극한 말이란 말이 없는 것이며, 지극한 행위란 인위적으로 하는 일을 버리는 것이지. 인간의 얄팍한 지식으로 모든 것을 알려고 하는 것은 천박한 일이란다!"

夫知遇而不知所不遇, 能能而不能所不能. 無知無能者, 固人之所不免也. 夫務免乎人之所不免者, 豈不亦悲哉? 至言去言, 至爲去爲. 齊知之, 所知, 則淺矣!」

한자어원풀이

白駒過隙(백구과극) 이란 "한 마리의 흰 망아지가 휙 지나감을 문틈으로 잠시 보는 것"과 같이 아주 짧은 순간을 뜻하는 것으로, 세월이 빨리 지나감 혹은 인생의 덧없음을 비유적으로 이르는 말입니다. "사람이 하늘과 땅 사이에 사는 것은 마치 흰 망아지가 지나감을 문틈으로 잠시 봄과 같이 짧은 순간일 뿐이다"라고 한 대목에 유래하였습니다. 인생이 참으로 덧없고 순식간임을 동서양의 많은 현자들이 숱하게 설파하였으니, 삶을 대하는 데 있어 일촌광음불가경(一寸光陰不可輕)해야 할 것 같습니다.

흰 白(백) 은 사람의 엄지손가락을 본뜬 것으로 손톱의 흰 부위를 나타낸 데서 '희다'라는 뜻을 지니게 되었습니다. 그러나 '엄지손가락'의 흰 부위를 본떴다는 설 외에도 '사람의 머리'를 상형하였다는 설이 있는데, 갑골문에서는 白(백)과 百(백)이 혼용되다가 금문(金文)에 이르러 百(백)이 숫자 100을 뜻하는 것으로 정착되어 희다는 뜻을 가진 白(백)과 구분하기 시작하였습니다. '희다'는 뜻으로 주로 쓰이기는 하지만 사람의 머리를 상형하였다는 설이 있어서인지 '아뢰다'는 뜻도 있습니다.

망아지 駒(구) 는 말 마(馬)와 글귀 구(句)로 이루어졌습니다. 馬(마)는 말의 특징인 갈기와 몸통 그리고 꼬리를 본떠 만든 상형글자랍니다. 馬(마)에 대해 『說文』에서는 "馬는 성내다, 용맹하다는 뜻이다. 말의 머리와 갈기 털 그리고 꼬리와 네 다리의 모양을 본떴다"라고 하였습니다. 갑골문의 자형은 보다 사실적으로 그려져 있습니다.

句(구)의 갑골문 자형은 사람이 허리를 구부리고 두 손으로 무언가를 안은 듯한 모양을 옆에서 본 모양으로 새겨져 있습니다. 이에 따라 句(구)는 입에서 나온 말(口)을 한 단위로 싸안는다(勹)는 데서 문장의 '단락'이나 '글귀', '구절'을 뜻하기도 하며, 또한 어떠한 물체(口)를 줄로 싸안는다(勹)는 데서 '올가미', '함정'을 뜻하기도 합니다. 따라서 駒(구)의 전체적인 의미는 말(馬)은 말이지만 아직은 덜 자라 사람이 품에 안을 정도(句)의 어린 '새끼 말', '망아지'를 뜻하게 되었습니다.

허물 過(과) 는 쉬엄쉬엄 갈 착(辶)과 입 비뚤어질 와(咼)로 이루어져 있습니다. 辶(착)의 본래자형은 辵(착)으로 가다(彳) 서다(止)를 반복하며 쉬엄쉬엄 가다는 뜻을 지니고 있습니다.

咼(와)는 살 발라낼 뼈 과(咼)와 입 구(口)로 구성되었습니다. 咼(과)에 대해 허신은 『說文』에서 "咼는 사람의 살을 도려내고 뼈만 남겨둠을 뜻하는 상형글자로 머리의 융기된 뼈를 말한다"라고 하였습니다. 『列子』에 따르면 "염(炎)나라 사람들은 자신의 친척이 죽으면 살을 도려내어 버린다"라고 하였습니다. 즉 사체(死體)의 살보다는 뼈를 중시하는 장례풍습으로 아마도 유골(遺骨)이 곧 동기감응(同氣感應)에 따라 후손에게 영향을 미친다고 본 고대 동양 사람들의 사상적 맥락이 반영된 것이라 볼 수 있습니다. 이에 따라 살을 발라낸 앙상한 뼈(咼)만으로 된 입(口)은 비뚤어져 보인다는 데서 '입이 비뚤어지다'의 뜻을 지니게 되었습니다.

따라서 過(과)의 전체적인 의미는 입이 비뚤어진 사람의 입(咼)에서 나온 말은 심성이 곱지 못해 말 역시 잘못되어 나온다(辶)는 데서 '허물'의 뜻을 지니게 되었으며, 또한 그 말이 정도를 넘어선다는 데서 '지나치다'의 뜻도 함유하게 되었습니다.

틈 隙(극)은 언덕 부(阝)와 벽 틈 극(小+日+小)으로 이루어졌습니다. 阝(부)는 인공으로 만든 계단을 본뜻으로 한 阜(부)의 약자(略字)로, 갑골문을 보면 인공적으로 만든 계단 모양이랍니다. 극(小+日+小)의 소전체를 보면 어떠한 틈(日) 사이로 물이 흘러나오는(두 개의 小) 모양을 그려내 '벽 틈'이란 뜻을 부여했습니다. 따라서 隙(극)의 전체적인 의미는 언덕이나 벽(阝) 사이로 물이 흘러내리는(小+日+小) 모양을 그려내 '틈', '구멍'이란 뜻이 되었습니다.